Zu Stuttgart wurde ich geboren am 23. Januar 1876; nach der Volksschule besuchte ich das 10klassige humanistische Gymnasium; nach dem Abitur studierte ich ein Jahr Philosophie in Tübingen; zur nächsten Ausbildung zum Priestertum war ich ein Dreivierteljahr im Priesterseminar in Rottenburg a. N., wo ich am 2. Mai 1899 zum katholischen Priester geweiht wurde. Ich war als Weltpriester in der Seelsorge tätig in Spaichingen und in Stuttgart; am 1. Oktober 1900 erfolgte mein Eintritt in den Orden der Gesellschaft Jesu zu Feldkirch in Vorarlberg. Den Priester- und Ordensberuf ergriff ich aus Liebe zu den Menschen. Nach einjährigem Noviziat kam ich nach Valkenburg in Holland in die Studien: ein Jahr Philosophie und zwei Jahre Theologie, dann ein Jahr Exerzitienmeister, ein Jahr Assistent des Novizenmeisters in Feldkirch, dann zehn Monate aszetische Weiterbildung in Holland, dann gab ich Missionen und Exerzitien in Westdeutschland und Süddeutschland, Schweiz und Österreich bis zum Januar 1912, wo ich nach München versetzt wurde und seitdem dort in der Seelsorge bis heute arbeite. Den größten Teil meiner Zeit verwandte ich wohl zur Ausübung caritativer Werke.

Bei Ausbruch des Weltkrieges meldete ich mich in München sofort ins Feld. Stark Mitte August 1914 kam ich als Feldgeistlicher zu einem bayerischen Feldlazarett. Anfangs Januar 1915 gab man endlich meinem Drängen, an die Front zu kommen, nach. Ich wurde Divisionspfarrer der 8. bayerischen Reservedivision. Ich machte mit der Division im Westen und im Osten unzählige Schlachten und Kämpfe in der ersten Linie mit bis zu meiner schweren Verwundung am 30. Dezember 1916.

Ende August 1915 wurde ich von unserem Divisionär Generalleutnant von Stein (protestantisch) als erster Feldgeistlicher der gesamten deutschen Armee zum Eisernen Kreuz erster Klasse (EK I) vorgeschlagen. Wie mir später Herr von Stein erzählte, sträubte man sich lange dagegen, mir die Auszeichnung zu geben, weil man doch nicht einem katholischen Feldgeistlichen und gar einem Jesuiten das erste EK I geben könne. So wurde es mir erst anfangs Dezember 1915 feierlich überreicht.

Nach einem Leben reich an Erfolgen, aber auch reich an Enttäuschungen und Undank, landete ich nun glücklich im Gefängnis. Ich bin mit diesem Los aber keineswegs unzufrieden: Ich empfinde dies nicht als Schande, sondern als Krönung meines Lebens. 1938

Rupert Mayer S. J.

Mögen Sie
am Ende Ihres Lebens sagen können:
Ich habe nie geschwiegen,
wo ich reden sollte.
Menschenfurcht war nie von Einfluß
*auf mein Tun und Lassen.**

* Kirchenrat Richard Wahl in seiner Primizpredigt für Pater Rupert Mayer am 4. Mai 1899 in Stuttgart

ICH PREDIGE WEITER

Pater Rupert Mayer und das Dritte Reich

Eine Dokumentation von Otto Gritschneder

rosenheimer

Inhalt

Vorwort

Zwischen der Seligsprechung Pater Rupert Mayers durch Papst Johannes Paul II. am 3. Mai 1987 und seinem Tod am 1. November 1945 in der Kreuzkapelle von St. Michael in München liegen nur knapp 42 Jahre. Selten nimmt die Kirche einen »Diener Gottes« schon nach so kurzer Zeit in den Kanon der Seligen und Heiligen auf. Ein unschätzbarer Vorteil einer so raschen Seligsprechung liegt darin, daß, im Unterschied zu vielen anderen Heiligen und Seligen, Leben und Wirken des zur Ehre der Altäre Erhobenen aus der Erinnerung seiner noch lebenden Zeitgenossen verläßlich dargestellt werden kann und die Dokumente seiner Lebensstationen zur Verfügung stehen. Wir haben in Pater Rupert Mayer, dem ersten deutschen Jesuiten, der seliggesprochen wird, sozusagen einen Seligen zum Anfassen.

Das heroische Leben des Paters spielt sich, entsprechend den stürmischen Jahrzehnten, in die ihn die Vorsehung hineingestellt hat, auf verschiedenen Ebenen und in verschiedenen Lebenskreisen ab. Am bekanntesten ist Pater Rupert Mayer unter dem Namen »Münchner Männerapostel«; Kardinal Faulhaber hat ihn sogar einmal öffentlich »Oberapostel« genannt. Mit diesem Titel soll der (freilich keineswegs auf Männer beschränkte) unermüdliche Einsatz des Paters für die Armen, Verfolgten, Verlassenen, für die vielen auf die Schattenseite des Lebens Gedrängten hervorgehoben werden. In dem »Schulbogen«, in dem Pater Mayer als Strafgefangener in Landsberg sein »bisheriges Leben« zu schildern hatte, bekennt er kurz und bündig: »Den größten Teil meiner Zeit verwandte ich wohl zur Ausübung caritativer Werke.« Diese rastlose Hilfe für die Ärmsten, besonders in den Jahren nach dem Ersten Weltkrieg, ist in München und darüber hinaus heute noch bei den Kindern und Enkeln der Betreuten unvergessen. Sie ist wohl der Hauptgrund für die anhaltende Verehrung des Paters: An die dreihundert Besucher trugen sich seit fast vierzig Jahren Tag für Tag in die Seligsprechungs-Bittlisten ein, die neben seinem Grab in der Bürgersaalgruft im Herzen Münchens aufliegen.

Das war in den Friedensjahren. Einen zweiten Lebenskreis brachte der Erste Weltkrieg. Er führte den Seelsorger Rupert Mayer dorthin, wo die Not am größten war, an die Front, wo keine Regierung mehr dem Soldaten in seinen Ängsten und Verzweiflungen beistehen konnte. Er fragte nicht (und auch die Kirche fragte damals nicht), ob der durch die Arroganz der österreichischen Habsburger und die kritiklose »Nibelungentreue« der preußischen Hohenzollern ausgelöste Erste Weltkrieg ein gerechter Krieg und der kleine Mann wirklich im Gewissen verpflichtet war, den ihm völlig unbekannten Kaminkehrer aus Kiew oder den Notar aus Lille niederzustechen. Er teilte die zu Beginn des Krieges allgemeine, von kritischen Hinterfragungen nicht gelähmte Vaterlandsbegeisterung und Auffassung, man müsse seine soldatischen Pflichten mit unbedingtem Gehorsam gegen die weltliche und kirchliche Obrigkeit erfüllen. In den amtlichen Kriegstagebüchern des Königlich Bayerischen Reserve-Infanterieregiments Nr. 18 heißt es: »Was der Divisionsgeistliche Pater Rupert Mayer bei der kämpfenden Truppe geleistet hat, geht weit über den Rahmen des Pflichtmaßes hinaus.« Über Pater Mayers Verwundung am 30. Dezember 1916 in Rumänien berichtet Generalleutnant von Stein im Kriegstagebuch: »Getreu seinem Grundsatz, seinen Truppen in jeder Not und Gefahr Trost und Helfer zu sein, hatte sich Pater Rupert Mayer auch diesmal wieder schon am 30. Dezember 10 Uhr vormittags in der Regimentsgefechtsstelle bereitgemacht, um durch das enge Sultatal vor zu den kämpfenden Truppen von Vadas zu gehen und sie seelisch auf das Schwere, das ihrer am 31. harrte, vorzubereiten.« Pater Mayer erhielt das Eiserne Kreuz Erster Klasse, das vorher noch kein katholischer Militärgeistlicher bekommen hatte. Als Angeklagter vor dem Sondergericht München trug er es noch, aber als er 1938 aus dem Gefängnis in Landsberg entlassen wurde, ließ er es demonstrativ auf dem Tisch der Gefängniszelle zurück.

Ein dritter Lebenskreis: Im Juni 1918 hat der »Männer«-Apostel in München die Gemeinschaft der »Schwestern von der Heiligen Familie« mitgegründet, um den Müttern, den Hauptkriegsopfern, zu helfen. Er blieb bis zuletzt ihr Spiritual. Die vielen Briefe, mit denen er noch während des Zweiten Weltkrieges, auch vom Gefängnis aus, die Schwestern seelsorglich führte, sind noch vorhanden, sie füllen einen stattlichen Teil des vatikanischen Seligsprechungsaktes. Den Schwestern erteilte er Rat in persönlichen Angelegenheiten, für die Festzeiten schrieb er ihnen regelrechte Predigten.

Eine Seite, ein vierter Lebenskreis sozusagen dieses sich im priesterlichen Dienst verzehrenden Paters, wurde aber noch nie so recht beleuchtet und im einzelnen aufgezeigt: Pater Rupert Mayer als »Märtyrer des freien Wortes«. Für ihn gilt, was der Apostel Paulus den Einwohnern von Korinth schrieb: »Denn wehe mir, wenn ich das Evangelium nicht predigte« (1. Brief an die Korinther 9,16). Die Machthaber des NS-Regimes merkten bald, daß sie der Gewalt einer überzeugenden Predigt und der Waffe des freien Wortes nichts entgegenzusetzen hatten – außer Brutalität.

Dokumentationen von Gerichts- und Strafaktionen gegen Christen gehören zum kostbarsten Schatz der Kirchengeschichte. Schon die Urchristen schrieben die Prozeßprotokolle der öffentlichen Notare und Gerichtsschreiber ab und suchten sich Abschriften der amtlich verwahrten Protokolle zu verschaffen. So entstanden die hochbedeutsamen Märtyrerakten und Kalendarien mit kurzen Angaben der jeweiligen Glaubenszeugen (Martyrologien). Bis in die neueste Zeit bearbeitet, ergänzt und veröffentlicht der Vatikan laufend diese Märtyrerakten.

In die Reihe dieser verehrungswürdigen Dokumente über die Christenverfolgungen eines gottlosen Regimes gehören auch die Urkunden und Zeugnisse, die die immer grausamer werdende Brutalität des nationalsozialistischen Regimes gegen Pater Rupert Mayer und gleichzeitig aber auch den zum Tode entschlossenen Widerstand des Paters bezeugen. Ich bin über meine Unterlagen und Erinnerungen darüber als Zeuge im Seligsprechungsprozeß vernommen worden. Thema und Anliegen dieses Buches ist es, diese Zeugnisse endlich einer breiteren Öffentlichkeit zugänglich zu machen. In ihrer chronologischen Zusammenstellung und Kommentierung zeigt sich die teuflische Konsequenz der Machthaber des Dritten Reiches beim Kampf gegen einen mutigen Diener des Wortes Gottes:

- Es beginnt mit verleumderischen Artikeln im »Völkischen Beobachter«, dem von Hitler herausgegebenen Parteiblatt der NSDAP.
- Dann kommen Spitzelanzeigen gegen den »Hetzer im Priesterrock«; damit ist zugleich das Stichwort für den kommenden Prozeß gegeben.
- Ein erstes strafrechtliches Ermittlungsverfahren führt zu einer in der Prozeßordnung gar nicht vorgesehenen staatsanwaltlichen »Verwarnung« des Paters.

- Alsbald verdichten sich die Anweisungen der Geheimen Staatspolizei, so daß von einer widerstandslosen Justiz eine öffentliche Anklageschrift und ein öffentliches Verfahren vor dem Sondergericht inszeniert wird. Die Dokumente darüber – sie enthalten auch meinen Augenzeugenbericht über die damalige Verhandlung – bilden einen Schwerpunkt der vorliegenden Veröffentlichung. Endlich ist es dann so weit, daß Pater Rupert Mayer 1938 mit Verbrechern zusammen in Sträflingskleidung im Gefängnis in Landsberg Tüten kleben muß.
- Da der Pater dennoch wieder die Kanzel besteigt, wirft man ihn, ohne nach dem Inhalt seiner Predigten überhaupt noch zu fragen und ohne noch einmal Richter mit dem Hakenkreuz an der Robe zu bemühen, ins Konzentrationslager Sachsenhausen.

All das beugte den an seiner Gesundheit inzwischen schwer Geschädigten nicht. Erst als die Gestapo auf den in der Geschichte schon mehrmals praktizierten Gedanken kam, den Priester durch Befehl der Amtskirche mundtot machen zu lassen, mußte sich Pater Mayer, getreu seinem Gehorsamsgelübde, fügen und auf Weisung des Ordinariats vier Jahre und neun Monate, von der Außenwelt abgeschnitten, im Kloster Ettal verbringen. Selbst dieser »Endsieg« der NS-Gewalthaber war aber kein Endsieg: Im Mai 1945 stieg der Märtyrer des freien Wortes Gottes wieder auf die Kanzel, zunächst gleich in Ettal, dann noch oft in München, bis ihn der Herr über Leben und Tod am 1. November 1945 heimholte.

Der Seelsorger und Prediger Pater Rupert Mayer ist über die Kirche hinaus eine der großen Gestalten der Geschichte geworden, die opferbereit und todesmutig für das freie Wort kämpften. Für alle, deren Werkzeug und Waffe und Auftrag das freie Wort und die furchtlose Rede sind – Redner in Politik und Wissenschaft, Journalisten, Rechtsanwälte –, ist Pater Rupert Mayer ein leuchtendes und verpflichtendes Beispiel.

Quellen- und Literaturverzeichnis

Akten

1. Sondergericht München 1b Js-So 100/37 im Staatsarchiv München (StA Nr. 9115; Abk. »Gerichtsakten«)
2. Polizeidirektion München, betreffend Rupert Mayer, im Staatsarchiv München (Pol.-Dir. 10 116; Abk. »Polizeiakten«)
3. Selbstbiographie Pater Rupert Mayers »Der Nationalsozialismus und meine Wenigkeit«. Das Original befindet sich im Archiv der Oberdeutschen Provinz der Gesellschaft Jesu in München.
4. Otto Gritschneder, Maschinenschrift-Übertragung des bei der Sondergerichtsverhandlung vom 22. und 23. Juli 1937 aufgenommenen Stenogramms; im Privatarchiv des Autors.

Die Seitenzahl des zitierten Dokuments wird nicht angegeben, es ist durch die Datierung genügend identifiziert.

Bücher und Aufsätze

Wilhelm Sandfuchs, Pater Rupert Mayer. Verteidiger der Wahrheit, Apostel der Nächstenliebe, Wegbereiter moderner Seelsorge, Würzburg ^{2}1982
In diesem umfassenden und verläßlichen Standardwerk sind nahezu alle Veröffentlichungen über Pater Mayer verarbeitet und mit näheren Quellenhinweisen zitiert.

Ludwig Volk, Akten Kardinal Michael von Faulhabers, Mainz 1975 (= Band I) und 1978 (= Band II) (Abk. »Volk, Faulhaber I« bzw. »II«)

Ludwig Volk, Pater Rupert Mayer vor der NS-Justiz, in: Stimmen der Zeit 194, Heft 1, Januar 1976 (Abk. »Volk, Mayer«)

Über diese Literatur hinaus zitierte Werke werden vollständig angegeben.

Um der Authentizität willen wurden geringe Verstöße gegen die Regeln des Dudens in den historischen Dokumenten – vor allem in denen, die mündliche Rede wiedergeben – belassen.

»Ein Friede mit der Kirche ist unmöglich«

Die ersten Angriffe der Nationalsozialisten auf Pater Rupert Mayer 1919 bis 1936

Jahr für Jahr ging Pater Rupert Mayer an der Spitze seiner Männerkongregation auf der Münchner Fronleichnamsprozession, das letzte Mal am 30. Mai 1945

Pater Rupert Mayer berichtet
Vom Ende des Ersten Weltkriegs bis zu Hitlers Machtergreifung

Pater Rupert Mayer hat auf Weisung seiner Ordensoberen während seines Zwangsaufenthaltes in der oberbayerischen Benediktinerabtei Ettal in den letzten Jahren des Zweiten Weltkrieges die wichtigsten Stationen seines Lebens schriftlich festgehalten. Dieser »Lebenslauf« gehört zu den kostbarsten Dokumenten des Archives der Oberdeutschen Jesuitenprovinz in München.
Das ausführlichste Kapitel, nämlich das über seine Erlebnisse mit den Machthabern des Dritten Reiches, hat der Pater in seinem immer wieder aufleuchtenden hintergründigen schwäbischen Humor mit der, beinahe möchte man sagen »hübschen« Überschrift: »Der Nationalsozialismus und meine Wenigkeit« versehen. Die einzelnen Abschnitte dieses Kapitels bilden unter dem jeweiligen Stichwort »Pater Rupert Mayer berichtet« sozusagen die Gliederung dieser Dokumentation. Sie umfassen die schicksalsschweren Jahre von 1919 bis 1945.

Mit Hitler gegen den Kommunismus

Hitler habe ich kennengelernt in einer Kommunistenversammlung 1919. Tags zuvor hatte der kommunistische Redner im Kreuzbräu in München bei stark überfülltem Saal gesprochen. Viele konnten keinen Platz mehr finden. Alle Diskussionsredner haben sich für den Kommunismus eingesetzt. Es befanden sich darunter viele Akademiker. Als einziger bin ich dagegen aufgetreten.

Es wurde nun eine zweite Versammlung aus der Mitte der Anwesenden heraus verlangt. Dieselbe fand auch tatsächlich statt im Saal des »Wittelsbachergartens« in der Theresienstraße. Unmittelbar nach meiner Diskussionsrede ist Hitler aufgetreten. Er sagte, nachdem der Pfarrer den Kommunismus vom religiösen Standpunkt aus bekämpft habe, wolle er das tun vom politischen Standpunkt aus. Er war in Begleitung von ungefähr zehn jungen Leuten erschienen. Er machte auf mich den Eindruck eines außergewöhnlich tüchtigen Volksredners. Erst einige Tage nachher erfuhr ich seinen Namen. Ich habe Hitler später nie mehr, weder in einer kommunistischen, noch sozialistischen, noch Freidenkerversammlung getroffen. Er redete von da ab nur in seinen eigenen Versammlungen.

Einige Zeit darauf las ich auf riesengroßen roten Plakaten eine Einladung der nationalsozialistischen Partei mit Hitler als Redner. Solch große Versammlungen haben von nun an alle 14 Tage, meistens im Zirkus Krone, stattgefunden. Ich habe an all diesen Versammlungen mit wenigen Ausnahmen teilgenommen, bis zum 9. November 1923*. Die Kundgebungen waren

* An diesem Tag marschierte Hitler mit bewaffneten Gesinnungsgenossen zur Münchner Feldherrnhalle; die Polizei schlug den Aufstand nieder, Hitler konnte fliehen.

immer gut besucht, häufig überfüllt, die Begeisterung war groß. Diskussionen wurden niemals zugelassen. Die Reden waren rein politischen Inhalts. Es wurden die jeweiligen politischen Vorgänge und die politischen Persönlichkeiten gegeißelt. Von den »Schwarzen« war häufig die Rede, aber nur nach der politischen Seite hin. Religiös-weltanschaulich sind mir nur zwei Sätze in Erinnerung geblieben, die allerdings einen großen, nachhaltigen, unauslöschlichen Eindruck auf mich machten und mir viel zu denken gaben: 1. »Der Maßstab der Sittlichkeit: Gut ist, was dem Vaterlande nützt, schlecht ist, was dem Vaterlande schadet.« 2. Es sei »höchste Zeit, das Alte Testament, dieses Judenbuch, aus der Schule zu verbannen«.

Hitler, ein »Hysteriker reinsten Wassers«

Charakteristisch für die Reden war, daß in unerhörter Weise gegen die Juden, gegen unsere ehemaligen Feinde, gegen die Bonzen der Sozialdemokratie, bei passender Gelegenheit auch gegen die Freimaurer gehetzt wurde. Hitler übertrieb in seinen Ausführungen ständig, scheute auch vor Unwahrheiten nicht zurück. Für mein Empfinden abstoßend wirkte, daß in dem Raum vor den Sälen, in denen Hitler sprach, regelmäßig seine Fotografie in den verschiedensten Stellungen zum Kaufe ausgestellt war. Es wurde damals schon, also von 1919 an, ein unerhörter Personenkult mit ihm getrieben. Er war immer der Mann, um den sich alles drehen mußte. So war es in seiner Presse, in seinen Versammlungen, bei den Aufmärschen usw. Schlimmer aber war, daß er dies alles billigte. Sonst hätte all das nicht so aufdringlich gemacht werden können. Dazu kommt, daß sein Auftreten immer von dem etwas an sich hatte, was man Pose nennt. Dies alles hat sich mir schon vor 1923 aufgedrängt und mich immer mehr in der Auffassung bestärkt, daß man es bei Hitler mit einem Hysteriker reinsten Wassers zu tun hat.

»Kann ein Katholik Nationalsozialist sein?«

Es war in einer Versammlung im Festsaal des Hofbräuhauses; es war alles besetzt, als ich den Saal betrat. Gute Kameraden verschafften mir ein Plätzchen. Ich hörte schweigend zu. Nachher sagte einer der Bekannten: »Nun, was sagen Sie jetzt zu dieser Rede?« Ich antwortete: »Hitler ist ein ausgezeichneter Volksredner, aber er hetzt und nimmt es mit der Wahrheit nicht genau.« Da standen die Leute auf; es gab eine große Unruhe an diesem Tische. Eine Dame rief laut: »Die Jesuiten sind Judenfreunde«, und von allen Seiten fielen derartige Schimpfnamen. Ich sagte darauf, daß ich schon zahllosen sozialistischen, kommunistischen und Freidenkerversammlungen beigewohnt hätte, aber so niederträchtig sei ich noch nie angeredet worden wie heute abend von ihnen. »Guten Abend, meine Herrschaften«, und damit zog ich mich zurück. In den Reden Hitlers war auch manchmal die Rede, daß die Nationalsozialisten den totalen Staat anstrebten. Auch damit war mir klar, daß ein Friede mit der Kirche unmöglich sei.

Im Frühjahr 1923 war eine Versammlung in dem Bürgerbräukeller ausgeschrieben mit dem Thema: »Kann ein Katholik Nationalsozialist sein?« Als Referent war angekündigt Dr. Schott, ausgetretener protestantischer Geistlicher. Angekündigt war dieses Mal ausnahmsweise eine Aussprache nach dem Vortrag. Es war für mich sehr schwer, diese Versammlung zu besuchen, da ich mir wohl dachte, daß der Redner alttestamentliche Schwierigkeiten vorbringen werde. Ich ersuchte den damaligen Superior der Michaelskirche, P. Hayler, mitzugehen, aber er war nicht dazu zu bewegen. Mit schwerem Herzen machte ich mich auf den Weg. Schott war ein anständiger, vornehmer Redner; Vorsitzender der Versammlung war Esser*, ein Mann ganz anderer Art. Von unserer Seite war ich der einzige Diskussionsredner.

Meine Einleitung weiß ich noch ganz genau. Als ich das Podium bestieg, setzte ein dröhnender Applaus ein, der gar nicht enden wollte. Als es ruhiger geworden war, sagte ich, der Beifall sei verfrüht gespendet worden. Ich müßte den Anwesenden eine große Enttäuschung bereiten. Ich würde dartun, daß ein gläubiger Katholik nicht Nationalsozialist sein könne. Es wurde unruhig. Ich wurde häufig unterbrochen. Der Radau wurde immer größer. Schließlich sagte Esser, er müsse mir das Wort entziehen; damit zog ich mich auf meinen Platz zurück, doch die Unruhe war derart groß, daß die Nazis fürchteten, es könnte ein Überfall auf mich gemacht werden. Darum wurden SA-Männer um mich herum gruppiert, um mich zu beschützen. Aber es ging alles gut aus. Nachher wurde ich nicht mehr belästigt.

Im Laufe dieses Jahres wurde ein Gesinnungsgenosse der Schönererschen** Los-von-Rom-Bewegung in Österreich als Redner in einer Nazi-Versammlung, namens Jung, aufgestellt. Leider war ich verhindert, diese Versammlung zu besuchen. Ich kaufte mir ein Buch, das Jung herausgegeben hatte, um über die darin kundgegebene Weltanschauung bei der Männerkongregation in St. Michael Predigten zu halten.

* Hermann Esser (1900-1981), »ältester Nazi-Propagandist und Judenhetzer«. Den von führenden Nazis als »sexuell pervers« Abgelehnten ließ Hitler nicht fallen. Esser wurde 1933 bayerischer Wirtschaftsminister und Chef der Staatskanzlei, dann aber in den Hintergrund gedrängt. (R. Wistrich, Wer war wer im Dritten Reich, München 1983)

** Georg Ritter von Schönerer (1842-1921), österreichischer Antisemit und Kirchenfeind. Hat den jungen Hitler stark beeinflußt.

Der Hitler-Putsch

Am 9. November 1923 brachte P. Hugger mit nach Hause, in der Stadt sei man wütend auf uns, denn in der Michaelskirche sei die Bewegung zusammengeschlagen worden. Das war natürlich übertrieben, aber richtig ist, daß ich mich nicht erinnere, in München je einmal so feindlichen Blicken begegnet zu sein wie in den Tagen nach dem 9. November 1923. Meine persönlichen Erlebnisse am 9. November 1923 sind weltanschaulich von keiner Bedeutung. Nur bemerkte ich, daß sich die im Kampf verwundeten Nazis von mir abgewendet haben, als ich unmittelbar nach ihrer Verwundung in den Parterreräumen der Residenzstraße nach ihnen sehen wollte.

Einen Tag war ich im großen Hitler-Prozeß, hörte die Rede Ludendorffs und begrüßte Oberstleutnant Kriebel*, den ich nach seiner Festungshaft in seiner Wohnung besuchte. Vor seiner Abreise nach Ungarn kam er zu mir, um sich zu verabschieden. Bis zu seinem Tod blieben wir in steter Verbindung, trotz unserer gegensätzlichen Anschauungen. H. Kriebel war in meiner Division Ia (Chef der Abteilung Ia der 8. bayr. Reservedivision) im Weltkrieg.

Um die Hitlerbewegung kümmerte ich mich nicht mehr. Ich besuchte nur noch eine einzige Zirkus-Krone-Versammlung im Jahre 1932 und sah, daß die Begeisterung wieder am Siedepunkt angelangt war.

In den zwanziger Jahren reiste ich landauf, landab in Oberbayern und in Schwaben, suchte die Männerwelt zusammenzufassen und im katholischen Glauben zu festigen.

Der »Völkische Beobachter« schon 1923: »Hetzredner im Priesterrock«

Das von Hitler herausgegebene Parteiblatt »Der Völkische Beobachter« schreibt am 24. August 1923 über eine Versammlung in Pfaffenhofen:

Das Gegenstück zu der in Würde und Ruhe und gegenseitiger Duldung verlaufenen Versammlung unseres Pg. Dr. Pieper in Straubing bildete eine von den sogenannten christlichen Vereinen Pfaffenhofens einberufene, angeblich unpolitische Versammlung, in der Pater Ruper Mayer

* Oberstleutnant Hermann Kriebel, Kriegsgefährte Pater Mayers, militärischer Führer der »Arbeitsgemeinschaft der vaterländischen Kampfverbände«, früher Anhänger Hitlers und mit diesem am 1. April 1924 wegen Hochverrats verurteilt. Im Dritten Reich Generalkonsul in Shanghai.

über »Christentum und die modernen Zeitströmungen« sprach. Schon die Einleitungsworte besagten, daß dieser »unpolitische« Vortrag nichts sein sollte als ausschließlich eine Demonstration gegen den Nationalsozialismus. Die »moderne Geistesströmung des Sozialismus« als Vorwand nehmend, versuchte der volksparteiliche Hetzredner im Priesterrock den Nationalsozialismus als »unchristliche Geistesströmung« abzutun, weil der Nationalsozialismus »das vom Heiligen Geist inspirierte Alte Testament« ablehne, dem positiven Christentum sozusagen einen »neuen Inhalt« verleihe, nicht nur den Haß gegen das Judentum, sondern auch gegen unsere Feinde lehre.

Diese Ausführungen konnten natürlich nicht unwidersprochen bleiben.

. . .

Diese Einwürfe waren dem Pater so unangenehm, daß er es vorzog, in der Gegenrede nur über Haß und Liebe lebensfremde Erörterungen zu halten, die er ebenfalls noch abbrechen mußte.

. . .

Im übrigen muß einmal festgestellt werden, daß die Art und Weise, wie Pater Rupert Mayer in den politischen Kampf eingreift, allmählich geradezu Ärgernis in den weitesten Kreisen des katholischen Volkes erregt.

Pater Rupert Mayer warnt Kardinal Faulhaber vor dem »Hitlerschwindel«

Es verdient also festgehalten zu werden, daß Pater Mayer schon ganz früh den antichristlichen Charakter der nationalsozialistischen Bewegung erkannte und das auch in öffentlichen Reden und Predigten nicht verschwieg. Darum ist es um so verständlicher, daß er immer darunter gelitten hat, daß die Bischöfe dieser Gefahr nicht rechtzeitig und entschieden genug entgegentraten. Er schrieb daher am 9. September 1930 folgenden Brief an Kardinal Faulhaber, der allerdings unbeantwortet blieb (Volk, Faulhaber I, S. 489):

München, 9. September 1930

Euer Eminenz! Hochwürdigster Herr Kardinal!
Die völkischen Hetzereien können wir uns nicht groß genug vorstellen. So herrscht in unserem katholischen Volk eine beispiellose Verwirrung. Unbegreiflich, aber wahr ist es, daß der Hitlerschwindel wieder die weitesten, auch katholischen Volkskreise erfaßt hat. Und nicht bloß in der Stadt, sondern besonders auf dem Lande hat die Bewegung gewaltig an Boden gewonnen.

Ich traf neulich den Herrn Pfarrer von Holzkirchen, der mir sagte, 4/5 seiner Pfarrkinder denken nationalsozialistisch. Auch der Herr Pfarrer von

Dietramszell äußert sich, besonders wenn er von der heranwachsenden Jugend spricht, sehr pessimistisch. Nun ist es manchmal nicht so schlimm, als es den Anschein hat. Aber das in so großer Geistesverwirrung sich befindende Volk gibt einem doch viel zu denken.

Die in der letzten Zeit nach der Seite hin verheerenden Artikel des »Völkischen Beobachter« erlaube ich mir Euer Eminenz zur Verfügung zu stellen. Vielleicht können dieselben als Material für die Freisinger Bischofskonferenz verwertet werden.

In tiefer Verehrung
Euer Eminenz ergebenster
Rupert Mayer SJ

Pater Rupert Mayer berichtet
Die Auseinandersetzungen spitzen sich zu

Caritassammler werden verprügelt

Im Jahre 1935 war eine öffentliche Caritas-Sammlung, staatlich genehmigt für das ganze Reich. Persönlich sammelte ich mit meinem Mitbruder vor der Michaelskirche. Ich bemerkte eine gewisse Unruhe unter der Bevölkerung. Bei Tisch hörten wir, daß in der Neuhauser Straße Ansammlungen stattfanden. Gegen 2 Uhr bemerkte ich im unteren Patresgang, daß Leute sich hin- und herbewegten. Ich schaute nach. Ein junger Student stand am Wasserhahn und wusch sich seine Kopfwunde. Nun hörte ich, daß unsere Sammler und Sammlerinnen von unseren Gegnern zahlreich überfallen und zum Teil ihrer Büchsen beraubt worden waren.

Es bemächtigte sich meiner eine maßlose Erregung. Ich stürzte zum Polizeipräsidenten und verlangte, den Polizeipräsidenten sogleich zu sprechen. Es wurde mir mitgeteilt, derselbe sei nicht in München. Ich wurde zu seinem Stellvertreter geführt, wenn ich mich nicht täusche, zu einem Regierungsrat Mayer. Derselbe nahm mich gut auf; ich beschwerte mich in drastischen Ausdrücken über das Unerhörte, daß die Sammler bei einer staatlich genehmigten Sammlung in dieser groben Weise belästigt wurden und daß weit und breit kein Polizeibeamter zu sehen war. Der Herr nahm das zu Protokoll und suchte mich zu beruhigen, was ihm aber nicht gelingen konnte. Zu Hause angekommen, habe ich wiederholt den Herrn Minister Wagner* angerufen, mit dem Bemerken, in einer dringenden Angelegenheit hätte ich ihn zu sprechen. Ich konnte keine Verbindung mit ihm bekommen.

* Gauleiter und bayerischer Innenminister und Kultusminister Adolf Wagner (1890-1944) war einer der erbittertsten Gegner des Paters. Schon seit 1923 war Wagner Mitkämpfer Hitlers. Unter ihm stieg die Zahl der KZ-Gefangenen in Dachau steil an. Seine Gesundheit ruinierte er durch allerlei Exzesse.

Hetzveranstaltungen gegen die Bekenntnisschule

Im Jahre 1936 setzte eine große öffentliche Agitation für die Gemeinschaftsschule ein. Es waren zwei Kundgebungen ausgeschrieben. Redner war beide Male Schulrat Bauer*. Die eine Versammlung war im Südviertel, im großen Saal des Thomasbräu. Ich kam etwas verspätet, bekam aber noch einen unauffälligen Platz, links unmittelbar neben der Rednerbühne, ganz im Hintergrund. Nach dem Referat wurde eine Diskussion angekündigt. Man sollte sich mit Namen melden. Ich schrieb auf einen Zettel nur den Namen Mayer und reichte den Zettel auf die Tribüne. Daraufhin bemerkte ich ein Tuscheln am Vorstandstisch. Nun erklärte der Vorsitzende, es habe sich gezeigt, daß kein Bedürfnis nach einer Aussprache vorhanden sei. Alle seien einer Meinung. Darauf allgemeines Bravo. Nun schrie ich, so laut ich konnte, daß ich wenigstens zu einer kurzen Berichtigung das Wort wünschte. Daraufhin Beratung und Genehmigung.

Ich erklärte, daß das, was der Redner über den Herrn Kardinal gesagt habe, durchaus unrichtig sei, da ich den Sachverhalt zufällig genau kenne. Aber bei allem Nachdenken fällt mir nicht mehr ein, um was es sich damals handelte. Daraufhin verließ ich unter Lachen und Schimpfen das Lokal. Hinter mir her kam ein alter Regimentskamerad und sagte, man wolle mich verprügeln. Es kam auch ein Mann, der im Vorübergehen schimpfte und fluchte, aber dann verschwand.

Tags darauf bat ich einen Herrn, mir einen Platz im Bürgerbräu zu belegen. Es war ein Massenbesuch ersten Ranges. Beim Eintritt in den Saal merkte ich, daß mein Kommen stark bemerkt wurde; besonders Bauer wurde auf mich aufmerksam gemacht. Von Anfang an waren die Menschen sehr aufgeregt. Als der Vorsitzende über den Herrn Kardinal eine harmlose Bemerkung machte, kamen laute, sich immer wiederholende Zwischenrufe: »Schlagt ihn nieder, hängt ihn auf, schießt ihn tot«. Weder der Vorsitzende noch Bauer lehnten die Zwischenrufe ab. Bauer sprach zahmer als am Abend vorher. Ich hörte freilich nicht mehr viel davon. Denn bald kamen zwei SA-Männer an meinen Tisch und forderten mich auf, mit ihnen den Saal zu verlassen. Ich sagte, daß ich das nicht einsähe. Als ich aber bemerkte, daß sich eine ungeheure Spannung im Saal zeigte, befürchtete ich eine Schlägerei, die zu unseren Ungunsten ausgehen mußte, da gar nichts organisiert war. Deshalb ging ich unter größter Unruhe aus dem Saal.

Ich wurde in ein Nebenzimmer geführt zu einem Gestapobeamten. Ich mußte meine Taschen ausräumen. Ich hatte so gut wie nichts Schriftliches

* Josef Bauer (1881-1958), Oberstadtschulrat in München, 1933 bis 1945 Mitglied des Reichstages, seit 1943 SS-Brigadeführer. Tat sich durch den Kampf gegen die Bekenntnisschule hervor.

bei mir, da ich ahnte, daß heute nicht alles so harmlos verlaufen würde. Einen Zettel mit einigen Notizen, die ich mir in der Versammlung gemacht habe, nahm der Beamte an sich. Trotz meines Protestes wurde ich festgehalten, ja, ich bekam Gesellschaft: Einige Männer und Frauen von katholischer Seite wurden hereingeführt. Ich durfte aber mit denselben nichts reden. Soviel ich weiß, wurden sie nicht untersucht. Nachdem die Versammlung aus war, durften die Verhafteten ohne weitres das Lokal verlassen. Ich wurde noch dabehalten. Als ich energischst dagegen protestierte, ließen sie auch mich laufen, aber mit dem Bemerken, auf meine eigene Verantwortung hin, denn die Menschen seien gegen mich sehr erbittert. Ich ging unbehelligt mit der Menge auf die Straße. Da haben mich einige unserer Männer erwartet. Sie brachten mich auf eine Elektrische.

Die Sache hatte aber noch ein Nachspiel. Am nächsten Morgen rief ich das Polizeipräsidium an (es war damals nur ein Stellvertreter im Amt, ein Oberstleutnant der Polizei). Ich sagte, ich müsse ihn in einer wichtigen Angelegenheit sofort sprechen. Er ließ mich sogleich vor. Der Polizeipräsident empfing mich in Gegenwart eines Regierungsrats der politischen Abteilung, dessen Namen ich leider vergessen habe. Ich beschwerte mich darüber, daß die schweren Drohungen gegen den Kardinal in keiner Weise öffentlich zurückgewiesen worden waren. Ich sagte, daß das eine Aufforderung sei, diese Drohungen in die Tat umzusetzen. Ich fühlte mich verpflichtet, dem Polizeipräsidium davon Mitteilung zu machen, und damit habe das Polizeipräsidium eine schwere Verantwortung, wenn nichts dagegen geschähe. Gewiß, sie könnten mich jetzt einsperren, aber ich hätte dafür gesorgt, daß andere über die ganze Angelegenheit eingehend unterrichtet seien.

Einige Wochen nachher erkrankte der Regierungsrat nicht unbedenklich. Als ich davon hörte, machte ich ihm einen Besuch. Seine Frau empfing mich und ließ mich sofort eintreten. Der Regierungsrat war im Bett und zeigte sich höchst überrascht. Ich habe das Gefühl, der Regierungsrat erwarte von mir, daß ich irgendeine Beschwerde oder eine Bitte vorbringe. Er war aufs höchste überrascht, als ich ihm sagte, ich sei nur gekommen, um mich nach seinem Befinden zu erkundigen, nachdem ich von seiner schweren Erkrankung erfahren hätte. Und das sei ja ganz selbstverständlich, da er unser nächster Nachbar sei. Wir unterhielten uns noch sehr gut, nachdem er sich von seiner sichtlichen Überraschung erholt hatte. Leider kam er dann infolge einer mißlichen Angelegenheit von seiner Stellung weg.

»Verwarnung« durch den Staatsanwalt

Soweit erinnerlich, war es im Herbst 1936 oder Frühjahr 1937. Außer dem Staatsanwalt, dessen Namen ich vergessen habe, waren noch ein oder zwei Herren anwesend. Der Staatsanwalt machte mich darauf aufmerksam, daß über meine Predigten Klagen eingelaufen seien: Ich würde mich auf der Kanzel mit Politik befassen, und das gehe im heutigen Staat nicht mehr. Meine Äußerungen seien mitunter staatsfeindlich. Ich führe eine aufreizende Sprache. Er müsse mich deshalb ernstlich verwarnen*. Im Wiederholungsfalle würde ich nicht mehr so durchkommen.

Ich sagte, daß ich nie Politiker gewesen sei; es könne sich also nur um politisch gemischte Fragen handeln, zu denen ich mich geäußert habe, Fragen, die Kirche und Staat interessieren. Ich hätte nur vom religiösen Standpunkt aus dazu Stellung genommen, und das sei meine Gewissenspflicht. Und wenn staatliche Organe die Kirche angreifen, Klerus und Ordensleute heruntersetzen, so müsse ich als Prediger öffentlich klarstellen, was an den Vorwürfen, die gegen Einrichtungen der Kirche erhoben würden, falsch oder wenigstens übertrieben sei. Da das Heil der unsterblichen Seelen auf dem Spiele stünde, können es mir billig denkende Menschen nicht übelnehmen, wenn ich eine entschiedene, deutliche Sprache führe. Ich hätte nie jemand persönlich angegriffen, es sei mir nur um die Verteidigung des angegriffenen katholischen Glaubens zu tun gewesen.

Der Staatsanwalt meinte, es gäbe doch sehr eifrige Priester, die eine solche Sprache auf der Kanzel nicht führten. Ich meinte, das stelle ich nicht in Abrede, aber da heißt es eben: Sehe jeder, wie er's treibe, das heißt, jeder müsse nach seinem Gewissen vorangehen und an die Rechenschaft denken, die er als Prediger in einer so verworrenen und verwirrenden Zeit einmal vor Gott abzulegen habe.

Der Staatsanwalt wiederholte seine Warnung, sagte aber, er fürchte, daß das bei mir vergeblich gewesen sei. Damit wurde ich entlassen.

Bei der politischen Polizei

Einige Zeit später wurde ich auf die politische Polizei gerufen. Im Wittelsbacherpalais, parterre rechts, wurde mir gesagt, es sei festgestellt worden, daß eine BDM-Führerin bei mir gewesen sei. Ich sagte, das Mädchen sei zu mir als ihrem Seelsorger gekommen. Aus Gewissensgründen dürfe und könne und werde ich keine Aussagen machen. Da sagten die Herren, das Mädchen

* Diese »Verwarnung« geschah am 7. Mai 1936 durch Staatsanwalt Dr. Ernst Großer, der dann am 22. Juli 1937 auch die Anklagerede gegen den Pater vor dem Sondergericht hielt (Akten der Staatsanwaltschaft beim Sondergericht München 16 a Js-So 430/36).

hätte ja schon alles ausgesagt; ich antwortete, das sei ihre Sache, ich sei im Gewissen zum Schweigen verpflichtet. Aber, hieß es, wenn ich keine Aussagen machte, bliebe das Mädchen verhaftet. Ich antwortete, ich bedauerte das sehr, aber ich könne meinen Standpunkt nicht ändern; die Schweigepflicht bleibe unverändert. Wenn sie mich daher einsperren wollten, sollten sie das nur tun. Ich hätte meine notwendigen Sachen schon mitgebracht. Davon wollten die Herren aber nichts wissen, sondern entließen mich, nachdem ich den Herren noch zum Bewußtsein zu bringen suchte, daß wir Katholiken uns nicht fürchten, sondern mutig in die Zukunft schauten. Damals konnte ich noch so sprechen, später wurde es leider in weiten Kreisen anders.

In den letzten Jahren habe ich, soviel menschenmöglich war, gepredigt und Vorträge gehalten: in München, und an Sonn- und Feiertagen auch auswärts. Der Besuch war außerordentlich. So waren es zum Beispiel in Weißenhorn 6000 Männer und Jungmänner, die zweimal die sehr große Kirche vollständig füllten. An anderen Plätzen sprach ich im Freien, weil der Platz in der Kirche nicht mehr ausreichte. Ich fühlte eben, daß ich nicht mehr lange Gelegenheit zum Sprechen und Predigen haben würde.

Kardinal Faulhaber protestiert bei Reichsminister Rust

Der Kampf gegen die im Reichskonkordat vom Juli 1933 garantierte Bekenntnisschule rief alsbald auch die Bischöfe auf den Plan. Als Vorsitzender der Bayerischen Bischofskonferenz wandte sich Kardinal Faulhaber am 4. Mai 1935 mit einem ausführlichen Protestschreiben an den »Herrn Reichs- und Preußischen Minister für Wissenschaft, Erziehung und Volksbildung«, Bernhard Rust*.

Darin beschwert sich der Kardinal auch gegen Angriffe auf seine Person: »In mehr als einer Versammlung wurde durch Zwischenrufe zur Ermordung des Kardinals aufgefordert, ohne daß der Leiter der Versammlung, im besonderen auch Herr Oberstadtschuldirektor Bauer, ein Wort gegen diese Zwischenrufe äußerte, die er und andere Redner durch ihre Redewendungen selbst hervorgerufen hatten.«

Die bayerische politische Polizei wurde nun zur Stellungnahme zu diesen Vorgängen aufgefordert. Der Münchener Gestapochef Dr. Walter Stepp**, der dann am

* Bernhard Rust (1883-1945 (Selbstmord)), Studienrat, zufolge einer im Ersten Weltkrieg erworbenen Kopfverletzung leistungs- und zurechnungsgemindert, 1925 Gauleiter. Durch seine Anordnungen verloren über 1000 Hochschullehrer ihre Stellung, darunter Albert Einstein und Fritz Haber.

** Walter Stepp (1898-1972), zunächst Staatsanwalt und Landgerichtsrat beim Landgericht München I, dann Leiter der Münchner Gestapo. 1943 Präsident des Oberlandesgerichts München.

5. Juni 1937 die Verhaftung Pater Rupert Mayers anordnete, antwortete am 10. April 1935 mit folgendem »Bericht« an das bayerische Kultusministerium (Geheimes Staatsarchiv München MA 107256):

Von offenen Morddrohungen gegen Kardinal Faulhaber, wie sie in der Beschwerde angeführt sind, kann überhaupt nicht die Rede sein. Die Erregung in der Versammlung der »Deutschen Schulgemeinde« am 15. Februar 1935 im Bürgerbräukeller wurde im wesentlichen dadurch hervorgerufen, daß einer der Hauptmitarbeiter des Ordinariates München-Freising, der Jesuitenpater Rupert Mayer, an der Versammlung teilnahm. Durch sein provozierendes Verhalten – er machte Zwischenrufe und schrieb die Rede mit, so daß die Versammlungsbesucher annahmen, er würde das Mitgeschriebene zu Greuelpropaganda verwerten –, wurde die anwesende nationalsozialistische Bevölkerung in höchste Erregung versetzt. In diesem Zusammenhang sei festgestellt, daß etwa 90 Prozent der Versammlungsteilnehmer Nationalsozialisten waren. Die Zwischenrufe, die sich gegen Kardinal Faulhaber richteten, überschritten nicht das Maß dessen, was allgemein bei Versammlungen an Zwischenrufen üblich ist ... Die Behauptung, daß die Rede des Oberstadtschuldirektors Bauer eine Bedrohung des Kardinals Faulhaber zur Folge gehabt hätte, ist aus der Luft gegriffen.

Kein Auslandspaß

Im Juni 1935 beschwert sich Pater Mayer in einem Schreiben an die Polizeidirektion München gegen die Weigerung, ihm einen Auslandspaß auszustellen, und warnt vor den Folgen.

München, den 8. Juni 1935

Ich wollte meinen Paß, der immer für Inland und Ausland Geltung hatte, erneuern lassen. Da wurde mir am Donnerstag, den 6. Juni, von der Paßstelle mitgeteilt, daß mir für das Ausland kein Paß bewilligt werden könnte, Gründe wurden nicht angegeben. Ich lege gegen diese Verweigerung des Passes für das Ausland hiemit Beschwerde ein und fühle mich durch diese Maßnahme schwer gekränkt, denn ich muß daraus schließen, daß ich als national unzuverlässig gelte.

So schwer es mir fällt, so sehe ich mich genötigt, der Polizeidirektion einiges über meine Tätigkeit im Felde vorzulegen. Wer mich kennt, der weiß, daß meine Einstellung zu Volk und Vaterland nie eine Änderung erfahren hat und erfahren wird. Daß mir die durch die Paßverweigerung zuteil gewordene Behandlung unter obwaltenden Umständen überaus schmerzlich sein muß, dürfte Sie nicht wundern. Ich komme an dem Gefühl nicht vorbei, daß ich mich nunmehr zum Volksgenossen zweiter Klasse gestempelt fühle. Mein Kriegsgefährte, Oberstleutnant Kriebel, Generalkonsul in Schanghai, würde sich nicht wenig darüber wundern! Ich habe bis jetzt stets in den Kreisen, die unter Ungerechtigkeiten seitens des Staates zu leiden hatten und mir ihre Not klagten, mit den Worten »das ist der Dank des Vaterlandes« zu beruhigen gesucht, aber diese Einstellung wird einem wirklich nicht leicht gemacht.

Im August dieses Jahres habe ich bei einer großen in Zürich stattfindenden Kongregationstagung ein Hauptreferat übernommen. Es würde zweifellos Aufsehen erregen, wenn man den von überall her zusammengeströmten Führern der Kongregationen mitteilen müßte, daß ich in die Schweiz keine Ausreiseerlaubnis erhalten habe. Ich möchte darum dringend ersuchen, mir nachträglich den Paß, auch gültig für das Ausland, zu genehmigen.

Mit dem Ausdruck vorzügl. Hochachtung
Rupert Mayer SJ

Die Beschwerde hatte teilweise Erfolg. Am 28. Juni 1935 schrieb die Bayerische Politische Polizei an die Polizeidirektion München: »Gegen die Ausstellung eines Auslandsreisepasses auf beschränkte Zeit (sechs Monate) ... besteht von hier aus keine Erinnerung« (Polizeiakten).

Als die bayerische Justiz noch nicht »spurte«

Die Nationalsozialisten sahen in der Justiz keineswegs die reine Magd und Hüterin der Gerechtigkeit, sie benutzten vielmehr Staatsanwälte und Richter als Waffen gegen die Männer und Frauen, die sich dem nationalsozialistischen Unrechtsregime nicht beugten. Da eine große Zahl von Richtern und Staatsanwälten nicht schnell genug und radikal genug »spurte«, ließ Hitler durch eine Notverordnung Hindenburgs bereits am 21. März 1933 für jeden Oberlandesgerichtsbezirk politische Tribunale unter dem Namen »Sondergerichte« ins Leben rufen. Sie waren mit je drei »verläßlichen« Berufsrichtern besetzt. Gegen ihre Urteile gab es kein Rechtsmittel. Um diese Sondergerichte fest im Griff zu behalten, mußte vor jedem Verfahren die Genehmigung des Reichsjustizministers eingeholt werden, der auf diese Weise irgendwie politisch unerwünschte Prozesse von vornherein verhindern oder auf einen »günstigeren« Zeitpunkt verschieben konnte. Die Zuständigkeit dieser Sondergerichte wurde gegen Kriegsende immer weiter ausgedehnt, so daß sie auch Todesstrafen verhängen konnten. Das Sondergericht München hat 254 Todesurteile gefällt, das letzte am 10. April 1945. Bei ihm wurden an die 10 000 politische Strafverfahren durchgeführt; die Akten dazu sind im Staatsarchiv München übersichtlich inventarisiert und eine ausgezeichnete Quelle für den Historiker.

Dazu schuf das Hitler-Regime auch eigene, immer strenger werdende Strafbestimmmungen. Für die vorliegende Dokumentation ist von wesentlicher Bedeutung das »Gesetz gegen heimtückische Angriffe auf Staat und Partei und zum Schutz der Parteiuniformen« vom 20. Dezember 1934. Sein § 2, der dann später auch die Grundlage für die Verurteilung des Paters im Jahre 1937 abgab, hat folgenden Wortlaut:

»Wer öffentlich gehässige, hetzerische oder von niedriger Gesinnung zeugende Äußerungen über leitende Persönlichkeiten des Staates oder der NSDAP, über ihre Anordnungen oder die von ihnen geschaffenen Einrichtungen macht, die geeignet sind, das Vertrauen des Volkes zur politischen Führung zu untergraben, wird mit Gefängnis bestraft.«

Gleichzeitig wurde für »Religionsdiener« auch der sogenannte Kanzelparagraph 130 a Absatz 1 des Reichsstrafgesetzbuches herangezogen. Diese in schlechtestes Behördendeutsch gefaßte Bestimmung vom 10. Dezember 1871 aus der Bismarckschen Kulturkampfzeit (1871 bis 1876) lautete damals:

»Ein Geistlicher oder anderer Religionsdiener, welcher in Ausübung oder in Veranlassung der Ausübung seines Berufs öffentlich vor einer Menschenmenge, oder welcher in einer Kirche oder an einem anderen zu religiösen Versammlungen bestimmten Orte vor Mehreren Angelegenheiten des Staates in einer den öffentlichen Frieden gefährdenden Weise zum Gegenstande einer Verkündung oder Erörterung macht, wird mit Gefängnis oder Festungshaft bis zu zwei Jahren bestraft.«

Mit solch schwammigen Begriffen wie »gehässig«, »hetzerisch«, den »öffentlichen Frieden gefährdend« war richterlicher Willkür Tür und Tor geöffnet. Auch dafür sind Anklage und Urteil gegen Pater Mayer nur ein Beispiel von Tausenden.
Gestützt auf diese freiheitsfeindlichen Paragraphen versuchten die NS-Machthaber bereits 1936, Pater Rupert Mayer verurteilen zu lassen, um so den Schein der Rechtmäßigkeit für das zu erwecken, was in Wirklichkeit ein brutaler Machtkampf gegen den beliebten und erfolgreichen Prediger war.

Erste Denunziationen

Die wohlbedachte Regie dieses Vorgehens mag an einem Beispiel dokumentiert werden. Am 2. Dezember 1935 erstatteten ein Spitzel namens A. Nistler und ein Hauptwachtmeister Kurth Anzeige gegen den Pater wegen zweier Predigten. Hier der Wortlaut der Anzeige Nistlers (Polizeiakten):

An den beiden Sonntagen, 24. November und 1. Dezember, benützte der Jesuitenpater Rupert Mayer in der St. Michaelskirche die übliche nach dem Hochamt (9 Uhr) stattfindende regelmäßige Sonntagspredigt (etwa 9 3/4 Uhr – 1/2 11 Uhr) dazu, über den Leohaus-Skandal* zu sprechen.

Er berief sich hiebei darauf, daß den kirchlichen Stellen keine Möglichkeit gegeben sei, in der Presse Richtigstellungen zu bringen gegenüber Veröffentlichungen kirchenfeindlicher Blätter, die den Leohaus-Skandal dazu benützen, den Fall tendenziös auszuschlachten und die katholische Geistlichkeit insgesamt als korrupt hinzustellen, während andere Vorgänge – man erhielt aus den Redewendungen den bestimmten Eindruck, daß der Pater dabei die Regierung und N.S.-Partei im Auge hatte – totgeschwiegen würden.

Da es sich bei dem Leohaus-Skandal um den Glauben und nicht um Politik handele, so fühle er sich als katholischer Priester unter Hinweis auf das Konkordat verpflichtet und berechtigt, hier an geweihter Stätte über diese Dinge zu sprechen.

Im einzelnen verwies der Pater u.a. darauf, daß viele Geistliche in selbstloser Weise sich für die sozialen Aufgaben des Leohauses eingesetzt hätten (Arbeitslosenbetreuung u.a.m.) und daß von der Geistlichkeit *M* 450.000 für die Geschädigten des Leohauses aufgebracht worden seien, was in der kirchenfeindlichen Presse geflissentlich verschwiegen werde. Die Gläubigen sollen für die fehligen 3 Priester beten, anstatt sie zu verurteilen.

Der Pater richtete an die Anwesenden den dringlichen Appell, für Verbreitung des Inhalts seiner Kanzelrede zu sorgen, weil dies der einzige Weg sei, die öffentliche Meinung von der systematischen Hetze gegen die Katholische Kirche und ihre Priester einigermaßen abzubringen.

Ich hatte den Eindruck, daß eine derartige Stellungnahme für die schuldigen Priester im Leohaus-Skandal von der Kanzel als Thema von Sonntagspredigten völlig ungeeignet war und daß die unverblümten Angriffe auf Regierung und Partei bei der Mehrzahl der Zuhörer den bestimmten Eindruck bewußter Opposition erweckten.

Und dazu ist doch wohl auch unter Hinweis auf das Konkordat die Kirche nicht da. Wenn, was wohl anzunehmen ist, auch in anderen Kirchen in ähnlicher Weise der Leohaus-Skandal »für die Erhaltung des heiligen katholischen Glaubens« und zu versteckten Angriffen gegen Regierung und N.S.-Partei benutzt wurden – und wohl auch weiterhin benutzt werden, dann wird in den Kreisen katholischer Kirchenbesucher die Sonntagspredigt zur ärgerniserregenden Hetzrede gegen Regierung und Partei und zur bewußten Irreführung der Gläubigen über die Schuldigen im Leohaus-Prozeß und über

* Es waren in diesen Monaten einige Geistliche wegen unglücklicher und unkorrekter Finanzgebarung der Leohaus-Filmgesellschaft verurteilt worden. Siehe auch S. 161.

die Aufgaben der katholischen Priester, die sich – eben nach den angezogenen Konkordatsbestimmungen – unter Enthaltung jeglicher politischer Stellungnahme auf der Kanzel lediglich auf die Verkündung von Gottes Wort zu beschränken hätten.

Zur wirksamen Verhinderung dieser Gefahr (des Autoritätsverlustes von Regierung und Partei) wäre wohl eine Verwarnung staatsfeindlicher Kanzelredner und eine scharfe Überwachung der Sonntagspredigten geboten – ihre staatsfeindliche Tätigkeit in ihren privaten Konventikeln kann – leider! – nicht festgestellt und verhindert werden. Aber sie ist nach deren gewiß jesuitisch vorsichtigen Kanzelreden als Tatsache anzunehmen.

Nicht der vorgeschützte Glaube ist in Gefahr, sondern ihr schwindender Einfluß auf die Katholiken, die in erster Linie *Deutsche* sind.

Und gerade die möchten Kirche und Gotteshaus endlich rein wissen von politischen Hetzreden aus Priestermund.

München, den 2. Dezember 1935 *A. Nistler*

Schwanthalerstr. 17/I

»Entgegnung« Pater Rupert Mayers

Pater Rupert Mayer fertigte zu dieser Anzeige eine Entgegnung, in der er klar und kompromißlos das Recht der Verteidigung gegen Angriffe auf die Kirche zum Ausdruck bringt (Polizeiakten):

Rupert Mayer S.J. München, den 30. Dezember 1935
München
St. Michaelskirche

Entgegnung

Grundsätzliches:

1. Der Priester untersteht in seiner Eigenschaft als Prediger *nur* seiner vorgesetzten Kirchenbehörde und hat Weisungen *nur* von *dieser* Stelle entgegenzunehmen.

2. Über die Handlungsweise von Priestern zu sprechen, und zwar von der Kanzel herab, heißt nicht über »Politik« reden, denn von der Achtung, die der Gläubige vor seinen Priestern hat, hängt im wesentlichen die religiöse Haltung der Laien ab, so daß diese Dinge um des *Glaubens willen* unbedingt abgehandelt werden müssen.

Zur Beschwerde selbst:

1. Es ist in keiner Weise die Leohaus-Leitung verteidigt oder gar beschönigt worden; im Gegenteil, es ist deutlich zum Ausdruck gekommen, daß es

selbstverständlich ist, daß Verfehlungen gegen die Gesetze des Staates, auch wenn sie von Priestern begangen werden, untersucht und, wenn Schuld vorliegt, bestraft werden müssen.

In Gegenüberstellung zu den Verfehlungen der Geistlichkeit, über die die Öffentlichkeit unterrichtet worden ist, wurden einige Leistungen der Priester auf sozialem und caritativem Gebiet erwähnt, von denen in der Öffentlichkeit nichts erwähnt wird.

2. Es wurde bei den Predigten nichts gegen die Autorität des Staates gesagt, auch nichts über Verfehlungen, die von weltlichen Beamten bekannt geworden oder verheimlicht worden sind.

Es wurde gesagt, daß es nicht anginge, die Dinge so darzustellen, als wenn *nur* bei der Geistlichkeit Verstöße gegen die Gesetze vorkämen.

3. Es wurde den Kirchenbesuchern weder direkt noch in verhüllter Form eine feindselige Einstellung gegen die Regierung oder die Partei nahegelegt.

Es wurde gesagt, daß zwar der Staat das Recht habe, über die Handlungsweise der Menschen zu Gericht zu sitzen und ein Urteil zu fällen, nicht aber *der einzelne Mensch,* dem Beweggründe und alle näheren Umstände unbekannt seien und der nach dem Christuswort: »Richtet nicht, auf daß ihr nicht gerichtet werdet«, den Stab nicht über seine Mitmenschen brechen dürfe. *Grundirrtum:* Der Beschwerdeführer befindet sich in einem Grundirrtum, wenn er angibt, der Prediger habe über den Leohaus-Skandal gepredigt; der Prediger hat ganz allgemein über die Stellung, die Gläubige einnehmen sollen, wenn sie von Verfehlungen von Priestern und Ordensleuten hören, gesprochen.

Rupert Mayer

Noch weigert sich die Münchner Staatsanwaltschaft, gegen Pater Rupert Mayer vorzugehen

Bei der amtlichen Behandlung der Anzeigen gegen Pater Mayer tauchen zum ersten Mal die zwei Staatsanwälte auf, die dann nach und nach in eine Pilatusrolle gedrängt wurden: der Leiter der Anklagebehörde beim Sondergericht München,der dienstaufsichtführende Oberstaatsanwalt Alfred Resch, und sein Mitarbeiter, Erster Staatsanwalt Dr. Ernst Großer. Anfang 1936 rafften sie sich noch auf, diesen Denunziationen gegen Pater Rupert Mayer entgegenzutreten. Sie schrieben dem Reichsjustizminister in einem drei Seiten langen Brief, warum sie beabsichtigten, »das Verfahren gegen den Beschuldigten mangels strafbaren Tatbestandes einzustellen«. Ein Jahr später sollten die beiden Herren dann mürbe werden und die Predigten des Paters mit genau entgegengesetzten Vorzeichen versehen.
Hier das ablehnende Schreiben der Herren Resch und Großer vom 28. Februar 1936 (Bayerisches Hauptstaatsarchiv MK 38 150):

Akt. Zeich. 16a Js-So 430/36 München, den 28. Februar 1936
Der Oberstaatsanwalt
bei dem Landgerichte München I

An den
Herrn Reichsminister der Justiz
Berlin

Betreff:

Das Strafverfahren gegen Rupert Emil Mayer, geboren am 23. Januar 1876 in Stuttgart, ledig, Jesuitenpater, wohnhaft in München, Maxburgstraße 1, wegen Vergehens gegen das Gesetz vom 20. Dezember 1934.

1. Der 60 Jahre alte, in weiten Kreisen in München als Kanzelredner bekannte Beschuldigte führte am 1. Dezember 1935 zu Beginn seiner Predigt in der St.-Michaelskirche in München in Bezug auf den Leohaus-Prozeß etwa folgendes aus:
»In der vergangenen Woche gewann man den Eindruck, als ob leichtsinnige Priester im Leohaus aus- und eingegangen wären. In unentgeltlicher Weise haben sich die Priester eingesetzt für die Arbeiterschaft. Da kommt man und wagt es, Vorwürfe in die Öffentlichkeit hineinzuwerfen, und wir haben keine Möglichkeiten, die Sache richtig zu stellen.

Wir haben in letzter Zeit den Eindruck bekommen, daß Hunderte den Zusammenbruch des Leohauses kommen sahen. Da sieht man wieder die wunderbare Berichterstattung, um der katholischen Kirche eins auszuwischen. Es ist viel gesammelt worden, ausschließlich von Priestern. Warum läßt man das verschwinden? Warum stellt man das nicht richtig? Aber schlägt man auf den Priester, dann schlägt man auf die Kirche. Was da gesagt wird, das darf gesagt werden nach dem Konkordat. Es handelt sich um religiöse Fragen. Wenn es daran geht, die Kirche in der breiten Öffentlichkeit herunterzusetzen, dann haben wir das Recht, sie in Schutz zu nehmen. Das ist richtig, daß wir kein Mittel mehr haben, an die Gläubigen heranzukommen. Sie werden unrichtig informiert. Es ist nicht böser Wille, wenn so viel geschimpft wird. Die Leute verstehen es nicht anders.«

2. Am 22. Dezember 1935 hielt der Beschuldigte in Waldtrudering einen Vortrag für die katholischen Männer über das Thema »Das Selbstzeugnis Christi«; während seines Vortrages wies Pater Mayer auf die Unzulänglichkeit des menschlichen Wesens und die Vollkommenheit des göttlichen Wesens hin. Während alles menschliche Tun und Lassen auf dieser Welt unvollkommen und von Mängeln behaftet sei, sei das Leben und der Weg Jesu

Christi eine einzige gerade Linie gewesen von aller menschlichen Unbeständigkeit befreit. Jesus Christus habe für diese Zeit gelebt, gelitten und sei für sie gestorben. Das Leben großer Führer unserer Zeit hingegen gleiche einer Fieberkurve, die sich auf- und abwärts bewege. Auf- und Abstieg wechseln hier ab. Wenn auch Männer der heutigen Zeit in Büchern das Ende der katholischen Religion in einigen Jahrzehnten ankünden, so beweise die Weltgeschichte, daß vor 1000 Jahren und mehr schon ähnliches vorhergesagt worden sei. Über den Gräbern dieser Propheten wachse schon längst kein Gras mehr, aber die katholische Religion bestehe heute noch. So werde es auch den Männern der Jetztzeit gehen. Nur der Glaube an Gott habe Sinn in diesem Leben und bei unserm Tode. Das Beispiel habe uns Jesus Christus gegeben. Die menschliche Unzulänglichkeit zeige sich in aller Größe erst am Totenbett. Wie trostlos wäre das Leben und Sterben der Menschen ohne Glauben an Gott und an ein besseres Jenseits. Wie viele Männer im Felde seien mit zerfetzten Gliedern am Boden gelegen. Nur durch ihren Glauben an Gott und an ein besseres Jenseits haben sie Ruhe in ihrem Innern gefunden und sind dann friedlich hinüber geschlummert.

Zum Schlusse warb Pater Mayer noch in kurzen Worten für die Bekenntnisschule. Er bat die Zuhörer, aus religiösen Gründen allen gegenseitigen Anschauungen zuwider durchzuhalten und für die Bekenntnisschule einzutreten. Er bat in diesem Sinne auch in Familien- und Freundeskreisen zu werben, damit die heranwachsende Jugend im katholischen Sinne erzogen werde. Die Reichsregierung stehe mit dem Konkordat hinter der Bekenntnisschule, und selbst der Führer habe bei einer Gelegenheit erklärt, daß er sein Wort nie brechen werde.

Zu 1: Die Tatsache allein, daß der Beschuldigte zu dem Leohaus-Prozeß, einem für die katholische Geistlichkeit und die katholische Bevölkerung aufsehenerregenden und bedeutsamen Zeitereignis, in einseitiger Weise Stellung genommen hat, dürfte ein Vergehen gegen § 2 des Gesetzes vom 20. Dezember 1934 oder ein solches nach § 130a RStG selbst dann nicht begründen, wenn der Beschuldigte nicht nur, wie er selbst vorbringt, unter Gegenüberstellung zu diesen Verfehlungen andere Leistungen von Priestern auf sozialem und caritativem Gebiet im allgemeinen hervorgehoben, sondern sogar das Verhalten der am Leohaus-Prozeß beteiligten Geistlichen zu entschuldigen versucht hätte. Da nicht bestritten werden kann, daß ein Teil der Presse zu dem Leohaus-Skandal in wenig sachlicher Weise Stellung genommen hat, wird dem Beschuldigten das Recht nicht abgesprochen werden können, diesen Angriffen und Verallgemeinerungen, gleichsam als Verteidiger der betreffenden Geistlichen, ebenfalls in der Öffentlichkeit entgegenzutreten. Angriffe gegen Staat und Partei oder leitende Persönlichkeiten sind in den Ausführungen des Beschuldigten nicht zu finden.

Zu 2: Wenn der Beschuldigte bei seinem Vortrag am 22. Dezember 1935 von der menschlichen Unzulänglichkeit und in diesem Zusammenhang vom Auf- und Abstieg großer Führer unserer Zeit gesprochen hat, so kann in diesem ganz allgemeinen Hinweis bei unvoreingenommenen Prüfungen ein Angriff gegen den Führer und Reichskanzler nicht erblickt werden.

Da auch die Werbung für die Bekenntnisschule strafrechtlich nicht zu beanstanden ist, beabsichtige ich das Verfahren gegen den Beschuldigten mangels strafbaren Tatbestandes einzustellen.

Resch *Dr. Großer*

Der Generalstaatsanwalt beim Oberlandesgericht, Sotier, deckte seine Untergebenen und schloß sich dieser Auffassung ausdrücklich an; er fügte an den Reichsminister der Justiz folgendes Schreiben bei:

... vorgelegt dem
Herrn Reichsminister der Justiz
unter Billigung der vom Oberstaatsanwalte beabsichtigten Sachbehandlung.

Der Beschuldigte ist einer der bekanntesten Kanzelprediger Münchens. Er machte, wie amtbekannt ist, den Weltkrieg als Divisionspfarrer mit, war meist in den vordersten Linien, wurde schwer verwundet und verlor den linken Unterschenkel.

Die in dem Bericht des Oberstaatsanwalts enthaltenen, von dem überwachenden Polizeibeamten festgehaltenen Äußerungen der Predigt vom 1.12.35 sind nicht logisch aufgebaut und offenbar aus dem Zusammenhang gerissen. Es ist meines Erachtens, wofür auch die Aussage des Zeugen Nistler – Bl. 2 –, der Redakteur ist, spricht, nicht zu widerlegen, daß der Beschuldigte die Leitung des Leohauses nicht entschuldigt, sondern nur dargelegt hat, daß man die Verfehlungen der Geistlichkeit nicht verallgemeinern dürfe, daß man die Sache nicht so darstellen dürfe, als ob nur bei der Geistlichkeit Verstöße gegen die Gesetze vorkämen und daß die Geistlichkeit auf anderen Gebieten große Verdienste habe. Dafür, daß der Beschuldigte Vorwürfe gegen die führenden Männer der Regierung und der Partei erhob, daß deren Verfehlungen totgeschwiegen würden – vgl. die Bekundungen des Zeugen Nistler Bl. 2 –, fehlt jeder Anhaltspunkt.

Weiter dürfte nicht zu widerlegen sein, daß auch die Predigt vom 22.12.35 von den überwachenden Polizeibeamten insofern falsch aufgefaßt wurde, als der Beschuldigte allgemein von den großen Männern dieser Welt, nicht aber von den großen Männern unserer Zeit gesprochen haben will. Darin, daß die Werbung für die Bekenntnisschule, die sich in angemessener Form vollzog, angesichts des Konkordats nicht beanstandet werden kann, trete ich dem Oberstaatsanwalt bei.

München, den 5. März 1936
Der Generalstaatsanwalt
bei dem Oberlandesgerichte
Sotier

In Berlin gab man sich damals, wie aus einem Schreiben des Reichsjustizministers an das Bayerische Staatsministerium für Unterricht und Kultus vom 22. April 1936 (Bayerisches Hauptstaatsarchiv MK 38 150) hervorgeht, wenn auch widerwillig, zufrieden. Man verlangte jedoch, »den Beschuldigten zu verwarnen«.

Die Denunziationen gehen weiter

Inzwischen ging jedoch die Spitzel- und Denunziationstätigkeit gegen Pater Rupert Mayer weiter. Als Beispiel sei hier die Anzeige des Eichstätter Bürgermeisters Walter Krauß vom 2. März 1937 an die Staatsanwaltschaft genannt. Krauß gab hier den Bericht eines Polizeiwachtmeisters namens Karl weiter und bemerkte dazu, daß Pater Mayers Predigt »nichts anderes war, als wie eine Anklage gegen Staat und Bewegung«. Er fügte noch einen ähnlichen Bericht des Sparkassenangestellten Adolf Sturm bei, der forderte, »diesen Pfaffen nicht mehr predigen zu lassen«.
Hier der Wortlaut des Karlschen Spitzelberichts (AZ der Staatsanwaltschaft München I: 1 Js 51/37):

Am Sonntag, den 28. Februar dieses Jahres (1937), abends 6 Uhr, fand in der Domkirche dahier durch den Jesuitenpater Rupert Mayer aus München eine Predigt statt. Dieselbe wurde vom Unterzeichneten überwacht und hat Mayer im Verlaufe seiner Predigt folgende Ausführungen getroffen:

Eingangs seiner Rede gab er seiner Freude darüber Ausdruck, daß der Besuch der Predigt äußerst groß sei, was ihn aber trotzdem nicht in besonderem Maß überrasche, da ja Eichstätt doch einen Bischof habe, der weit über die Grenzen der Diözese hinaus bekannt sei. – Wahrscheinlich meinte P. Mayer damit, daß Bischof Michael Rackl mit seinen Predigten gegen Staat und Partei über die Diözesengrenzen hinaus bekannt ist.

Sodann erklärte P. Mayer den Vorgang und Verlauf der Reformation, der eine Erläuterung der Begriffe Katholizismus, Protestantismus, Konfessionalismus überhaupt folgte. Der Begriff Konfessionalismus heiße nichts anderes als Sündenbekenntnis. Dabei will P. Mayer festgestellt wissen, daß das Einvernehmen der beiden in Deutschland vorherrschenden Konfessionen – Katholiken und Protestanten – noch nie so gut gewesen sei wie gerade in der Gegenwart.

Anschließend ging derselbe auf das Thema Gemeinschaftsschule über, wobei er vorbrachte, daß in München mit allen Mitteln vorgegangen worden sei, um die Stimmenabgabe bzw. die Einschreibungen für die Gemeinschaftsschule zu ermöglichen. Man habe dort Parteigenossen umhergeschickt, welche die Leute dahin belehrten, wenn sie für die Bekenntnisschule Einschreibungen machen, sie ihre Kinder auf das Land zur Schule schicken müßten, da in München künftig eine solche Schule nicht mehr vorhanden sein werde. Arbeitslosen habe man gedroht, ihnen würde die Unterstützung entzogen werden, wenn sie nicht für die Gemeinschaftsschule Einschreibungen und dergleichen machen. Gleichfalls habe man den Beamten sowie den Geschäftsmann dahin belehrt oder sogar bedroht, daß es ihnen beruflich bzw. geschäftlich sehr zum Nachteile gereichen werde, wenn sie sich wider das Zustandekommen der Gemeinschaftsschule stellen würden …

Dabei erklärte P. Mayer, daß diese Vorgänge innerhalb des deutschen Reiches Sabotage an dem Reichskonkordat sei. Gleichzeitig forderte er die Anwesenden – insbesondere die Kriegsteilnehmer (Mayer ist angeblich Kriegsbeschädigter) – dahin auf, daß sie bei den gegenwärtigen konfessionellen Vorgängen zusammenstehen wollen, dann können sie gar nichts machen – vermutlich die Reichsregierung oder die Partei meinend – und müssen gute Saiten aufziehen.

Hiezu wird bemerkt, daß P. Mayer seine Ausführungen in einem sehr erregten Zustande vorbrachte und seine Darlegungen einzig und allein dahingehend gezielt waren, das Volk gegen die Unternehmungen des Staates sowie der Partei aufzuwiegeln und in den staatserhaltenden Einrichtungen irrezuführen.

Karl
Pol.-Hauptwachtmeister

Rede- und Predigtverbot

Himmler untersagt dem Pater das Predigen

Anfang 1937 geriet das eigentliche Anliegen der NS-Gewaltigen in die heiße Phase. Wie konnte man dem mächtigen Einfluß, den Pater Rupert Mayer mit seinen Predigten – es waren oft siebzig im Monat – auf die Bevölkerung gewonnen hatte und immer noch gewann, wirksam begegnen?

In der Regel hatten die Herrschenden keine Bedenken, ihre Gegner einfach umzubringen. Das geschah zum Beispiel mit dem Leiter der Katholischen Aktion Berlin,

Dr. Erich Klausener, den die Gestapo neben einigen Dutzend anderer »Mißliebiger« am 30. Juni 1934 einfach in seinem Büro hinterrücks erschießen ließ. Aber irgend jemand bei der Gestapo hatte wohl das richtige Gespür, daß ein toter Pater Rupert Mayer noch »gefährlicher« sei als ein lebender. Daher verfiel man auf die Lösung »Predigtverbot«*. Die Gestapo Berlin erließ am 7. April 1937 folgende Verfügung: »Über Mayer ist wegen seiner staatsschädigenden Reden Redeverbot für das gesamte Reichsgebiet verhängt.«
Sollte dieses Redeverbot nun auch im Kirchenraum gelten? Die Gestapoleitstelle München beantwortete diese Frage dahin, daß sich das Redeverbot nur auf außerkirchliche Räume erstrecke.
Am 28. Mai 1937 erschienen zwei Gestapoleute bei Pater Mayer und forderten ihn auf, folgendes zu bestätigen (Volk, Faulhaber II, S. 346):

»Der Reichsführer Himmler und der Reichskirchenminister haben entschieden, daß durch das Verhängen eines Redeverbotes den Geistlichen und anderen kirchlichen Personen jegliches Auftreten als Redner und Prediger in öffentlichen Veranstaltungen in kirchlichen und profanen Räumen verboten ist.«

Der Pater nahm davon unterschriftlich Kenntnis, fügte aber hinzu, daß er nach wie vor in der Kirche das Wort Gottes verkünden werde. Die beiden Gestapoleute gestatteten dann mündlich, daß Pater Mayer in der St.-Michaels-Kirche predigen dürfe. Der Pater antwortete, daß er am Sonntag in Münsing (östlich des Starnberger Sees) predigen werde.
Das berichtete Pater Provinzial Rösch** noch am 28. Mai 1937 an Kardinal Faulhaber und legte folgende Fragen und Überlegungen vor (Volk, Faulhaber II, S. 347):

Pater Provinzial Rösch alarmiert den Kardinal

...

Es erheben sich folgende Fragen:
1. Haben Staat, Polizei, Kirchenministerium das Recht, einem Priester, der sich nichts hat zuschulden kommen lassen, das Predigen zu verbieten? Reichskonkordat!
2. Soll der Pater das Predigen außerhalb St. Michael unterlassen? ...
...
3. Folgen bei Nichtbeachtung des Verbotes: a) Für den Ortsbischof, b) für den P. R. Mayer, c) für den Orden.
Zu b) P. R. Mayer ist selbstverständlich bereit, was seine Person betrifft, alle Folgen auf sich zu nehmen in der Voraussetzung, daß er im Einverständnis und mit Willen und Wissen seiner Obern handelt.

* Die einzelnen, durch Zuständigkeitsunsicherheiten komplizierten Stufen und Varianten dieses Verbotes schildert mit weiteren Quellenangaben Volk, Mayer, S. 7.

** Augustin Rösch SJ (1893-1961), 1912 Ordenseintritt, 1918 Leutnant und Kompanieführer, 1935-1944 Provinzial der oberdeutschen Provinz, 1945 Gestapohaft, von 1948 an Landescaritasdirektor für Bayern und Mitglied des Bayerischen Senats.

Zu c) Bei der Entwicklung der Verhältnisse scheint es, daß die Zeit grundsätzlicher Entscheidungen bezüglich Predigtverbot und anderer Fragen in nächste Nähe rückt.

Es ist Pflicht und Überlieferung der Gesellschaft Jesu, sich in diesem Kampf rückhaltlos dem hochwürdigsten Episkopat zur Verfügung zu stellen, in klarer Sicht der dabei für den Orden zu erwartenden Maßnahmen, aber auch in vollem Vertrauen auf Gottes Hilfe und den Segen der Oberhirten.

Anlaß zum Eingreifen seitens der Gestapo kann die Predigt in Münsing, bzw. die nächste außerhalb der Kirche von St. Michael stattfindende Predigt des Paters sein. Vorhergehende Verständigung des zuständigen H. H. Pfarrers?

Frage: Ist es Wille und gegebenenfalls Weisung des Oberhirten, daß sie gehalten wird?

Wird es gebilligt, daß der Obere des P. R. Mayer, P. Provinzial, zugegen ist, und er sich im Falle einer drohenden Verhaftung des P. Mayer den Behörden als der Verantwortliche erklärt und zur Verfügung stellt? Als ehemaliger Frontoffizier kann er das leichter.

Darf er bitten, in diesem Falle dem Vatikan und P. General gegenüber sein Vorgehen zu billigen?

Der Kardinal protestiert beim Kirchenministerium

Den Kirchenbehörden war sofort klar, daß mit diesem Predigtverbot ein ganz entscheidender Schritt im Kampf gegen die Kirche getan war, dem sofort entgegnet werden mußte. Kardinal Faulhaber protestierte daher schon am 31. Mai 1937 in aller Form und unter nachdrücklichem Hinweis auf die Zusicherungen, die die Nationalsozialisten im Reichskonkordat von 1933 gegeben hatten.

Im folgenden das Protestschreiben des Kardinals und die mühsame Antwort des Reichskirchenministeriums (Volk, Faulhaber II, S. 348 und 349):

München, 31. Mai 1937

Am Freitag, 28. Mai 1937, wurde dem Jesuitenpater Rupert Mayer-München die Mitteilung überbracht, die Geheime Staatspolizei Berlin habe im Einvernehmen mit dem Reichskirchenministerium ein Redeverbot über ihn verhängt. Damit haben sich die Gerüchte erfüllt, die seit Wochen in München umlaufen, P. Rupert Mayer werde in nächster Zeit ein Redeverbot erhalten. Mündlich wurde ihm erklärt, daß er wohl in der St. Michaelskirche, bei der er seine Wohnung hat, nicht aber in anderen Kirchen weiter predigen dürfe. Der kirchlichen Behörde, die die Prediger durch die kanonische Mission in ihr Amt einweist, wurde mit keiner Silbe weder vorgängig noch nachträglich Mitteilung gemacht.

Als der Ortsbischof, der P. Rupert Mayer mit dem Predigtamt in St. Michael betraut hat, erhebe ich feierlichen Einspruch gegen diesen polizeilichen Eingriff in das innerkirchliche Rechtsgebiet, gegen diese Verletzung des Konkordates, das im 1. Artikel die öffentliche Ausübung der katholischen Religion gewährleistet und im 5. Artikel den Geistlichen in Ausübung ihrer geistlichen Tätigkeit den Schutz des Staates verbürgt ... Die Münchener Männerwelt ist mit einer beispiellosen Verehrung diesem Veteranen des Weltkrieges zugetan und wird das Polizeiverbot nicht stillschweigend hinnehmen. Bevor ich davon dieser Männerwelt Mitteilung mache, ersuche ich unter Berufung auf das Reichskonkordat, das in keiner Weise begründete, über P. Rupert Mayer verhängte Redeverbot umgehend wieder aufzuheben.

Kardinal Faulhaber

Darauf antwortet das Kirchenministerium:

Berlin, 5. Juni 1937

Von dem durch die Geheime Staatspolizei über den Jesuitenpater Rupert Mayer verhängten Redeverbot habe ich durch das dortige Schreiben vom 31. Mai 1937 Kenntnis erhalten. Ich sehe einem Bericht der Geheimen Staatspolizei, insbesondere über die Gründe und den Umfang des Redeverbots, entgegen.

Zum Beschwerdeschreiben selbst sei allgemein folgendes gesagt:

1. Die verdienstvolle Tätigkeit von Geistlichen im Kriege kann in keiner Weise als Freibrief für staats- oder parteiabträgliche Tätigkeit dieser Geistlichen im heutigen Deutschland angesehen werden. Die Verdienste P. Mayers im Kriege mögen besonders zu würdigen sein im Hinblick auf die Geistlichen, die im Kriege mit der Waffe überhaupt nicht und im übrigen nur zu einem kleinen Teil als Seelsorger im Heer standen; nicht aber können diese Verdienste zu sonstigen Zwecken propagandistisch besonders verwertet werden im Hinblick auf alle übrigen Volksgenossen und Staatsbürger, die einst ihre vaterländische Pflicht auch erfüllten.

2. Auch Artikel 1 und 5 des Reichskonkordates, durch die die Tätigkeit Mayers gedeckt werden soll, können nicht einen Freibrief für ungehemmte und staatsabträgliche Tätigkeit eines Predigers und Seelsorgers darstellen. Die Tätigkeit des Geistlichen ist gehalten an »die Grenzen des für alle geltenden Gesetzes«. Werden diese Grenzen überschritten, so kann kein Konkordat die staatlichen Behörden an einem Vorgehen gegen die Schuldigen hindern.

3. Sollte der Hinweis, daß »das Polizeiverbot von der Münchener katholischen Männerwelt nicht stillschweigend hingenommen wird«, eine Drohung

enthalten und zu Ausschreitungen führen, so wird der nationalsozialistische Staat sich durchzusetzen wissen.

In Vertretung
*H. Muhs**

Pater Rupert Mayer berichtet
Erste Verhaftung durch die Gestapo

Da das Predigtverbot von Pater Mayer offensichtlich nicht befolgt werden würde und da sogar der Kardinal in aller Form dagegen Einspruch erhoben hatte, sahen die NS-Funktionäre keine andere Möglichkeit mehr, als Gewalt anzuwenden. Das geschah zunächst durch regelrechte Freiheitsberaubung; so muß man die Verhaftung des Paters am 5. Juni 1937 durch die Gestapo bezeichnen.

In der Folgezeit wurde dem Pater von der Gestapo und später auch vom Gericht immer wieder angeboten, daß er sofort freigelassen werde, wenn er nicht mehr predige. Pater Rupert Mayer berief sich jedoch stets auf sein Recht, als Priester zu predigen und ließ sich nie auf irgendwelche Kompromisse ein.

Im Wittelsbacherpalais

Am 5. Juni 1937 kamen im Laufe des Vormittags zwei Beamte der Gestapo und sagten, daß sie mich verhaften müßten. Ich meldete das durch das Haustelefon dem P. Superior Waldmann, der sogleich kam. Während er sich mit den Gestapoleuten auseinandersetzte, konnte ich glücklicherweise einige Augenblicke verschwinden, um Briefe und schriftliche Aufzeichnungen, die ich zum Teil auch in meinem Schlafzimmer aufbewahrt hatte, zu vernichten. Da meine Tasche ja seit Monaten immer schon gepackt war, gab es weiter keinen Aufenthalt mehr. Im Auto wurde ich ins Wittelsbacherpalais gebracht. Ich wurde sofort vernommen, von wem, weiß ich nicht, und immer sehr anständig behandelt. Nach der Vernehmung, in der ich alles zugab, was mir aus den Predigten vorgeworfen wurde, wurde ich im Aufzug hinuntergefahren und kam nun ins Gefängnis der Gestapo. Dort wurde mir im Aufnahmeraum alles, was geeignet war, sich eine Verletzung beizubringen, abgenommen. Meine Tasche mit Büchern und Wäsche durfte ich behalten, nachdem sie durchgesehen war. Besonders anständig zeigte sich der Verwalter, der Chef des Gefängnisses. Ich wurde in eine sogenannte Ehrenzelle gebracht. Dieselbe war zwar klein, aber neu und ganz sauber. Ich war nun ganz

* Hermann Muhs (1894-1961), 1927 Rechtsanwalt in Göttingen, 1930 MdL/Preußen (NSDAP), 1932 Gauleiter des Gaues Südhannover-Braunschweig, 1933 Regierungspräsident in Hildesheim, September 1936 Berufung ins Reichskirchenministerium, April 1937 Staatssekretär, 1942 im Reichskirchenministerium mit der Führung der Geschäfte beauftragt.

glücklich, weil ich um des Glaubens willen eingesperrt war. Die Domglokken hörte man wunderbar herübertönen. Ich freute mich immer auf den Angelus. Ich wurde gefragt, ob ich eine eigene Kost haben wolle; ich lehnte es ab, weil ich als Priester es nicht besser haben wollte als andere Gefangene. Dies hielt ich immer so, so oft ich eingesperrt war, auch in Stadelheim in der Untersuchungshaft. Am Sonntag machte ich das Hochamt in St. Michael geistigerweise mit, aber da kam plötzlich eine entsetzliche Angst über mich. Ich hatte in den letzten Jahren mit Hilfe eines ausgezeichneten Soldaten (auch andere haben mitgeholfen, wenn sie etwas Geeignetes in den Auslagen sahen) Material gegen die Nacktkultur gesammelt. Da ich immer schon Verhaftung ahnte, wollte ich das ganze Material beim Ordinariat abliefern. Vor lauter Arbeit kam ich nicht mehr dazu; es lag alles im hintersten Winkel der sehr tiefen Tischschublade. Das fiel mir nun plötzlich ein, denn ich dachte nicht anders, als daß bei mir sofort eine Haussuchung stattfinden würde. In der Einsamkeit malte ich mir nun aus, wie das ausgebeutet würde, denn ich erinnerte mich daran, wie man es Dr. Gerlich* gemacht hatte, in dessen Redaktionsstube man nur ein unsittliches Bild gefunden hatte. Es war mir unglaublich zumute. Von dem Augenblick an konnte ich keinen Bissen mehr essen und kein Auge mehr zutun.

Am Abend des 6. Juni – es war ein Sonntag – klangen plötzlich religiöse Gesänge, anscheinend in der Hauskapelle der Englischen Fräulein in der Türkenstraße, an mein Ohr. Die Hauskapelle ging auf den Hof des Wittelsbacherpalais hinaus. Dieser Gesang währte etwa eine Stunde und war in meiner Zelle gut hörbar. Am nächsten Tag wurde ich zum Oberführer der SS gerufen. Zu meiner größten Freude traf ich dort mit dem Hochw. P. Provinzial (Augustin Rösch) zusammen. Der Herr Oberführer (Gestapochef von München, Walther Stepp) bot uns eine Zigarre an, die ich dankbar annahm. Dann disputierten wir mit dem Herrn über allerhand Gegenstände. Es wurden mir Menschenansammlungen nach dem Gottesdienst in St. Michael, vor dem Wittelsbacherpalais und am Abend desselben Tages zum Vorwurf gemacht; desgleichen der religiöse Gesang. Wir suchten diese Vorgänge mit der begreiflichen Erregung des katholischen Volkes über meine Verhaftung zu entschuldigen. Dann kam die Rede auf Herrn Pfarrer Niemöller**, über den der Herr Oberführer äußerte, es wäre besser gewesen,

* Fritz Gerlich (1883-1934), engagierter Katholik, 1920 bis 1928 Chefredakteuer der »Münchner Neuesten Nachrichten«, seit 1931 Herausgeber der Wochenzeitschrift »Der gerade Weg«. Bekämpfte schon früh die Irrlehren und Brutalitäten der Nationalsozialisten. Er wurde im März 1933 verhaftet und am 30. Juni 1934 in seiner Zelle im KZ Dachau hinterrücks erschossen.

** Martin Niemöller (1892-1984), evangelischer Theologe, U-Boot-Kommandant im Ersten Weltkrieg, gründete 1933 die »Bekennende Kirche«, zwischen 1937 und 1945 in KZ-Lagern.

wenn der Herr Pfarrer U-Bootskommandant geblieben wäre. Dann griff der Herr Oberführer das Dogma der Unbefleckten Empfängnis Mariens an. Es stellte sich aber heraus, daß der Herr keine Ahnung von dem Inhalt dieses Geheimnisses hatte.

Nun läutete das Telefon, das am anderen Ende des großen Zimmers angebracht war. Das war eine willkommene Gelegenheit, einige leise Worte mit dem P. Provinzial unter vier Augen zu sprechen. Meine erste Frage war: Ist bei mir Haussuchung gewesen? Nein, lautete die Antwort. Gott sei Lob und Dank, sagte ich, und dann bat ich P. Provinzial, meine Tischschublade genau durchzusehen. Es ist nicht zu beschreiben, wie mir nun zumute war. Mehr als ein Zentnerstein ist mir vom Herzen gefallen. Nun ging ich wieder frohgemut in meine Zelle zurück. Ich suchte die Zeit mit ernstem Studium auszufüllen. In der zweiten Woche wurde ich einem Kriminaler aus Nürnberg vorgeführt. Ein wegen § 175 verfolgter evangelischer Diakon sei einige Male in München bei mir gewesen. Ich erinnerte mich daran, daß ein solcher Herr in einer Rechtssache von mir Auskunft wünschte. Ich schickte ihn zu einem Rechtsanwalt. Damit war die Sache erledigt. Bemerkenswert ist, daß dieser Nürnberger Kriminaler der einzige war, der mich nach meiner Tätigkeit im Felde gefragt hat. In all den späteren Verhandlungen ist das nie mehr vorgekommen.

In der zweiten Woche meiner Haft wurde ich zu einer Vernehmung zu den Gestapobeamten gerufen. Dort kam ich zum zweiten Male mit P. Provinzial zusammen. Er übergab mir ein Buch mit dem Bemerken, die Gestapo habe die Übergabe dieses Buches genehmigt; während er mir das Buch in die Hand drückte, flüsterte er mir ins Ohr, Hostien sind drinnen. Ich ließ das Buch in meiner Brusttasche verschwinden und ging ganz selig in meine Gefängniszelle zurück.

In Stadelheim

Am Freitag dieser zweiten Woche wurde mir gesagt, ich käme in einigen Minuten in ein anderes Gefängnis. Nun hatte ich aber noch eine konsekrierte Hostie in dem Buch. Obgleich ich morgens schon die Heilige Kommunion empfangen hatte, kommunizierte ich noch einmal. Ich wußte ja, daß man beim Eintritt in ein Gefängnis stets untersucht wird. Von zwei Gestapobeamten begleitet, wurde ich ins Corneliusgefängnis gefahren. Nach meiner Aufnahme ins Gefängnis kam ich in einen größeren Bau, wo mir etwas zum Essen gereicht wurde. Nach einigen Stunden wurde ich dem Untersuchungsrichter vorgeführt. Da stellte sich bald heraus, daß ich nach den heutigen Anschauungen und Auffassungen mit Fug und Recht verhaftet und eine Gerichtsverhandlung unausbleiblich sei, wie sich der Herr Untersuchungsrichter ausdrückte; leider kann ich, so sehr ich mich auch anstrenge, nicht mehr sagen, welche Fragen der Untersuchungsrichter an mich richtete. Sein Benehmen gegen mich war aber durchaus korrekt und einwandfrei.

Ich kam nun in eine Gefängniszelle. Das ganze Gefängnis machte auf mich einen düsteren und sehr alten Eindruck. Der Gefängnisverwalter war entgegenkommend. Er kannte mich von früheren Besuchen her, die ich bei Gefangenen gemacht hatte. Auch brachte ich ihm wiederholt Lesestoff für die Inhaftierten. Ihm habe ich es wohl auch zu verdanken, daß ich für einige Augenblicke Herrn Rechtsanwalt Dr. (Robert) Bandorf sehen und sprechen konnte. Er meinte, er rechne es sich zur Ehre an, meine Verteidigung bei dem kommenden Prozeß als alter Kriegskamerad zu übernehmen.

Als ich in der Nacht erwachte, fand ich mich gar nicht mehr zurecht. Es war so stockdunkel, daß ich mich in der Zelle nicht mehr auskannte. Zum Glück leuchtete einmal aus irgendeinem Grund ein Scheinwerfer auf. Das war meine Rettung. Am kommenden Morgen hieß es, daß ich beim nächsten Gefangenentransport im Gefangenenwagen nach Stadelheim gebracht würde. Das freute mich, da ich schon lange gern den Zeiserlwagen von innen mir angeschaut hätte. Der Wagen war überfüllt und dazu ein außergewöhnlich heißer Tag. Durch das Entgegenkommen eines Polizeibeamten bekam ich aber noch einen annehmbaren Platz. Die Aufnahme in Stadelheim verlief glatt. Ich behielt meine Priesterkleidung. Auch konnte ich meine Bücher und mein Waschzeug mitnehmen, nachdem es untersucht war.

Ich wurde der Krankenabteilung überwiesen. Ein Oberwachtmeister, der sich als eifriger Katholik enthüllte, übernahm mich, schloß die Krankenabteilung auf und führte mich in eine geräumige, helle Zelle. Hoch oben befanden sich zwei vergitterte Fenster, die für mich völlig unerreichbar waren. Ich fühlte mich bald zu Hause und gewann die große, für mich ganz ungewohnte Einsamkeit lieb. Was mir draußen jahrzehntelang unmöglich war, das erreichte ich hier. Ich konnte ein geordnetes geistliches Leben führen und nach Herzenslust studieren. Nach beidem habe ich mich schon so lange gesehnt. Soviel ich mich erinnere, bekam ich vom Gefängnisdirektor sofort die Erlaubnis, täglich die Heilige Messe zu feiern. Vor 5 Uhr wurde ich von dem Nachtwächter aus meiner Zelle herausgelassen und in den Hof geführt bis zur Kirche. Da kam der gute Verwalter, der damals den Mesnerdienst versah und mir ministrierte. (Das ist nach meinem Verlassen des Gefängnisses von Grund auf geändert worden.)
Um 6 Uhr mußte ich wieder in meiner Zelle sein. Das war die Bedingung. Nach von mir aufgestellter Tagesordnung habe ich die Tage verbracht.

Vorbereitung auf den Prozeß und Besuch des Kardinals

Außer Dr. Bandorf übernahm meine Verteidigung Herr Justizrat Dr. (Joseph) Warmuth. Während der sechswöchigen Untersuchungshaft kamen die Herren einige Male zur Besprechung ins Gefängnis. Einmal besuchte mich der Herr Kardinal und erreichte durch seine Fürsprache bei der Gefängnisleitung, daß ich bis 10 Uhr Licht brennen lassen und lesen konnte. Münchener suchten ihre Teilnahme dadurch zum Ausdruck zu bringen, daß sie Eßwaren und Blumen im Gefängnis für mich abgeben ließen. Sie taten dies, obgleich sie manchmal beim Abgeben der Gaben nicht gerade freundlich angeredet wurden. Wenn ich gewollt hätte, hätte ich das reinste Schlemmerleben führen können. Ich war froh, als der Oberwachtmeister sich damit einverstanden erklärte, diese Geschenke den armen kranken Gefangenen abzugeben; mancher hat sich so geäußert, es wäre ihm nur selten in seinem Leben so gut gegangen wie in der Zeit, da ich in der Krankenabteilung mich befunden hätte.

. . .

Etwa 8 Tage vor der Verhandlung machte mich Herr Justizrat Warmuth darauf aufmerksam, daß es sehr zu empfehlen wäre, die Anklagepunkte genau anzusehen und das kurz schriftlich niederzulegen, was ich auf die einzelnen Anklagepunkte zu sagen hätte. Dieser Anregung habe ich es zu verdanken, daß ich mich einige Tage gründlich mit der Materie befaßte und mich völlig einlebte.

Gottesdienste und Hinrichtungen

Spaziergänge im Gefängnishof: Jeden Morgen um 10 Uhr wurde die Zelle aufgeschlossen und hineingerufen: »Hof!« Die Gefangenen der Krankenabteilung, soweit sie nicht bettlägerig waren, mußten sich im Gang in Reih und Glied aufstellen, und dann hieß es: »Rechtsum – marsch!« Nun ging's in den kleinen Gefängnishof mit zwei Schritt Abstand von dem Vordermann unter Stillschweigen die Treppen hinab. Drunten ging man hintereinander in dem vorgeschriebenen Abstand im Kreis herum. Das waren die ersten und letzten Spaziergänge, die ich seit dem 5. Januar 1912 in München machte*. Man sieht, es bleibt einem nichts erspart. Der liebe Gott weiß einen zu finden. Nach einer schwachen Stunde kamen wir in die Zelle zurück. Ich muß gestehen, der tägliche Spaziergang im Gefängnis war eine wohltätige Abwechslung. Wenn man auch nicht gemütlich herumschauen durfte, so konnte man

* Am 8. Januar 1912 kam der Pater nach München, um im Auftrag Kardinal Bettingers die jährlich etwa zehntausend vom Land nach München kommenden Frauen und Männer zu betreuen und die »Arbeiterwelt zurückzuerobern«.

doch an den Mienen und der ganzen Haltung der einzelnen sehen, wie verschieden die Menschen so ein schweres Schicksal tragen.

Täglich besuchte der Anstaltsarzt die Kranken der Abteilung. Er war durchaus korrekt; ein Schwerkriegsverletzter aus dem Weltkrieg. Bei Eintritt jedes Vorgesetzen mußte man sogleich aufstehen. Der Arzt bot laut den Deutschen Gruß. Ich machte eine tiefe Verneigung. Dabei blieb's. Nach einigen Tagen beschränkte sich auch der Arzt darauf.

Wie freute ich mich auf die Gottesdienste in der Gefangenenkirche in Stadelheim! Die Gefangenen wurden in strammer Ordnung nach einem bestimmten Plan hereingeführt. Ich kam mit der Krankenabteilung. Als ich die Kirche betrat und mit meinen Leidensgenossen die Plätze aufsuchte, ging ein deutlich vernehmbares Staunen und Sichentrüsten durch die Reihen der Kirchenbesucher. Die Beamten sorgten für augenblickliche Ruhe. Bei den darauffolgenden Gottesdiensten wurde ich allein in die leere Kirche geführt und mußte in der vordersten Bank Platz nehmen. Erst als letzter durfte ich das Gotteshaus wieder verlassen. Der Gesang war ergreifend schön und hat mich zu Tränen gerührt. Das kommt bei mir selten vor. Die Frauenstimmen machten sich sehr gut und vereinigten sich mit den Männerstimmen zu einem gewaltigen Chor. Für die Frauen ist in dem hinteren Teil der Kirche eine Empore eingebaut. Sie werden von den Männern kaum etwas sehen können, wohl aber sehen sie den zelebrierenden Priester und den Prediger. Den Gottesdienst hielt P. Sigisbert O. Cap. Der kleine Mann mit dem großen weißen Bart und dem großen gütigen Herzen. Die Predigt war immer vorzüglich, ganz den Verhältnissen angepaßt. Der Pater kam auch wöchentlich zu einem kurzen Besuch mit Beichtgelegenheit.

In der Zeit meines Aufenthaltes in Stadelheim fanden drei Hinrichtungen von Mördern statt. An einem Tage eine und an einem anderen zwei hintereinander. Ich sah bei meinem täglichen Frühmorgengang in die Kirche die schwarzen Tücher um das Schafott herum. Ich mußte an den beiden Tagen früher zelebrieren, denn die Hinrichtungen fanden sehr früh statt. Ich hörte von meiner Zelle aus die Verlesung des Todesurteils, dann das Armensünderglöcklein mit seinem schrillen Ton und nach einigen Augenblicken das Aufschlagen des Fallbeils. Ich dachte mich in der unheimlichen Stille jeweils in die Lage des armen Schluckers hinein und betete.

Geheimbericht des Provinzials Rösch über seinen Besuch beim Münchner Gestapochef

Diesen Bericht fand ich im Diözesanarchiv München und Freising; er war offensichtlich für das Ordinariat verfaßt worden, ist nicht unterschrieben und hat noch keine Archivsignatur.

München, 8. Juni 1937

Etwa Ende April bekam Pater Mayer ein Redeverbot für außerkirchliche Räume. Daran hat er sich aus Eigenem und auf Weisung seiner Ordensobern gehalten. Am 28. Mai wurde ihm von Herren der Gestapo erklärt: »Die Gestapo (höchstwahrscheinlich, so meinte Pater Mayer, die von Berlin) hat im Einvernehmen mit dem Reichskirchenministerium verfügt, »daß Priester und geistliche Personen, die ein Redeverbot haben, auch in innerkirchlichen Räumen vor versammeltem Volke nicht sprechen dürfen.« Diese Erklärung wurde mündlich gegeben. Pater Mayer erwiderte: Er nehme davon Kenntnis, müsse aber sagen, daß er sich daran nicht halten könne, solange der Ortsbischof und sein Ordensoberer damit (d.h. dem Nichteinhalten des Verbotes) einverstanden seien. Er werde am nächsten Sonntag, dem 30. Mai, in Münsing eine Predigt halten.

Nach reiflicher Überlegung der Bedeutung der ganzen Frage wurde entschieden, daß der Pater Mayer predigen werde. Sein Provinzial reiste selber mit nach Münsing, um sich für den Pater Mayer den Behörden zur Verfügung zu stellen, falls sie einschreiten sollten.

In Münsing ereignete sich aber gar nichts, auch nicht bei der Heimkehr. Pater Mayer predigte am selben Tag noch zweimal, ebenso während der Woche in Münchener Kirchen. Für St. Michael war ihm die Erlaubnis nicht entzogen worden. Am 6. Juni sollte Pater Mayer in Indersdorf predigen. Tags vorher, nachmittags um 3 Uhr herum, kamen drei Herren der Gestapo zu ihm, fragten, ob er in Indersdorf predigen werde. Er sagte »ja«. Dann müßten sie ihn verhaften. Die Herren waren sehr höflich, besonders ein Herr Dr. Schimmel*.

. . .

Pater Provinzial ging am Morgen zwischen 8 und 9 Uhr ins Wittelsbacherpalais, um Pater Mayer zu besuchen. Das wurde abgeschlagen von Geheimpolizei Nr. 3740 (Marke). Name wurde nicht genannt; das sei nicht gestattet. Pater Provinzial solle am anderen Tag nachfragen.

* Alfred Schimmel, geb. 1906 in Ludwigshafen, Regierungsrat bei der Gestapo, SS-Sturmbannführer, am 26. Februar 1948 hingerichtet.

Montag, den 31. Mai, vormittags 9 Uhr: Pater Provinzial meldet sich bei Dr. Schimmel, wird vorgelassen, Behandlung wieder – auch im Vorzimmer – wirklich freundlich. Pater Provinzial gibt einen Brief ab folgenden Inhalts:

»... Wie allgemein bekannt ist, wurde P. M. als Feldgeistlicher des 19. b. R. J. R. schwer verwundet und ist infolgedessen in ständiger ärztlicher Aufsicht und Pflege. Ich bitte in der Überzeugung, daß gesundheitlich gut für ihn gesorgt wird, trotzdem dem Pater alles, was er wünscht oder benötigt, zukommen zu lassen. Für die daraus erwachsenden Kosten kommt selbstverständlich der Orden jederzeit auf.«

Dr. Schimmel erklärt, es werde sich schon etwas machen lassen; man müsse seinen Vorgesetzten fragen. Dann kam eine zweite Bitte, Pater Mayer zu sehen und zu sprechen. Pater Provinzial sei sein Oberer, der für ihn zu sorgen habe. Besuch sei auch im Interesse der Ruhe wegen mancher Gerüchte, die 83jährige Mutter des Pater Mayer müsse in ihrer Sorge und Unruhe getröstet werden. Sie werde aber wissen wollen, ob Pater Provinzial ihren Sohn selber gesehen habe. Dr. Schimmel: »Ich muß den Oberführer (Oberregierungsrat Dr. Stepp) fragen.« Dieser kommt aber erst gegen 10 Uhr, wird frühestens gegen 11 Uhr zu sprechen sein. Pater Provinzial möge um diese Zeit herum telefonisch anfragen. 11 Uhr: Pater Provinzial ging persönlich ins Wittelsbacherpalais und meldete sich bei Dr. Sch., der ihn selber zu Oberregierungsrat Dr. Stepp führte. Vor 11 Uhr war Pater Provinzial bei dem H. H. Gen.-Vikar, um für die Anordnung des öffentlichen Gebetes in den Kirchen zu danken.

Gespräch mit Oberregierungsrat Stepp

11.25 Uhr kurze Vorstellung, die Einladung, Platz zu nehmen. Pater Provinzial legte die zwei Bitten vor: Erleichterungen und Gesuch des Pater Mayer. »Warum hält er sich nicht an das Verbot? Wenn er das täte, könnte er frei sein.« Antwort: »Das ist eine Sache des Gewissens, und die geht vor.« Es folgten dann Ausführungen, daß es doch nur einen Gott gebe, daß man einander in Ruhe lassen solle, daß man doch machen müsse, was der Staat wolle, zumal bei der schwierigen Lage der Zeit, wo der Ausbau noch nicht fertig sei, so viele außenpolitische Schwierigkeiten bestünden. Warum denn dann gerade die katholische Kirche und katholische Geistliche Unruhe verursachten. Antwort: »Wir machen keine Unruhe. Wir wehren uns; weil sie am meisten und am schwersten angegriffen wird, die Kirche, der Herrgott selber, der Glaube, die Dogmen, weil Blätter Ludendorffs, Blätter wie ›Blitz‹, ›Durchbruch‹, ›Schwarzes Korps‹ usw. in einer unerhörten Weise hetzen und verletzen können, und wir Katholiken nichts mehr haben, um dagegen zu arbeiten, als die Kanzel.« »Sie haben doch auch noch eine Presse, die Kirchenblätter.« »Die werden entsprechend zensiert und auch konfisziert.« »Darum hat Pater Mayer auf der Kanzel Stellung genommen zu den Angriffen, zu den Presseverleumdungen. Das ist man jetzt dem katholischen, dem gläubigen Volk schuldig.« Oberregierungsrat Stepp: »Pater Mayer hat gegen den Staat geredet, seine Predigten – er ist ein sehr aktiver Mensch – wirken aufreizend.« Antwort: »Nein, Pater Mayer hat nie gegen den Staat gesprochen, er hat sich oft und oft dagegen verwahrt, er hat ungemein viel und oft in schwersten Zeiten für Staat und Volk und Heimat sich eingesetzt. Das steht bei ihm über allem Zweifel. Aber Staatskirchentum, wie es von vielen Seiten jetzt aufgefaßt wird, können und werden wir nicht anerkennen. Die Kirche steht neben dem Staat, nicht unter dem Staat, und das ist auch der Sinn des Konkordats.«

Pater Provinzial kommt auf die Bitte zurück; aber es erfolgt noch keine Entscheidung. Er sagt, er möchte den Pater Mayer sehen. »Nein«. »Lassen Sie mich in das Gefängnis hinüber.« »Nein, das kann ich nicht.« »Ich habe als Offizier und Kompanieführer draußen für meinen letzten Mann gesorgt; jetzt ist Pater Mayer mein ärmster, der Hilfe braucht.« »Es geht nicht.« »Überhaupt, Pater Provinzial, daß man immer mit dem verwundeten Feldgeistlichen kommt; andere haben auch ihre Sache gemacht, und man redet nicht so viel davon.« »Herr Oberregierungsrat, das empfinde ich sehr bitter. Es handelt sich hier um einen 61jährigen Kriegsverletzten, und da soll man nicht davon sprechen können. Was anderen recht ist, ist auch für ihn billig.« »Und daß Sie, Pater Provinzial, die Auszeichnungen (es handelt sich um die gewöhnlichen Nadeln und Bänder) am schwarzen Priesterrock tragen; das tun wir SS doch nicht (wenn ich nicht irre, sagte er, in Zivil)«. Antwort: »Auch der Führer trägt das EK I; dann auch wir. Ferner: Wir katholischen Priester haben lange keine Abzeichen getragen; die nationale Gesinnung brauchen wir nicht zu beweisen; aber – von der Zeit der Devisenprozesse her bin ich mehr als einmal angepöbelt worden – seit ich die Abzeichen trage, nie mehr. Das lassen wir uns in keiner Weise nehmen.«

. . .

»Lassen Sie ihn zu mir.« »Er hat eine gute Zelle, hat eine sogenannte Gastzelle, einen Wohnraum dazu. Sagen Sie das anderen!« »Ich glaube es schon, aber andere glauben es mir nicht recht, wenn ich ihn nicht gesprochen habe.« »Also Ihnen glaubt man mehr.« Antwort: »Ich muß sagen, wie es ist. Das gilt nicht so sehr für Sie persönlich, aber man glaubt mir in diesem Falle mehr und nur ganz, wenn ich den Pater gesprochen habe. Denken Sie an die 83jährige alte Dame.«

Oberregierungsrat Stepp geht hinaus. Nach einiger Zeit (verhältnismäßig rasch) kommt Pater Mayer zu uns ins Zimmer herein. »Grüß Gott, mein lieber Pater Mayer!« – »Grüß Gott, lieber Pater Provinzial! Das ist aber schön, daß Sie zu mir gekommen sind.« »Wie geht es Ihnen, Hochwürden?« »Es geht mir gut. Nur daß ich so untätig sein muß.« Er ist schlecht rasiert – er hat seinen Rasierapparat vergessen.

Die Gestapo bietet Freiheit gegen Predigtverzicht an

Oberregierungsrat Stepp: »Pater Mayer, Sie können jetzt mit nach Hause, wenn Sie sich an das Redeverbot halten.« Pater Mayer: »Ganz ausgeschlossen, Herr Oberregierungsrat, das kommt gar nicht in Frage. Warum habe ich Redeverbot?« Antwort: »Weil Sie gegen den Staat ausfällig geredet haben, aufreizend.« »Das ist nicht wahr. Das habe ich nie getan. Im Gegenteil: Ich habe oft und oft ausdrücklich erklärt, daß ich das nicht will. Aber den Herrgott hab ich verteidigt, und seine Kirche.« »Das braucht doch nicht so aggressiv zu sein.« »Jawohl, wenn wir uns verteidigen, dann gelten wir als aggressiv. Wo die anderen so gegen die Kirche zuerst wüten können. Die Zeitungen und Blätter und die deutsche Glaubensbewegung und die Berichterstattung. Das sollen wir uns gefallen lassen? Wir haben die Verantwortung für das katholische Volk. Wo sollen wir uns wehren, wenn nicht auf der Kanzel?« Oberregierungsrat Stepp: »Diese Verschiedenheit von Konfessionen – Rosenberg ist persönlich ein guter Mensch, er glaubt subjektiv an einen Gott...« Pater Mayer: »Aber nicht an einen persönlichen Gott! Glaubt er an Gott, der Himmel und Erde erschaffen hat, dem alle Rechenschaft abzulegen haben?« Oberregierungsrat Stepp: »Den letzten Satz bräuchte man schon nicht zu sagen.« Pater Mayer: »Nein, den muß man sagen.« Und nun wurde es wieder lebendig. Oberregierungsrat Stepp: »Pater Mayer, Sie sind ein Fanatiker, Pater Provinzial ist ein Fanatiker und« – Pater Provinzial zu Oberregierungsrat Stepp: »Sie sind auch ein Fanatiker. Besagt das eine moralische Beurteilung?« Oberregierungsrat Stepp: »Nein, das nicht.« Pater Provinzial: »Dann sind wir wieder alle quitt.« Alle drei lachen.

Höfliche Diskussion bei Zigarillos

Oberregierungsrat Stepp steckt sich eine neue und – wie es scheint – nicht schlechte Zigarre an. Pater Provinzial zu Pater Mayer: »Lieber Pater Mayer, Sie rauchen doch auch gelegentlich?« Oberregierungsrat Stepp bietet ihm daraufhin sofort sehr liebenswürdig an: »Was rauchen Sie, Pater Mayer, Zigaretten, Zigarren?« Pater Mayer will noch nicht recht. Pater Provinzial zu ihm: »Rauchen Sie, Hochwürden, das tut gut in solchen Auseinandersetzungen.« Oberregierungsrat Stepp drängt, macht eine Schachtel Zigarillos auf, bietet an, reicht eine, zündet sie dem Pater Mayer mit einer launigen Bemerkung an. Oberregierungsrat Stepp zu Pater Provinzial: »Sie rauchen doch auch!« »Danke schön, nein.«

Nun ging es weiter. Bei dem Wort Fanatiker hatte Pater Mayer gesagt: »Herr Oberregierungsrat, fragen Sie alle Leute, Offiziere und Mannschaften, die mit mir im Felde und später zusammen waren, ob ich nicht Frieden hatte. Nur einmal, als Excellenz von Stein angeordnet hatte, die Katholiken sollten zu einem protestantischen Gottesdienst gehen, habe ich erklärt, das gehe nicht, das sei gegen die kirchlichen Bestimmungen usw. Da gab's eine objektive Differenz; aber Excellenz von Stein hat nie etwas nachgetragen. Ich hab meine Pflicht erfüllen müssen. – Und mit wie vielen Menschen hab' ich es zu tun gehabt!« Pater Provinzial zu Oberregierungsrat Stepp: »Pater Mayer hat zusammen mit dem Führer schon in der gleichen Versammlung gesprochen.« Der Oberregierungsrat weiß nichts davon. Pater Mayer: »Jawohl, zu meinem 25jährigen Priesterjubiläum hat er eigenhändig sehr freundlich geschrieben.« Oberregierungsrat Stepp: »Ja, Sie haben so gepredigt, daß sie jetzt draußen Demonstrationen machen.« »Ja, das wäre ja ein Wunder, wenn das nicht der Fall gewesen wäre. Da kennen Sie meine Leute nicht.« Pater Mayer dachte aber offensichtlich nicht an politische Demonstrationen.

Es wurde geklopft; es sollte eine Sitzung im Zimmer des Oberregierungsrats stattfinden. Die Rede kam wieder darauf, daß der Pater Mayer Verschiedenes brauche, Alkohol, in verschiedener Stärke für seine Wundbehandlung, Watte, Pinzette, Thermosflasche, um heißes Wasser zu haben gegen einen Hautausschlag, frisches Obst bzw. anderes Essen. Pater Mayer: »Nein, ich will kein anderes Essen als die anderen Gefangenen.« Man mußte ihm zureden, für sich zu sorgen, da er krank sei usw. Das kostete Mühe. Jetzt wolle er nichts; er habe keinen Hunger. Der Oberregierungsrat: »Lassen Sie sich die Sachen besorgen. Für Leute, die geistig arbeiten, ist die Kost schmal, 80 Pfennig pro Tag.« Pater Mayer will zelebrieren; es wird gestattet. Eine Frau Berner, die viel für ihn in St. Michael geschafft hat, darf Wäsche, Rasierapparat, Seife usw. bringen und hat Zutritt ins Gefängnis (Wittelsbacherpalais), um die Sachen zu bringen. – Der Gefängnisaufseher bzw. -verwalter wird gerufen. Pater Mayer erklärt, der Herr sei sehr gut zu ihm gewesen.

Pater Mayer bleibt bei seinem Nein

Oberregierungsrat: »Ja, wie ist es nun mit dem Redeverbot? Wollen Sie es halten?« »Nein«. »Und wenn Sie in St. Michael predigen können?« »Aber sonst nirgends?« »Nein«. »Dann nehme ich es nicht an.« Es folgt wieder eine Auseinandersetzung über cura ordinaria und extraordinaria. »Und wenn Sie in München predigen können, in allen Kirchen, aber nicht außerhalb Münchens?« Pater Mayer und Pater Provinzial: »Wegen des Gesundheitszustandes wollen wir das überlegen. Wir sind aber nicht allein zuständig.

Wir müssen auch die zuständigen kirchlichen Behörden fragen.« Pater Mayer ist etwas unruhig, es lagert ein Zug des Schmerzens auf seinem Gesicht. Er fürchtet einen Kompromiß. »Wir wollen übermorgen wieder reden.«

(Er bittet, am Mittwoch beichten zu können. Oberregierungsrat überlegt, sagt endgültig zu. Pater Provinzial erklärt, in der Beichte nichts anderes zu vermuten. Pater Mayer macht seine Exerzitien.)

Wir stehen auf. Pater Provinzial gibt dem Pater Mayer den Segen; eigentlich sollte es umgekehrt sein. Wir verabschieden uns. Oberregierungsrat hat von Pater Mayer einen tiefen Eindruck: »Ein ganzer Mensch.« Und wir haben das dankbare Gefühl: »Es war sehr ritterlich, daß wir in aller Offenheit ganz klar und deutlich reden konnten.« – »Behüt' Sie Gott, lieber Pater Mayer.« »Behüt' Sie Gott, lieber Pater Provinzial.« Und neben einem Gefängnisaufseher, der einen guten Eindruck macht, stapft Pater Mayer wieder dem Gefängnis zu. Tief ergriffen schaue ich nach, solange ich kann. –

Die Polizei befürchtet Sympathiekundgebungen

Der Gestapo war nicht recht wohl, als sie Pater Mayer verhaftete. Die Verlautbarungen des Ordinariats und die Empörung der Münchner machten ihnen Sorge. Das zeigt der Bericht des Polizeipräsidiums zwei Tage nach der Verhaftung Pater Mayers (Gerichtsakten).

Das »Überfallkommando« zerstreut die Demonstranten

München, 7. Juni 1937

An das
Staatsministerium des Innern,
z. Hd. d. Herrn Staatssekretärs
Köglmaier

Betreff: Demonstration aus Anlaß der Verhaftung des Jesuitenpaters *Rupert Mayer*

Am Samstag den 5.6.1937 traf vom Ordinariat München eine Abschrift eines Schreibens desselben an den Herrn Reichsminister für kirchliche Angelegenheiten in Berlin beim Polizeipräsidium* ein, in dem Kardinal Faulhaber gegen das von dem Geheimen Staatspolizeiamt Berlin erlassene Rede-

* Siehe S. 34.

verbot gegen Jesuitenpater Rupert Mayer Protest einlegt und droht, wenn das Redeverbot nicht aufgehoben würde, würde die katholische Münchner Männerwelt von dem Redeverbot in Kenntnis gesetzt. Die kath. Männerwelt würde das Verbot nicht stillschweigend hinnehmen.

Am Samstag nachmittag erfolgte sodann die Festnahme des P. Rupert Mayer durch die Geheime Staatspolizei, Staatspolizeileitstelle München.

In den sonntäglichen Gottesdiensten der kath. Kirchen Münchens wurde im Anschluß an die Predigt von der Kanzel herunter die Festnahme des Paters den Kirchenbesuchern bekannt gegeben und für seine Freilassung gebetet. In der St. Michaelskirche zu München wurden auch Papierstreifen mit der Aufschrift »Hochwürden Pater Rupert Mayer wurde am Samstag nachmittag verhaftet!« unter die Kirchenbesucher verteilt.

Einige Personen, meist Frauen, warben von Mund zu Mund für ein Aufsuchen des P. Rupert Mayer in seiner Zelle in dem Gefängnis der Geheimen Staatspolizei.

Nach Schluß des Gottesdienstes sammelte sich in der Ettstraße bei der St. Michaelskirche eine größere Menge (etwa 400 Personen), die in Gruppen über die Tatsache der Verhaftung des Jesuitenpaters erregt sprachen. Zur Verhinderung einer Demonstration wurde das Überfallkommando eingesetzt, das die Straße räumte. Es wurden drei Verhaftungen von Frauen vorgenommen, die in besonders überlauter Weise zum Besuche des Paters warben.

Auf Grund der ausgegebenen Parole sammelten sich tatsächlich etwa 150 Personen vor dem Gebäude der Geheimen Staatspolizei, Staatspolizeileitstelle München, in der Brienner Straße an. Dort kam es dann zu einer kleinen Schlägerei zwischen weltanschaulichen Gegnern. Auch hier wurde das Überfallkommando eingesetzt und nahm 3 Personen fest. Die Ruhe wurde sowohl in der Ettstraße als auch vor dem Gebäude der Geheimen Staatspolizei wieder hergestellt.

Am Sonntag abend um 19 Uhr fand in der St.Michaelskirche eine Bruderschaftsandacht mit Predigt statt, bei der ebenfalls die Verhaftung des P. Rupert Mayer bekannt gegeben wurde.

Nach Schluß dieses Gottesdienstes zwischen 20-20.30 Uhr fand erneut eine größere Ansammlung vor dem Gebäude der Geheimen Staatspolizei statt (etwa 250 Personen), die einen Augenblick lang ein Geschrei erhoben. Das sofort eingesetzte Überfallkommando zerstreute diese Ansammlung. Es handelte sich hier fast ausschließlich um ältere Frauen und offenbar um Angehörige von kath. Jungfrauenorganisationen.

Um 21 Uhr fand dann nochmals in der St. Michaelskirche eine Andacht statt, die sehr besucht war. Nach Schluß dieser Andacht um 21.45 Uhr gab es erneut Ansammlungen in der Ettstraße, die erst nach Eingreifen von Schutzpolizeibeamten aufgelöst werden konnten.

Die während des Tages erfolgten Festnahmen dienten zur Feststellung der Personen und zur Verhinderung weiterer Beteiligung an Demonstrationen. Die Festgenommenen wurden nach Beendigung der Dienstbereitschaft und nach vollkommener Wiederherstellung der Ruhe und Ordnung sowie nach eindringlicher Verwarnung wieder entlassen.

Berichterstatter: i. V.
Reg.-Rat *Beigel* *Dr. Hagen*

Pater Rupert Mayer gibt es seinen Kerkermeistern schriftlich: »Ich predige weiter«

Nach dem Besuch des Paters Provinzial war auch für die Gestapo klar, daß Pater Mayer sich nicht an das staatspolizeiliche Rede- und Predigtverbot halten werde. Was nun?

Gestapochef Dr. Stepp verfiel auf die Idee, die Sache an die Justiz abzuschieben. Um sofort einen richterlichen Haftbefehl zu erwirken und die Verantwortung damit rasch loszuwerden, ließ er Pater Mayer eine Erklärung über seine Predigtabsichten unterschreiben, die dann schon am nächsten Tag (10. Juli) als Begründung für den richterlichen Haftbefehl diente.

Diese in der Gestapohaft unterschriebene »Erklärung« zeigt wie kein zweites Dokument die äußerste Entschlossenheit Pater Mayers; sie ist ein besonders eindrucksvolles Beweisstück gegen die brutale Gewalt der antikirchlichen NS-Machthaber, ein Achtung gebietendes Stück der leidvollen Geschichte der zu allen Zeiten immer wieder verfolgten Kirche!

Dieses Predigtverbot und der unbeugsame Widerstand des Paters ziehen sich wie ein roter Faden durch die ganzen folgenden Auseinandersetzungen. Auch die KZ-Haft beugte den Pater nicht.

Hier nun der Wortlaut der Erklärung des Paters Rupert Mayer (Gerichtsakten, Blatt 9):

Geheime Staatspolizei München, 9. Juni 1937
Staatspolizeileitstelle München

Erklärung

Ich erkläre, daß ich im Falle meiner Freilassung trotz des gegen mich verhängten Redeverbotes nach wie vor, sowohl in den Kirchen Münchens als auch im übrigen Bayern, aus grundsätzlichen Erwägungen heraus, predigen werde.

Ich erkläre insbesondere, daß ich auch in Zukunft von der Kanzel herab in der bisherigen Form die Kirche gegen etwaige Angriffe mit aller Entschiedenheit und Offenheit und Schärfe, aber ohne persönlichen Angriff verteidigen werde.

Ich werde auch weiterhin in der von mir bisher geübten Art und Weise predigen, selbst dann, wenn die staatlichen Behörden, die Polizei und die Gerichte, meine Kanzelreden als strafbare Handlungen und als Kanzelmißbrauch bewerten sollten.

Vorgelesen, genehmigt und unterschrieben:
Rupert Mayer SJ

Feierliche, aber fruchtlose Proteste des Ordinariats

Unverzüglich hat auch das Erzbischöfliche Ordinariat feierlichen Protest gegen die Verhaftung Pater Mayers eingelegt. Generalvikar Buchwieser schrieb bereits am 9. Juni 1937 einen Brief an den Reichsminister des Innern und schickte Abschriften davon an das Auswärtige Amt, das Reichsministerium für kirchliche Angelegenheiten, die Geheime Staatspolizei in München, den Reichsstatthalter Ritter von Epp und den Bayerischen Ministerpräsidenten Ludwig Siebert.

Dieser Brief stellt sich mit Nachdruck auf den Rechtsstandpunkt und verlangt die Einhaltung der Zusicherungen, die das Deutsche Reich 1933 im Reichskonkordat gegeben hatte. Der Protest blieb freilich, wie alle Proteste der Kirche in jener Zeit, ohne jede Antwort und ohne jede Wirkung (Volk, Faulhaber II, S. 350ff.).

Generalvikar Buchwieser an Innenminister Frick

Am 28. Mai 1937 wurde dem Jesuitenpater Rupert Mayer-München die Mitteilung überbracht, daß das vor Monatsfrist ausgesprochene außerkirchliche Redeverbot, nach Erklärung der Geheimen Staatspolizei Berlin, auch für innerkirchliche Räume gelte, also auch das Predigtverbot in sich schließe.

Eminenz Kardinal Faulhaber hat unter dem 31. Mai 1937 beim Reichsministerium für kirchliche Angelegenheiten feierlich Einspruch gegen diesen polizeilichen Eingriff in das innerkirchliche Rechtsgebiet und gegen die Verletzungen des Reichskonkordates erhoben.

Noch ehe irgendeine Antwort auf diesen Protest erfolgte, wurde P. Rupert Mayer am Samstag, den 5. Juni, in Polizeihaft genommen. Als Grund wurde angegeben, daß P. Mayer das Redeverbot nicht beachte und am 6. Juni in Indersdorf predigen wolle.

Wir legen entschiedenst Verwahrung ein gegen den Erlaß und die Aufrechterhaltung des Predigtverbotes: Wir halten jedes Predigtverbot für unvereinbar mit Art. 1 §§ 1 und 3 des Bayerischen Konkordates, mit Art. 1, Art. 5, Art. 14 Abs. 1 und Art 15 Abs. 1 des Reichskonkordates sowie insbesondere mit dem Schlußprotokoll des letzteren, wo zu Art. 32 ausdrücklich gesagt ist: »Das den Geistlichen und Ordensleuten Deutschlands in Ausführung des Art. 32 zur Pflicht gemachte Verhalten bedeutet keinerlei Einengung der pflichtmäßigen Verkündigung und Erläuterung der dogmatischen und sittlichen Lehren und Grundsätze der Kirche«. Glaubt eine staatliche Stelle, daß ein Geistlicher wirklich die Kanzel zu Nichtreligiösem mißbrauche, dann steht ihr unter der oftmals zugesicherten Voraussetzung, daß wir in einem Rechtsstaat leben, ein doppelter Weg offen: entweder Beschwerde bei der kirchlichen Oberbehörde als der allein zuständigen Dienststrafstelle des betreffenden Geistlichen oder gerichtliche Verfolgung.

Ein Recht des Staates, einem Geistlichen, der die konkordatsmäßigen Voraussetzungen (Art. 14 RK bezw. Art. 15 § 1 RK) erfüllt, ein Predigtverbot aufzuerlegen und ihm dadurch staatlicherseits die vom Bischof verliehene Vollmacht der Verkündigung der katholischen Glaubenslehre zu entziehen, haben wir nie anerkannt und können wir nie anerkennen. Ein derartiges Predigtverbot bedeutet nicht nur ein Unrecht gegen den betreffenden Geistlichen, sondern bildet auch einen Eingriff in die durch die Konkordate gewährleistete Zuständigkeit der Kirche und würde letzten Endes zu einer völligen Lahmlegung der Seelsorge führen, von der das Predigtamt einen wesentlichen Teil bildet. Wir lehnen ein staatliches Predigtverbot deshalb auch im Falle des P. Rupert Mayer in vollem Umfange ab.

Wir erheben dann im besonderen nachdrücklichsten Protest gegen die Inhaftierung des Paters Rupert Mayer ...

Ihm war es nur um die Verteidigung von Glaube und Sitte, Christentum und Kirche, Papsttum und Priestertum, religiöses Leben und Brauchtum zu tun gegenüber jenen, welche in Wort oder Schrift entgegen den Weisungen des Führers und entgegen den im RK niedergelegten Verpflichtungen und zum Schaden von Volk und Vaterland entweder aus dem Nationalsozialismus eine religiöse Bewegung machen wollten, oder katholischen Glauben und katholische Kirche schmähten oder kirchliches Recht und Ehre verletzten. Hier war es sein Recht und seine Pflicht, das Schwert des Geistes, die Gabe des Wortes, den Freimut des Mannes, die Treue des Katholiken, die Hingebung des Priesters einzusetzen bis zum letzten, und zwar nicht nur aus religiösen, sondern – im Interesse der Wahrung der bedrohten Volksgemeinschaft – auch aus sozialen und vaterländischen Gründen. Dafür gebührt ihm, dem schwerkriegsverletzten, kranken 61-jährigen Priester und Ordensmann nicht die Inhaftierung ...

Der Reichsminister hat – wir wiesen schon oben darauf hin – zu wiederholten Malen zugesichert, daß wir in einem Rechtsstaat leben. Nun hat das RK den Charakter eines Reichsgesetzes. Ein Predigtverbot für einen katholischen Geistlichen steht im schärfsten Gegensatz hiezu. Wir stellen darum den dringlichsten Antrag:

a) es möge das Predigtverbot für P. Mayer sofort aufgehoben werden, und zwar ohne jegliche Einschränkung;

b) es möge P. Mayer ungesäumt aus der Haft freigelassen werden;

c) es möge dafür Sorge getragen werden, daß auch in Zukunft über Geistliche, welche den Voraussetzungen des RK Art. 14 bezw. RK Art. 15 § 1 entsprechen, kein Predigtverbot mehr verhängt wird.

Buchwieser
Generalvikar

Pater Rupert Mayer wird der Prozeß gemacht

Vor dem Sondergericht München
1937

Links, oben und unten: Joseph Warmuth (Originalfoto im Besitz des Sohnes, Rechtsanwalt E. Warmuth); Ernst Großer. Rechts, oben und unten: Pater Rupert Mayer; Adolf Wagner (beide Abbildungen nach Porträts Leo Sambergers)

Die Gestapo erstattet offiziell Strafanzeige gegen die »politischen Parteiversammlungen« Pater Rupert Mayers

Ebenfalls am 9. Juni 1937 beginnt nun die Auseinandersetzung zwischen Pater Rupert Mayer und dem Sondergericht. Das Verfahren beginnt mit einer Anzeige des Kriminalinspektors Otto Gambs, der im Namen der Geheimen Staatspolizei, Staatspolizeileitstelle München, folgende Anzeige erstattete:

Betrifft:
Mayer, Rupert, geboren 23. Januar 1876 in Stuttgart, Vor- und Zuname a) des Vaters, b) der Mutter: Emilie geborene Wörle*, ledig, Beruf: Jesuitenpater, Wohnung: München, Maxburgstraße 1, derzeit in Haft im Arrest der Staatspolizeileitstelle München.
Tatort: München und übriges Bayern
Überführungsgegenstände: ein Band Predigten

Aufgrund der beiliegenden Predigtberichte erstatte ich gegen den Jesuitenpater Rupert Mayer in München Anzeige wegen Kanzelmißbrauch und Vergehen gegen das Heimtückegesetz. Auf die Anlage wird Bezug genommen.

Otto Gambs, Kriminalinspektor

Dieser Anzeige lag der ausführliche Ermittlungsbericht bei, in dem vor allem auch die Predigttexte wörtlich wiedergegeben sind, die die Gestapo zum Anlaß ihres Predigtverbotes nahm und die dann dem Gericht die Grundlage für eine Verurteilung abgeben sollten. Für uns sind diese hier dankenswerterweise wörtlich überlieferten Predigtpassagen Pater Rupert Mayers ein imposantes Beispiel seines Mutes und seiner Predigtgewalt.

Geheime Staatspolizei — München, den 9. Juni 1937
Staatspolizeileitstelle — Brienner Straße 50
München
An den Herrn Ermittlungsrichter München I,
z. Hd. d. Herrn Amtsgerichtsrats Dr. Mugler
Der Jesuitenpater Rupert Mayer ist seit Jahren in München und im übrigen Bayern als Kanzelredner in der Seelsorge tätig. Seit der Machtübernahme setzt sich Pater Mayer mit Vorliebe mit den verschiedenen politischen Tagesproblemen auseinander, so mit der Entkonfessionalisierung des öffentlichen Lebens, der Einführung der Gemeinschaftsschule, der deutschen

* Der Schreibfehler »Wörle« statt »Wehrle« setzt sich in allen Protokollen und Justizdokumenten fort.

Presse usw. Der hierbei von Mayer eingeschlagene oder gewählte Ton ist dabei immer mehr und mehr ausfälliger geworden, die sogenannten kirchlichen Feiern, die Pater Mayer in der letzten Zeit abhielt, erweckten bei dem einigermaßen sachlichen Besucher mehr den Eindruck einer politischen Parteiversammlung als den eines Gottesdienstes.

Es war bisher in deutschen katholischen Kirchen nicht üblich, daß die Ausführungen des Predigers, solange er das Wort Gottes verkündete, von Pfuirufen und sonstigen lauten Beifalls- oder Mißfallensäußerungen unterbrochen wurden ...
Erwähnenswert sind folgende Auszüge aus Predigten Pater Mayers:

I. Zur Gemeinschaftsschule

3. Februar 1937 München, St. Josef:
Am letzten Montag wurde ein Sieg gefeiert, aber so ein Sieg ist noch nicht gefeiert worden, solang die Welt besteht! Ich muß schon sagen, ein Sieg war das, der denen, die ihn gefeiert haben, gewiß nicht zur Ehre gereicht! Ein Sieg war das, ein Terror! Dieser Sieg war ein Türkensieg, ein Gewaltsieg!

Ich muß sagen, diese Tage, diese Woche war die schwerste meines Lebens, und ich habe da Ströme von Tränen gesehen bei manchem aufrechten Katholiken. Dieser Sieg wäre nicht gekommen, wenn die katholischen Eltern ihr Recht vertreten hätten! Aber die Katholiken sind umgefallen! Sie hätten nicht umfallen brauchen, denn es war keine Gefahr da! Wenn sie ihr Recht vertreten hätten, dann hätte ihnen nichts passieren dürfen! Aber es gibt auch noch starke Katholiken, und ich habe noch nie so viel Bekennermut und Glaubenstreue gesehen wie in diesen Tagen.

29. März 1937, Ursberg:
In München sind die katholischen Erziehungsberechtigten gegen alles Recht und Gesetz um die katholische Bekenntnisschule gebracht worden (das ruft er mit erhobener Stimme). Da haben alle staatlichen und Parteidienststellen zusammengeholfen; mündlich und schriftlich.

Am meisten regte es uns auf, daß die armen Eltern (Beamte, Angestellte, Rentenempfänger usw.) bedroht wurden (in hämischem Ton): Wenn sie ihre Kinder in die Bekenntnisschule einschreiben lassen, dann weiß man nicht, wie es ihnen geht. (Diesen letzten Satz sprach er mit unnachahmlichem Spott durch die Nase, so daß ein lautes Lachen durch die Kirche ging!!!) So macht man es den Beamten, den Pensionisten, den Unterstützten des Winterhilfswerkes usw. So ging es Woche für Woche; Versammlungen, Flugblatt, Radio – (spöttisch) selbst der Reichsluftschutzbund hat mitgetan. Was sagen wir dazu? Wir konnten keine Versammlungen halten, keine Flugblätter verteilen. In dieser Zeit waren sämtliche Kirchen und

Pfarrhäuser polizeilich überwacht. Wer aus dem Pfarrhaus kam, wurde untersucht, ob er ein Flugblatt hat. Und das schönste ist, daß die Bekenntnisschule geschützt ist durch das Reichskonkordat!

11. April 1937, Weißenhorn:
Ja, habt Ihr noch nichts gehört von den Schulkämpfen? Die Menschen sollen genötigt werden, ihre Kinder in der Schule entkonfessionieren zu lassen.

Keine Bekenntnisschule, sondern nur noch die Deutsche Gemeinschaftsschule soll es sein, und liebe Freunde, das gibt eine Aufregung, die beispiellos sich auswirkt. Wenn etwas geeignet ist, ein Volk auseinander zu bringen, dann soll man nur so anfangen und dem Volke im religiösen Leben Schwierigkeiten machen. In der Beziehung ist nicht zu spaßen. Wir haben das in München erlebt. Der Heilige Vater, der spricht sich in seiner Enzyklika eingehend darüber aus, er spricht da von einer »Rechtswidrigkeit mancher Zwangsmaßnahme«, die untergeordnete Stellen angewandt haben, bei der Schuleinschreibung in die Konfessionsschule.

Die von Kardinal Faulhaber entworfene und von Papst Pius XI. an alle Bischöfe der Welt gerichtete Enzyklika »Mit brennender Sorge« vom 14. März 1937 wurde von nahezu allen Kanzeln Deutschlands verlesen, im Dom zu München von Kardinal Faulhaber persönlich. In diesem Weltrundschreiben rügt der Papst unverhohlen die Verletzungen des Konkordats und die Verfolgung der Katholiken durch die nationalsozialistischen Machthaber. Die Sätze, auf die sich Pater Rupert Mayer beruft, lauten in dieser Enzyklika:

Und je mehr die Gegner sich bemühen, ihre dunklen Absichten abzustreiten und zu beschönigen, um so mehr ist wachsames Mißtrauen am Platze und mißtrauische, durch bittere Erfahrung aufgerüttelte Wachsamkeit. Die formelle Aufrechterhaltung eines, zudem von Unberufenen kontrollierten und gefesselten Religionsunterrichts im Rahmen einer Schule, die in anderen Gesinnungsfächern planmäßig und gehässig derselben Religion entgegenarbeitet, kann niemals einen Rechtfertigungsgrund abgeben, um einer solchen religiös zersetzenden Schulart die freiwillige Billigung eines gläubigen Christen einzutragen. Wir wissen, geliebte katholische Eltern, daß von einer solchen Freiwilligkeit bei Euch nicht die Rede sein kann. Wir wissen, daß eine freie und geheime Abstimmung unter Euch gleichbedeutend wäre mit einem überwältigenden Plebiszit für eine Bekenntnisschule. Und deshalb werden Wir auch in Zukunft nicht müde werden, den verantwortlichen Stellen die Rechtswidrigkeit der bisherigen Zwangsmaßnahmen, die Pflichtmäßigkeit der Zulassung einer freien Willensbildung freimütig vorzuhalten.

Der Heilige Vater spricht von einer Unfreiheit bei dieser Abstimmung und sagt, daß von einem Rechtscharakter in dieser Abstimmung gar keine Rede sein könne. Wenn nämlich der Heilige Vater derartige Ausdrücke gebraucht, weiß man, wieviel es geschlagen.

Es wurde in den Schulen gelogen, daß sich die größten Balken gebogen haben.

Da wurden überall Leute hingeschickt, und leider muß ich sagen, von Parteistellen auch Parteigenossen. Es tut mir leid, aber ich muß der Wahrheit die Ehre geben; es hat keinen Wert, darum herumzureden. Dem einen haben sie gesagt, dem Beamten, also gell, ihr könnt eure Kinder nur in der Gemeinschaftsschule einschreiben lassen, Sie wissen ja, wir wollen ja nichts sagen, aber Sie werden schon sehen. Zum städtischen Arbeiter und Angestellten und Wohlfahrtsempfänger haben sie auch so dahergeredet, das war ja unerhört. An den Lautsprechern, in allen Versammlungen, alles hat man aufgeboten durch Plakate, Flugblätter und sogar im Luftschutz, um die Leute warm zu machen für die Gemeinschaftsschule und abzulenken von der Konfessionsschule. Man hat die Leute beleidigt mit Volksverräter und Volksfeinde, da hört sich doch alles auf. Im Reichskonkordat steht doch drin: »Die Beibehaltung der Konfessionsschule ist gewährleistet«. Das ist ein Reichsgesetz. Wenn nun ein Staatsbürger dieses Reichsgesetz anwendet, da gibt es Leute, die sprechen davon, daß das ein Staatsfeind sei. Das geht über meine Begriffe. Es handelt sich um eine Großstadt mit 600000 Familien, die man doch nicht bloß in der Predigt bearbeitet. Nur ein einziges Blättchen haben wir herausgegeben, und da stand man drei Tage und drei Nächte Wache vor jedem Pfarrhaus. Jeder, der mit einer Mappe kam, wurde untersucht, ob er nicht ein Flugblatt darin habe. Wie soll man sich eines solchen Sieges erfreuen können, da gehört ein besonderer Geschmack dazu.

Die Sache hat einen ernsten Hintergrund. Es kommt einem gerade vor, als ob die Reichsregierung das Konkordat abgeschlossen habe, um es sabotieren zu lassen von den untergeordneten Stellen.

Nun stehen da aber solche Werte auf dem Spiele, die gar nicht ausgesprochen werden können, und dazu, liebe Freunde: An sich kommt noch die Frage, die entscheidet über die Zukunft Eurer Kinder. Was kann man den Menschen zuleide tun, wenn Ihr zusammenhaltet, die guten Elemente in einer Pfarrei? Da kann keiner was wollen, da kann keinem etwas geschehen. Wir haben in Westfalen wunderbare Beispiele von Mannesmut und Mannestreue erlebt. Wer zusammenhält, der kann da einen Sieg erfechten, und er steht ganz auf dem staatlichen und gesetzlichen Boden, und darum, liebe Freunde, sich nicht übertölpeln lassen, sondern seinen Mann stellen und sich überall vor jedermann bekennen: »Ich lasse meine Kinder in die katholische Schule einschreiben. Etwas anderes kommt gar nicht in Frage.«

18. April 1937, Pfarrkirche Kirchheim (Bezirksamt Mindelheim):
Man will die Schule entkonfessionalisieren, sie darf auch nimmer christlich sein. Man sagt, man habe noch Religionsunterricht, in einem Jahr hat das Christentum in der Gemeinschaftsschule vollständig aufgehört, dann weht ein antikatholischer, antichristlicher Geist. Man braucht bloß in die Gemeinschaftsschule zu gehen, da weht ein antichristlicher Geist.

Das ist ein sehr schwerer Kampf, den das Christentum führt. Wir haben den Kampf in München mitgemacht. Was der Heilige Vater von der Einführung der Gemeinschaftsschule in der Enzyklika sagt: Er spricht von der großen unwahrscheinlichen Unfreiheit, in der die katholischen Erziehungsberechtigten in München um die Bekenntnisschule betrogen worden sind.

Was in dem Schulkampf gelogen wurde von untergeordneter Stelle, da wurde gelogen, daß sich die Balken bogen.

Parteigenossen wurden herumgeschickt bei jedem einzelnen Erziehungsberechtigten. Da haben sie alle das gleiche Sprüchlein gesagt: Was, Sie wollen Ihre Kinder in die Bekenntnisschule schicken? Sie sind Beamter! Wer weiß, was da nicht alles passiert? Wer weiß, was Sie da erleben? Sie sind Wohlfahrtsempfänger! Sie sind Arbeiter! Mit dem Winterhilfswerk, da können Sie was erleben! Was ist denn das, was anderes als ein glatter Betrug! Ich hätte mich geschämt, wenn ich hätte einen solchen Sieg mitfeiern müssen. Wegen derjenigen, die so gesagt haben, muß man wissen, wie man es diesen Menschen gemacht hat, sie wurden Volksfeinde und Landesverräter genannt, die nicht da mittun wollen, das hörte man überall durch. Wenn einer diesen Staatsbetrug nicht ausüben wollte, dann hat man ihm dieses Schimpfwort zugeworfen. In allen Parteistellen, selbst im Luftschutz, wurde so gearbeitet. Uns wurde alles verboten. Es gab Tage und Nächte, da waren die Pfarrhäuser polizeilich bewacht. Wenn irgendeiner mit einer Aktentasche ein Pfarrhaus betreten wollte, so wurde die Aktentasche durchsucht.

23. Mai 1937, Michaelskirche München:
Ich weiß es. Manchen ist der Ausgang des Schulkampfes in München schwer auf die Nerven gefallen. Das hat ihm einen Schlag versetzt. Da hat mancher zu zweifeln begonnen. Liebe Freunde, nur das nicht!

Wäre ich im Lager unserer Gegner, ich hätte mich über einen mit so unredlichen Waffen erfochtenen Sieg nicht freuen können. Ich hätte mich eines solchen Sieges geschämt! Mit roher Gewalt kann man kein Recht zerstören und vernichten!

So geht das nicht! Was der Heilige Vater in seiner Enzyklika sagt, trifft den Nagel auf den Kopf. Er schreibt von Schuleinschreibungen, die ein Zwangsprodukt sind, das jeglichen Rechtscharakters entbehre. Also, liebe Freunde, in dieser Sache ist das letzte Wort noch lange nicht gesprochen.

II. Zur deutschen Presse und ihrer Berichterstattung über die derzeit gegen die katholischen Geistlichen und Ordensangehörigen laufenden Sittenprozesse

24. Januar 1937, Michaelskirche München:
Die Zeiten sind vorbei, wo wir geglaubt haben, was in der Zeitung steht! Was über religiöse Dinge in der Zeitung steht, das glauben wir grundsätzlich nicht!

Von jetzt ab wird einfach jeder von der Kanzel verlesen, der versucht, eine Unterschrift für die deutsche Gemeinschaftsschule zu erpressen! Man wird Euch in Versammlungen und Vorträgen und durch Jugendkundgebungen für die deutsche Gemeinschaftsschule zu beeinflussen versuchen. Hört nicht darauf, glaubt nicht, was darüber in der Zeitung steht! Ich verantworte das!

Glaubt überhaupt keiner Zeitung, wenn sie sich mit sittlich-religiösen Dingen befaßt! Hört nicht darauf! Lest keine Zeitungen! Und jetzt, wenn Ihr hinausgeht, dann möchte ich, daß eine religiöse Welle von der Kirche aus sich auf die Straße ergießt und von der Straße aus in die einzelnen Häuser!

2. Mai 1937, Michaelskirche München:
In letzter Zeit lesen wir wieder so viel von Sittlichkeitsvergehen katholischer Priester und von Ordensleuten. Wenn das alles wahr ist – ja, liebe Freunde –, dann müssen wir schon sagen, dagegen muß eingeschritten werden! Es erfüllt uns mit großer Sorge, daß diese Vergehen gerade jetzt und bei den Lieblingen des Herrn vorkommen.

Aber, meine Lieben, es ist nicht alles wahr, was da in der Zeitung steht. Die Art und Weise der Darstellung ist so übertrieben und wird so aufgebauscht, und das, was in den christentums- und katholikenfeindlichen Zeitungen steht (mit deutlicher und unverkennbarer Anspielung auf den Völkischen Beobachter), das wird erst recht aufgebauscht und ausgeweidet!

Da steht auf der ersten Seite gleich die Anklage mit großen Schlagzeilen, dann kommt in der nächsten Nummer auf der ersten Seite gleich die Verhandlung. Was die Entlastungszeugen anführen, das lesen wir überhaupt nicht, und dann wird der Vorfall noch in der nächsten Nummer, wieder auf der ersten Seite, als Leitartikel ausgeschlachtet! Da habe ich neulich in der Zeitung gelesen von einem Geistlichen, der vor der Anklagebank stand, in der Zeitung eine ganz große Schlagzeile; was aber der Angeklagte sich zuschulden hat kommen lassen, ob er für schuldig befunden wurde oder nicht, das habe ich bis jetzt nicht gelesen, und ich warte gespannt darauf.

Dann lesen wir überall von 1000 Sittlichkeitsverbrechen von Priestern und Ordensleuten! Die Zahl ist bei weitem übertrieben, und soviel ich weiß, sind es höchstens 500 Fälle, von denen ich gelesen habe, vielleicht sind es auch nur 250! Aber wären es wirklich 1000, wir haben in Deutschland etwa 100 000 Katholische Ordensleute und Priester, dann sind das 1 Prozent. Es ist ja schlimm genug, wenn das bei uns vorkommt, aber es ist nur 1 Prozent!

Warum liest man das überhaupt nur bei katholischen und evangelischen Kreisen, von den anderen hört und liest man nie etwas! Wer im Glashaus sitzt, soll nicht mit Steinen werfen!

23. Mai 1937, Michaelskirche:
Was schlecht ist und was Sünde ist, das empfinden wir zuerst als schlecht und als Sünde. Wir bedauern das, und zwar aufs allertiefste! Gewiß, wir haben das Empfinden, als ob so etwas überhaupt gar nie vorkommen dürfte bei Priestern und Ordensleuten. Aber, Ihr Freunde, der Heiland macht uns darauf aufmerksam, daß eben manchmal doch ...? (er spricht von Ärgernissen). Denn unter seinen zwölf Aposteln war einer, der nichts taugte. Unter zwölf einer! Liebe Freunde, demgegenüber ist das gar kein Prozentsatz, der jetzt unter die Räder kommt. Die Zahl steht noch nicht genau fest. Sie wird aber wohl dem katholischen Volke zugänglich gemacht werden. Wir haben hier in Deutschland etwa 115 000 Priester und Ordensleute. Denkt an diese ungeheure Zahl! Wenn da ein Prozent herauskommt, wäre das schon sehr sehr viel! Unter hundert einer! Ihr wißt, auch das ist noch zuviel.

Aber da ist noch etwas ganz anderes, was man jetzt dem katholischen Volk vorzulügen sucht. Liebe Freunde, was uns wehe tut, das sind die Berichte über diese Skandalprozesse. Denn da müssen wir das eine sagen: Wir haben jetzt Beweise in der Hand, die genügen, um uns jeden Glauben an einen großen Teil der deutschen Presse zu nehmen und endgültig zu rauben (Zwischenrufe: Bravo!). Wir wußten schon, daß man in diesen Prozessen für katholische Dinge überhaupt kein Verständnis hat. So einseitig, so unwahr und gehässig und so verlogen hat man immer über katholische Dinge geschrieben ...

Liebe Freunde! Ich bin mir der Verantwortung dessen, was ich vorgelesen habe, vollständig bewußt. Ich nehme diese Verantwortung nach reiflicher Überlegung auf mich, im Interesse der unsterblichen Seele der Menschen. Kein anderer Gedanke leitet mich dabei, nur das eine, wie manche Menschen durch diese furchtbare Berichterstattung der Skandalprozesse innerlich im Glauben erschüttert wurden. Und um es den weitesten Kreisen zu zeigen, was man aus solchen Dingen macht, was die Berichterstattung ausmacht, wie man nicht der Wahrheit dienen will, sondern dem Haß gegen die Kirche Vorschub leisten will, darum glaubte ich verpflichtet zu sein, das zu sagen.

Liebe Freunde! Wenn man nun diese Sache noch verallgemeinert, so daß man das Gefühl hat, ja Herrschaft nocheinmal, du kannst dich als Priester nächstens nicht mehr auf der Straße zeigen, so ist doch das etwas Entsetzliches. Ja, bedenken das die Leute nicht, daß sie damit 110 000 bis 115 000 deutschen Männern und Frauen die Ehre nehmen?

Man sagt so gerne zu uns: »Ihr könnt zufrieden sein, denn in Spanien, da hätte man Euch schon längst an die Wand gestellt!« Ich sage aber ganz ruhig: Dem Tode habe ich hundertemale ganz bewußt in die Augen geschaut. Das bin ich gewöhnt. Das ist nicht so schlimm! Aber wenn man einen Menschen geistig tötet (Zurufe: Sehr richtig), wenn man einen kaputt macht vor der Welt, das ist das Furchtbarste, was man sich vorstellen kann.

Wenn die Menschen sehen, daß Priester und Ordensleute für ihren Glauben sterben müssen, dann weckt das auch noch in dem Letzten den Glauben an seine Religion wieder. Ganz anders ist es bei uns! Ja, schließlich könnte es dazu kommen, daß sich die Menschen glatt von uns abwenden und sagen, mit solchen Menschen wollen wir nichts mehr zu tun haben. Das ginge noch. Wer sich von den Dienern der Kirche abwendet, der hat gebrochen mit seinem Glauben an die Kirche! Das war der Grund, warum wir das heute verlesen haben. Sie können das gebrauchen, und Sie können ruhig sagen, ich hätte das öffentlich bekanntgegeben. Wir lassen uns deshalb nicht wankend machen in der Treue gegen den Staat, das gibt es nicht bei uns. Aus Gewissensgründen haben wir Ruhe und Ordnung unter uns gewahrt, und man kann an keine Unruhe im revolutionären Sinne denken, weil das gegen unsere Grundgesetze verstößt. Aber dessen ungeachtet ist es notwendig, darauf hinzuweisen, daß jetzt durch die deutsche Presse ein Haßfeldzug gegen Priester und Ordensleute geht, der seinesgleichen sucht.

Darum, liebe Freunde, ist es aus und vorbei mit dem Glauben an den Großteil der deutschen Presse, wenn sie berichtet über religiös-sittliche Verhältnisse, über christlich-katholische Belange.

Und nun, liebe Freunde, habt Vertrauen und fürchtet Euch nicht! Denkt darüber nach, wie geschlossen der deutsche Episkopat in Glaubenssachen steht. Auch nicht einer der 23 Bischöfe denkt daran, andere Wege zu gehen. Einig und geschlossen sind sie, die Leiter der Kirche in Deutschland. In Liebe vereint stehen die Bischöfe zum Heiligen Vater zu Rom! Ein Herz und eine Seele! Denkt, was das bedeutet in unserer Zeit! Der Klerus steht hinter seinem Oberhirten, das ist überall so. Außenseiter gibt es immer, die sich nicht mehr auskennen. Das will noch heißen, hinter dem Klerus steht das katholische Volk.

III. Zu sonstigen innerpolitischen Vorgängen

26. Januar 1937, St.-Theresien-Kirche:
Liebe Freunde! Ich habe mich in der letzten Zeit oft mit der nationalsozialistischen Weltanschauung befaßt und sie studiert. Man liest in den Zeitungen viel davon und hört davon in Vorträgen und Reden. Einige meinen, der Nationalsozialismus bestehe darin, einen überweltlichen Gott abzulehnen, andere wieder meinen, der Nationalsozialismus müsse Papst und Rom ablehnen, andere wieder glauben, er bestehe darin, alles, was mit Kirche und Glauben zu tun hat, in den Schmutz zu ziehen und lächerlich zu machen! Wir kommen ja nicht überall hin und können uns deshalb nicht von allem überzeugen, aber wir lassen uns von zuverlässigen Leuten darüber berichten! Da kommt neulich ein sonst nüchterner, junger Mensch zu mir und erzählt, daß in einem schwäbischen Ort mit großer Aufmachung eine Versammlung stattfand, in der ein Reichsredner sprach. Alles war natürlich hinkommandiert, alles mußte einfach hin, und da gefiel sich der Redner, Kirche und Christentum herunterzumachen. Ignatius von Loyola, der Gründer des Jesuitenordens, sei ein Räuberhauptmann gewesen, und man müsse sich wundern, daß die Kirche ihn in die Reihen der Heiligen gestellt habe.

Liebe Freunde, das ist eine unerhörte Schmähung gegen die Kirche und gegen unseren Glauben, noch dazu sagt das ein maßgebender Redner! Es ist eine ungeheuere Beleidigung der katholischen Kirche, einen Heiligen, den die ganze abendländische Christenheit verehrt, lächerlich zu machen, einen Mann, gegen den der Redner so klein ist!

Dann vergeht kaum ein Schulungslager, in dem nicht Kirche und Religion in den Schmutz gezogen werden. Die Zeitungen wimmeln von Angriffen gegen die Kirche, gegen den Papst und die Bischöfe! Liebe Freunde, Ihr alle kennt doch den »Stürmer«* oder habt doch wenigstens schon etwas davon gehört. Der brachte da neulich ein Bild, das stellt auf der einen Seite einen Bolschewisten dar – bluttriefend, und auf der anderen Seite einen katholischen Pfarrer, ebenfalls bluttriefend, und beide reichen sich die Hand! Liebe Freunde, die stellen uns also auf gleiche Basis mit den Roten! Und das zu einer Zeit, wo Tausende von Christen in Spanien durch die roten Horden hingemordet werden! Das ist einfach unerhört! Das ist ja schlimmer als in der marxistischen Zeit! Da sagen die einen, ja, den Stürmer darf man doch nicht ernst nehmen! Andere wieder sagen: Um Himmelswillen, eine Zeitung, die eine Auflage von 500 000 Exemplaren hat, die in jedem kleinen Ort Deutschlands ganz öffentlich im Schaukasten hängt, ja, die muß doch wahrhaftiger Gott ernst genommen werden?

* »Der Stürmer« war ein primitives antisemitisches Hetzblatt, dessen Herausgeber, der ehemalige Lehrer und Gauleiter von Franken, Julius Streicher (geb. 1885), im Nürnberger Kriegsverbrecherprozeß 1946 zum Tode verurteilt und hingerichtet wurde.

In der Marxistenzeit habe ich viele Hetzschriften gelesen, weil man das nicht bekämpfen kann, was man nicht kennt! Meine lieben Freunde, ich muß sagen, es ist mir damals oft der Ekel aufgestiegen, und es ist mir reichlich schwergefallen, diesen Schmutz zu lesen! Aber das, was an nationalsozialistischer Literatur heute empfohlen wird, von maßgebenden Stellen heute empfohlen wird, das ist ekelerregender denn je!

Sogar in den Jugendzeitschriften wird in der maßlosesten Weise Kirche und Religion beschimpft! Meine lieben Freunde, daher kommt es doch, daß die Jugend vor dem geistlichen Stande keinen Respekt mehr hat und uns Geistlichen immer mehr entfremdet wird! Das ist doch auch gar nicht anders denkbar! Und überall wird dieser Schund verbreitet.

24. Januar 1937, Aichach:
Es wird heute viel von nationalsozialistischer Weltanschauung gesprochen, drum müssen wir sie mal von unserer Seite aus ansehen. Ich beschäftige mich seit Monaten mit dem nationalsozialistischen Schrifttum, doch bin ich mir nicht klar geworden, was man darunter versteht. Euch, liebe Freunde, wird es auch so gehen!

. . .

Euch allen bekannt sind die sogenannten Schulungskurse; da wurde mir berichtet, daß mindestens eine Stunde lang gegen die Kirche und den Christenglauben gewettert wird. Durch solche Schulung kommen die anwesenden Katholiken in stärkste Gewissenskonflikte mit dem Heiligsten, was sie im Herzen tragen. Es ist kaum zu glauben, was man heute alles für Schriften, Bücher, Broschüren und Zeitungen auf den Markt bringt. Vor allem in den letzten Monaten habe ich mich mit diesen Schriften befaßt; beim Lesen ergriff mich der Ekel, doch zwang ich mich, die Schriften weiterzulesen, da man den Gegner ja nur bekämpfen kann, wenn man ihn kennt.

Pater Rupert Mayer erklärte heute, aus grundsätzlichen Erwägungen werde er im Falle seiner Freilassung trotz des gegen ihn verhängten Redeverbotes nach wie vor sowohl in München als auch im übrigen Bayern weiter predigen. Auch in Zukunft werde er von der Kanzel herab die Kirche in der bisherigen Form gegen etwaige Angriffe mit aller Entschiedenheit, Offenheit und Schärfe, aber ohne persönlichen Angriff verteidigen. Er werde weiterhin in der bisherigen Art und Weise predigen, auch dann, wenn Gerichte, Polizei und Staatsbehörden seine Kanzelreden als strafbare Handlungen und als Kanzelmißbrauch bewerten sollten.

W. Stepp

Beim Ermittlungsrichter

Amtsgericht München
Abteilung Strafgericht
(Ermittlungsrichter)

1 b Js – So 100/37

Beschuldigten-Vernehmung

Gegenwärtig:
Der Amtsrichter
Dr. Mugler

der stellv. Urkundsbeamte
Schlecht

in der Untersuchung gegen
Mayer Rupert

wegen Kanzelmißbrauchs u.a.

München, den 10. Juni 1937

Der im Gerichtsgefängnis II vorgeführte Beschuldigte wurde vernommen wie folgt:

Zur Person:

Mayer Rupert, übrige Personalien bereits erhoben.

Zur Sache:

Ich gebe die mir aus dem Bericht der Gestapo vom 9. Juni 1937 vorgehaltenen Äußerungen ... zu. Wenn ich mich nach so langer Zeit auch an den Wortlaut im einzelnen nicht mehr erinnern kann, so habe ich sie doch dem Sinne nach gemacht.

Was die Bemerkung über die Reichsregierung in der Predigt vom 11. April 1937 in Weißenhorn anlangt, so möchte ich hierzu folgendes bemerken:

Ich glaube nicht, daß ich der Reichsregierung den Vorwurf gemacht habe, als ob sie bei dem Abschluß des Konkordats die Absicht gehabt habe, das Konkordat durch untergeordnete Stellen sabotieren zu lassen. Es liegt meiner ganzen Denkungsart völlig fern, einen Menschen oder sonst jemand eine schlechte Absicht bei seinen Handlungen zu unterschieben. Wenn ich je mich so ausgedrückt hätte, wie es in dem Bericht der Gestapo vom 9. Juni 1937 heißt, so würde ich das bedauern, aus dem oben angegebenen Grunde.

Vor Rücksprache mit dem Erzbischöflichen Ordinariat, meinem Ordensoberen und meinem Verteidiger möchte ich zunächst keine Loyalitätserklärung abgeben, die weiterreicht als die vom 9. Juni 1937.

Haftbefehl

Dem Vorgeführten wurde um 13 Uhr eröffnet, daß gegen ihn

Haftbefehl

erlassen werde, und zur Begründung mitgeteilt, er erscheine eines fortgesetzten Vergehens des Kanzelmißbrauchs nach § 130 a I Strafgesetzbuch in Tateinheit mit einem fortgesetzten Vergehen gegen § 1 des Gesetzes gegen heimtückische Angriffe gegen Staat und Partei vom 20. Dezember 1934 dringend verdächtig.

Die Untersuchungshaft werde angeordnet, da angesichts seiner Erklärung vom 9. Juni 1937 zu besorgen sei, daß er die Freiheit zu neuen strafbaren Handlungen mißbrauchen werde.

Er wurde belehrt, daß er gegen den Haftbefehl Beschwerde einlegen könne. Er erklärte:

Über die Frage, ob ich gegen den Haftbefehl Beschwerde einlege, werde ich erst nach Rücksprache mit meinem Verteidiger eine Entscheidung treffen.

Vorgelesen, genehmigt und unterschrieben
Rupert Mayer SJ

Dr. Mugler *Schlecht*

Justizrat Warmuth übernimmt die Verteidigung

Als Verteidiger schaltete sich sofort Justizrat Dr. Joseph Warmuth* ein. Warmuth hatte immer wieder Geistliche vor Gericht zu vertreten, vor allem vor dem Sondergericht München. Seinem in der Form behutsamen und in der Sache zielstrebigen und unermüdlichen Anwaltsstil ist es zu verdanken, daß viele NS-Verfolgungsmaßnahmen gemildert oder gar verhindert werden konnten. Das hat sich auch im Fall Pater Rupert Mayer bewährt.

Die Nazi-Gewaltigen haben daher in der Folge darauf verzichtet, die ihnen viel zu schlapp erscheinende Justiz ein weiteres Mal zu bemühen. Als Pater Mayer 1939

* Joseph Warmuth (1881-1957) gehörte ebenfalls einer CV-Verbindung an und war Justitiar des Bayerischen Klerusverbandes.

wieder zu erkennen gab, daß er weiterpredigen werde, warfen sie ihn, ohne jeden richterlichen Haftbefehl, kurzerhand ins Konzentrationslager Oranienburg.

Hier folgt nun zunächst der Haftbeschwerde-Schriftsatz Warmuths (Gerichtsakten, Blatt 18-25). Er enthält bereits alle Argumente, die auch in der späteren Verteidigung vorgebracht wurden. Die mutige Argumentation des Verteidigers nötigt uns auch heute noch Respekt ab.

An das Sondergericht
für den Oberlandesgerichtsbezirk
München

München, 12. Juni 1937

Betreff:
Ermittlungsverfahren gegen
Pater Rupert *Mayer,* SJ
wegen Verg. g. § 130 a RStG

1 b Js – So 100/37

Ich lege gegen den Haftbefehl *Beschwerde* ein.
Zur Begründung führe ich aus:
1. Ich charakterisiere kurz und summarisch die Persönlichkeit des Herrn Pater Rupert Mayer.
...
2a) Die Geheime Staatspolizei hat gegen Herrn Pater Rupert Mayer zunächst ein *Redeverbot* erlassen für außerkirchliche Versammlungen. Diesem Verbot hat sich Herr Pater Rupert Mayer sofort gefügt. Dieses Verbot wurde ausgedehnt für Reden in innerkirchlichen Räumen, die Michaelskirche ausgenommen. Diese Ausdehnung bedeutet ein Predigtverbot. Kenntnis von dem Predigtverbot hat Herr Pater Rupert Mayer am 28. Mai 1937 erhalten.
Herr Pater Rupert Mayer anerkennt die Zulässigkeit eines Predigtverbotes nicht: Das Predigtverbot steht im Widerspruch zu Art. 1, Art. 5, Art 14 Abs. 1 und Art. 15 Abs. 1 des Reichskonkordates und zu Art. 1 §§ 1 und 3 des Bayerischen Konkordats. Das Predigtverbot steht insbesondere auch im Widerspruch zum Schlußprotokoll zum Reichskonkordat, wo zu Art. 32 ausdrücklich gesagt ist: »Das den Geistlichen und Ordensleuten Deutschlands in Ausführung des Art. 32 zur Pflicht gemachte Verhalten bedeutet keinerlei Einengung der pflichtmäßigen Verkündigung und Erläuterung der dogmatischen und sittlichen Lehre und Grundsätze der Kirche«.
Herr Pater Rupert Mayer wird diesen grundsätzlichen Standpunkt nie, auch nicht teilweise, preisgeben. Er ist von seinem Bischof ermächtigt und beauftragt, die katholische Glaubenslehre zu verkünden. Diese Vollmacht und dieser Auftrag ist für Herrn Pater Rupert Mayer ausnahmslose Pflicht, von der ihn niemand als sein Ordensoberer und sein Bischof entbinden kann.

Herr Pater Rupert Mayer hat nie einen Zweifel daran gelassen, daß er das von der Geheimen Staatspolizei erlassene Predigtverbot für unzulässig hält und daß er seine Predigertätigkeit fortsetzen wird, weil das polizeiliche Predigtverbot einen unzulässigen Eingriff in das innerkirchliche Rechtsgebiet darstellt.

b) Am 6. Juni 1937 sollte Herr Pater Rupert Mayer in Indersdorf predigen. Am 5. Juni 1937 wurde gegen Herrn Pater Rupert Mayer die Schutzhaft angeordnet, weil er erklärte, daß er trotz des polizeilichen Redeverbotes am 6.6.37 in Indersdorf predigen werde.

c) Am 9.6.37 hat Herr Pater Rupert Mayer bei der Geheimen Staatspolizei die nachfolgende Erklärung abgegeben:

»Ich erkläre, daß ich im Falle meiner Freilassung trotz des gegen mich verhängten Redeverbotes nach wie vor sowohl in den Kirchen Münchens als auch im übrigen Bayern aus grundsätzlichen Erwägungen heraus predigen werde. Ich erkläre insbesondere, daß ich auch in Zukunft von der Kanzel herab in den bisherigen Formen die Kirche gegen etwaige Angriffe mit aller Entschiedenheit, Offenheit und Schärfe, aber ohne persönliche Angriffe, verteidigen werde. Ich werde auch weiterhin in der von mir bisher geübten Art und Weise predigen, selbst dann, wenn die staatlichen Behörden, die Polizei und die Gerichte meine Kanzelreden als strafbare Handlung und als Kanzelmißbrauch bewerten sollten«.

Durch diese Erklärung ist offensichtlich der gerichtliche Haftbefehl vom 10. Juni 1937 veranlaßt worden.

3. Herr Pater Rupert Mayer hat mir bei einer informatorischen Besprechung in ganz großen Zügen mitgeteilt, was ihm zur Last gelegt wird. Da ich das Ergebnis der bisherigen Erhebungen noch nicht zuverlässig kenne, kann ich zu den Einzelheiten nicht Stellung nehmen. Ich beschränke mich darauf, zu erklären:

a) Herr Pater Rupert Mayer ist über den Verdacht des politischen Katholizismus erhaben. Er hat sich noch nie in seiner Einstellung und Tätigkeit durch politische Machtgelüste irgendwelcher Art motivieren lassen. Politische Ressentiments spielen bei ihm keine Rolle. Die Verkündigung und die Verteidigung des katholischen Gedankengutes sind einziger Zweck und einziges Ziel seiner Predigertätigkeit.

Herr Pater Rupert Mayer ist überzeugt, daß er berechtigt und verpflichtet ist, angegriffene katholische Interessen in der Form der notwendigen Abwehr zu verteidigen. Diese Überzeugung muß auch juristisch als berechtigt anerkannt werden: das verlangt die Fairneß im Kampf der Meinungen. Ein scharfer Angriff erfordert eine scharfe Abwehr.

Herr Pater Rupert Mayer wird bei der Verteidigung katholischer Belange immer in vorderster Linie stehen. Wenn keine andere Abwehrmöglichkeit gegeben ist, muß der katholische Geistliche berechtigt sein, die Kanzel zur

Abwehr und Verteidigung zu benützen. Das ist die Überzeugung des Herrn Pater Rupert Mayer. Die Berechtigung dieser Überzeugung kann nicht bestritten werden.
Die Verteidigung der im Reichskonkordat zugesicherten Konfessionsschule kann niemals einen Kanzelmißbrauch darstellen. Das Reichskonkordat ist ein innerdeutsches Gesetz. Kein katholischer Geistlicher ist verpflichtet, ein im Reichskonkordat zugesichertes Recht kampflos aufzugeben.
Herr Pater Rupert Mayer ist zutiefst davon überzeugt, durch seine seelsorgerliche Tätigkeit am besten auch die vaterländisch-deutschen Interessen zu wahren. Bei einer solchen religiösen Grundhaltung, die absolut echt ist, ist der Gedanke, es könnte durch die pflicht- und wahrheitsgemäße Verteidigung angegriffener katholischer Interessen der öffentliche Friede gefährdet werden, ausgeschlossen. Eine etwaige Gefährdung des öffentlichen Friedens hätten doch einzig und allein die Angreifer juristisch und moralisch zu vertreten.
Ich betone ausdrücklich, daß Herr Pater Rupert Mayer davon überzeugt ist, daß alle von ihm in seinen Predigten aufgestellten tatsächlichen Behauptungen beweisbar wahr sind.
b) Der kerndeutsche Mann Pater Rupert Mayer ist über den Verdacht staatsfeindlicher Gesinnung erhaben. Die Annahme einer heimtückischen Gesinnung oder Absicht ist bei Herrn Pater Rupert Mayer eine absolute Unmöglichkeit.
Herr Pater Rupert Mayer bestreitet die ihm zur Last gelegte staatsabträgliche Äußerung (Konkordats-Äußerung). Herr Pater Rupert Mayer steht ohne Ausflüchte für das ein, was er sagt und tut: hätte er die ihm zur Last gelegte Äußerung getan, würde er ohne jeden Winkelzug zu ihr stehen. Seine absolute Wahrhaftigkeit ist eine Barriere gegen die Möglichkeit der Annahme, er wolle aus opportunistischen Gründen eine tatsächlich doch gemachte Äußerung nicht zugeben.
Herr Pater Rupert Mayer hat keine unwahre oder gröblich entstellte Behauptung tatsächlicher Art im Sinne des § 1 des Gesetzes vom 20.12.34 aufgestellt.
Niemals wird Herrn Pater Rupert Mayer nachgewiesen werden können, daß er etwas gesagt oder getan hätte, das bewußt geeignet wäre, das Ansehen der Reichsregierung oder das der Nationalsozialistischen Deutschen Arbeiterpartei oder ihrer Gliederungen schwer zu schädigen.
c) Herr Pater Rupert Mayer hat keinen Kanzelmißbrauch begangen und auch keine heimtückischen Angriffe auf Staat und Partei gemacht. Alle Äußerungen des Herrn Pater Rupert Mayer sind Akte religiöser Notwehr.
4. Da Herr Pater Rupert Mayer keine strafbaren Handlungen begangen hat, fehlt es an der Voraussetzung für die Befürchtung, daß er die Freiheit zur Begehung weiterer strafbarer Handlungen mißbrauchen würde.

Die Erklärung des Herrn Pater Rupert Mayer vom 9.6.37 ist keine Äußerung leichtfertigen Affronts. Sie darf nur bewertet werden als der scharf, vielleicht sogar überscharf und mißverständlich formulierte Ausdruck der tiefsten heiligsten Überzeugung des Herrn Pater Rupert Mayer, daß er bisher nur das getan hat, wozu er sich vor seinem Herrgott und seinem Gewissen verpflichtet gefühlt hat, und daß er dabei nichts Strafbares getan hat. Herr Pater Rupert Mayer ist überzeugt, daß er bisher bei der Ausübung seiner priesterlichen Verteidigungspflicht die Strafgesetze beachtet hat. Er wird auch künftig die Strafgesetze beachten.
5. Ich *beantrage* deshalb die Aufhebung des Haftbefehls.

Dr. Warmuth
Justizrat

Volk und Klerus wenden sich an den Kardinal

Bei Laien und Klerus entstand nun hin und wieder der Eindruck, die Amtskirche trete nicht energisch genug für Pater Rupert Mayer ein. Ein Dokument dafür ist der Brief, den der Geistliche Michael Höck* an Kardinal Faulhaber richtete (Volk, Faulhaber II, S. 353). Es lautet:

München, den 12. Juni 1937

Eure Eminenz! Hochwürdigster Herr Kardinal!
Es sind in den letzten Tagen soviele Stimmen an mich gekommen, daß ich mich gedrängt fühle, Ihnen ein paar Zeilen niederzuschreiben, was die Katholiken Münchens bewegt.

Allgemein hat man es sehr bedauert, daß am vergangenen Sonntag kein Vertreter der kirchlichen Behörde in St. Michael feierlich Protest erhoben hat zur vorausgegangenen Verhaftung unseres P. Rupert Mayer. Immer wieder sagten mir katholische Laien, sie hätten mit großer Genugtuung wahrgenommen, daß schlagartig die ganze Stadt von dem jüngsten Ereignis informiert und daß für den Verhafteten in allen Kirchen zum Gebet aufgefordert wurde. Doch besonders die Männer-Sodalen erwarteten einen flammenden Protest gegen die Verhaftung von P. Mayer, deren Ungerechtigkeit in keiner Weise zur Diskussion steht und auch keiner Untersuchung bedarf. Mehrere katholische Männer bitten mich dringend, Eure Eminenz zu bit-

* Michael Höck (geb. 1903), 1934 Schriftwalter der »Münchener Katholischen Kirchenzeitung«, 1941 bis 1945 KZ-Haft in Dachau, 1945 Regens des Klerikalseminars in Freising, 1958 Pfarrer in Rimsting, 1968 Direktor des Bildungszentrums Freising.

ten, daß Sie ein Wort des Protestes und des Trostes zum Fall P. Rupert Mayer sprechen möchten.

Noch ein anderes Wort erlaube ich mir beizufügen. Vor 2 Tagen besuchte ich meinen Studienfreund, den 2. evangelischen Pfarrer an der Christuskirche in Nymphenburg, der mir sagte, daß die Verhaftung von P. Mayer auch in den evangelischen Gemeinden ungeheure Bestürzung hervorgerufen habe. Auch sie hätten eine schlagartige Erwiderung bei den Katholiken erwartet; denn nur auf diese Weise könne sich der Gegenseite das wahre Gesicht der Bevölkerung offenbaren. Der Fall P. Rupert Mayer sei auch für die evangelische Kirche ein Präzedenzfall ersten Ranges ...

Indem ich Eure Eminenz ehrfurchtsvoll grüße, verbleibe ich in treuer Verbundenheit ergebenst

M. Höck

Geharnischte Kanzelverkündigung des Generalvikars Ferdinand Buchwieser

Bereits am 13. Juni 1937 ließ Generalvikar Ferdinand Buchwieser folgende Protesterklärung in allen Kirchen der Diözesen im Anschluß an den Sonntagsgottesdienst verlesen (Volk, Faulhaber II, S. 354ff.):

München, 12. Juni 1937

Zahllose Anfragen, die über P. Rupert Mayer tagtäglich bei der oberhirtlichen Stelle einlaufen, und nicht minder allerlei haltlose Gerüchte, die über ihn in Umlauf gesetzt werden, zwingen die kirchliche Oberbehörde zu nachstehender öffentlicher Erklärung:

Zunächst ein Wort der Beruhigung: Behandlung, Gesundheitszustand und Seelenverfassung des Herrn P. Mayer sind gut. Seinem Ordensobern äußerte er vor ein paar Tagen im wesentlichen nur Wünsche für arme und hilfesuchende Menschen, deren Anliegen er nicht mehr selbst erledigen konnte.

Dann ein Wort der Aufklärung: P. Mayer erhielt vor 1½ Monaten ein außerkirchliches Redeverbot. Vor 14 Tagen wurde dieses Redeverbot auch auf innerkirchliche Räume ausgedehnt, also zu einem vollen Predigtverbot, das nur für die Kirche St. Michael-München Ausnahme haben sollte. P. Mayer setzte indes im Einverständnis mit den für ihn in Betracht kommenden kirchlichen Stellen seine gewohnte Kanzeltätigkeit fort, was am Samstag, dem 5. Juni, nachmittags schließlich zu seiner Verhaftung führte.

Die Kirche kann ein Recht des Staates, einem Geistlichen, der die im Reichskonkordat geforderten Voraussetzungen erfüllt, ein auch nur teilweises Predigtverbot aufzuerlegen, nie und nimmer anerkennen. Ein solches Verbot würde letzten Endes zu einer völligen Lahmlegung der Seelsorge führen, von der das Predigtamt einen wesentlichen Teil bildet. Es wäre unvereinbar mit der im Konkordat gewährleisteten Freiheit der Kirche und widerspricht ganz besonders dem Schlußprotokoll zu Art. 32.

Demgemäß hat Seine Eminenz sofort nach Erlaß dieses Verbotes beim Reichskirchenministerium feierlich Protest dagegen erhoben. Das gleiche tat die kirchliche Oberbehörde auf die Kunde von der Verhaftung des P. Mayer in einem freimütigen Schreiben an die höchsten Stellen des Reiches, worin sie unter besonderer Hervorhebung der edlen Priesterpersönlichkeit des H.P. Rupert Mayer den dringlichsten Antrag stellte:

a) Es möge das Predigtverbot für P. Rupert Mayer sofort aufgehoben werden, und zwar ohne jegliche Einschränkung;

b) es möge P. Mayer ungesäumt aus der Haft freigelassen werden;

c) es möge dafür Sorge getragen werden, daß auch in Zukunft über Geistliche, welche den Voraussetzungen des Reichskonkordates entsprechen, kein Predigtverbot mehr verhängt würde.

...

Seine Eminenz der Hochwürdigste Herr Kardinal dankt allen Gläubigen für die viele Treue und Liebe, die sie in diesen Tagen zum Ausdruck gebracht haben. Mit dem ganzen Gewicht seines apostolischen Wortes aber mahnt er auch, daß sie bei allem Interesse, das sie an der hochgeschätzten Persönlichkeit des Herrn P. Mayer haben, volle Ruhe bewahren und unter allen Umständen von jeglicher Demonstration auf der Straße absehen.

Die christliche Urkirche gibt uns ein würdiges Beispiel, wie man sich in solch ernsten Stunden zu verhalten hat; nach Eintreffen der Botschaft von der Gefangennahme des Apostels Petrus steht von ihr geschrieben: »Sie betete ohne Unterlaß für ihn zu Gott« (Apostelgeschichte 12,5). In Nachahmung dieses Beispiels wollen wir heute abends 1/2 8 Uhr in allen Pfarrkirchen Münchens eine besondere Bittandacht für die Anliegen der Kirche in der gegenwärtigen Prüfungszeit halten und hiebei fürbittend auch des H.P. Mayer gedenken. Wir fordern alle Gläubigen auf, recht zahlreich zu dieser Andacht zu kommen und aus dem Bewußtsein unseres katholischen Gemeinschaftsempfindens heraus aus ganzem Herzen mitzubeten.

...

Buchwieser,
Generalvikar

Die Sonderrichter verwerfen die Haftbeschwerde wegen »Wiederholungsgefahr«

Beschluß

des Sondergerichts für den Bezirk des Oberlandesgerichts München bei dem Landgericht München I in der Strafsache gegen *Mayer* Rupert, Jesuitenpater in München wegen Verg. gegen d. Gesetz v. 20.12.34 u. geg. § 130a StGB

Die Beschwerde des Beschuldigten, z.Zt. im Gerichtsgefängnis II in München, gegen den Haftbefehl des Amtsgerichts München vom 10. Juni 1937 wird verworfen.

Gründe:

Der Beschwerdeführer hat sich nach den der Anzeige zugrundeliegenden Berichten in mehreren seiner öffentlichen Predigten mit dem Schulwesen, mit den Strafverfahren gegen kath. Geistliche und Ordensangehörige wegen sittlicher Verfehlungen, mit dem Pressewesen, mit dem Nationalsozialismus als solchem und mit dem nationalsozialistischen Schrifttum befaßt. Er ist dringend verdächtig, dabei Angelegenheiten des Staates in einer den öffentlichen Frieden gefährdenden Weise zum Gegenstand der Erörterung gemacht zu haben und hetzerische Äußerungen über leitende Persönlichkeiten des Staates und der NSDAP und über ihre Anordnungen gebraucht zu haben, die geeignet waren, das Vertrauen des Volkes zur politischen Führung zu untergraben (§§ 130 a StGB, § 2 bs. 1 d. Ges. v. 20.12.34). Dieser dringende Tatverdacht stützt sich insbesondere auf folgende Äußerungen (es folgen die Predigtzitate aus der Gestapo-Anzeige, siehe S. 54ff.)

Der Beschwerdeführer hat in seiner Erklärung vom 9.6.37 zum Ausdruck gebracht, er werde auch weiterhin in der von ihm bisher geübten Art und Weise predigen, selbst wenn die staatlichen Behörden, die Polizei und die Gerichte seine Kanzelreden als strafbare Handlungen und als Kanzelmißbrauch bewerten sollten. Der Beschwerdeführer steht auch heute noch zu dieser Erklärung.

Diese Erklärung begründet im Zusammenhalt mit der Häufung der bisherigen Verfehlungen den Schluß, daß der Beschwerdeführer die Freiheit zu neuen gleichartigen Verfehlungen mißbrauchen würde. Die Beschwerde gegen den Haftbefehl war deshalb als unbegründet zu verwerfen.

*Braun** — Landgerichtsdirektor

Schwingenschlögl, *Zoller* — Landgerichtsräte

* Landgerichtsdirektor Dr. Adolf Braun war eigentlich Gerichtsvorsitzender; er gab aber den Fall seinem Stellvertreter Dr. Wölzl ab.

»Wenn ich je noch einmal frei werde ...« Pater Rupert Mayer schreibt aus der Haft an Gestapo-Inspektor Gambs

Pater Mayer hat jede Gelegenheit ergriffen, sich vernehmlich zu machen. Auch die Haft hat ihn nicht müde gemacht. Das zeigt unter anderem der Brief, den er aus der Haft an den Gestapo-Inspektor Otto Gambs geschrieben hat, der ihn wiederholt vernommen und auch die Anzeige an die Staatsanwaltschaft unterschrieben hatte. Der Brief wurde von der Gefängnisverwaltung zurückgehalten, so daß wir ihn jetzt noch bei den Gerichtsakten finden, während er sonst vielleicht verlorengegangen wäre. Die beidseitig beschriebene Briefkarte zeigt eine in vielen Briefen des Paters immer wieder hervortretende psychologische Feinheit. Der Pater beginnt mit harmlosen Hinweisen und Erinnerungen, um dann das eigentliche Anliegen um so ungeschminkter und wuchtiger zu formulieren. Man überlege doch, was in jenen rechtlosen Zeiten die letzten Zeilen des Briefes für eine geradezu ungeheuerliche Sache sind! Wie der alttestamentarische Prophet weist hier ein Gefangener seinen Gefängnisschergen darauf hin, daß es auch einmal anders kommen könne, daß bei Gott kein Ding unmöglich sei.

22.6.37

Sehr verehrter Herr Inspektor!
Unter Bezugnahme auf das Gespräch, das wir einmal in Ihrem Büro geführt haben, sende ich Ihnen diesen Ausschnitt. Sie waren also in diesem Punkt schlecht informiert. Ich bitte herzlich, den Ausschnitt dem Fräulein zu geben, das damals an der Schreibmaschine arbeitete. – Als Sie einmal in meiner Bude in St. Michael mich besuchten, lächelten Sie, als ich Ihnen sagte, daß ich ins Gefängnis kommen werde – und heute? Und als ich Ihnen einmal sagte, daß ich im Gefängnis mein Leben beschließen werde – da wollten Sie es nicht glauben, wenigstens äußerten Sie sich so. Und doch wird es so kommen – es sei denn, daß ich länger lebe als das heutige System, was Sie wohl sicher nicht glauben. Aber ich bin darüber keineswegs unglücklich. Ich fühle mich sogar seelisch sehr wohl und zufrieden. Ich habe mich vollständig damit abgefunden. Wenn doch die Menschen das verstehen möchten, wie wenig dazu gehört, innerlich wahrhaft glücklich zu werden! Daß Gott gut ist, das habe ich immer gewußt, aber daß Er *so* gut ist, wie ich es in den letzten 14 Tagen erleben durfte, das hätte ich nicht für möglich gehalten. – Übrigens werden meine Wenigkeit und all die Priester, die aus ähnlichen Gründen wie ich im Gefängnis liegen, dem heutigen Staat schwer im Magen liegen! Leider! zu meinem größten Bedauern! Aber er will es nicht anders haben. – Wenn ich je noch einmal frei werde – bei Gott ist kein Ding unmöglich –, werde ich unserem letzten Chauffeur einen Unterricht darüber halten, daß man gegen *jeden* Volksgenossen anständig sein muß, auch wenn er ein »Schwarzer« ist.

Mit bestem Gruß
Rupert Mayer SJ

(Nachtrag am Rand der Rückseite der Briefkarte:)
Arbeiten Sie nicht zu viel, denn es dankt es Ihnen niemand, es sei denn, daß Sie aus Liebe zu Gott arbeiten.

Kardinal Faulhaber protestiert bei Kirchenminister Kerrl

Die oberhirtlichen Stellen haben gegen die Verhaftung des Paters und gegen das über ihn verhängte Redeverbot wiederholt rasch und deutlich protestiert. Diese Proteste begannen mit einem kirchenamtlichen Schreiben Kardinal Faulhabers an den nationalsozialistischen Kirchenminister Kerrl* (Volk, Faulhaber II. S. 364ff.).

München, 3. Juli 1937

In der Zuschrift vom 18. Juni 1937 wird um Bericht gebeten, auf welche Weise »die Auslandspresse in den Besitz der richtigen Information gekommen sein könnte«, daß Kardinal Faulhaber wegen der Verhaftung des Jesuitenpaters Rupert Mayer einen Protest an Reichsminister Kerrl gerichtet habe.

Es ist dem Kirchenministerium entgangen, daß diese Information nicht richtig, sondern unrichtig ist, insofern mein Protest vom 31. Mai 1937 sich nicht direkt auf die Verhaftung bezog, die erst 5 Tage nach meinem Protest erfolgte, sondern auf das Predigtverbot, das am 28. Mai über P. Rupert Mayer verhängt worden war. Die Meldung der ausländischen Zeitungen über einen Protest wegen der Verhaftung von P. Rupert Mayer kann also sich nur auf das Schreiben beziehen, das mein Generalvikar in meinem Auftrag am 9. Juni an den Herrn Reichsminister des Innern und andere Reichsstellen gerichtet und unterzeichnet hat.

Am 13. Juni wurde, um die Bevölkerung von Demonstrationen zurückzuhalten, in den Kirchen von München bekannt gegeben, daß seitens der kirchlichen Oberbehörde Schritte zur Freilassung von P. Mayer getan wurden, und vermutlich hat daraufhin ein Berichterstatter in der leichtfertigen Art, wie es auch Inlandszeitungen tun, die Meldung ins Ausland mit meinem Namen verbunden. Von welcher Seite diese Meldung gemacht wurde, kann ich mit Namen nicht feststellen, da mir der Detektivapparat der Staatspolizei nicht zur Verfügung steht.

Von Münchener kirchlicher Seite kann die Meldung an die Auslandspresse nicht gemacht worden sein, weil sie soviele Ungenauigkeiten und Un-

* Hanns Kerrl (1887-1941), ehemaliger Justizoberrentmeister, 1933 für kurze Zeit Preußischer Justizminister, SA-Obergruppenführer. Wollte als Kirchenminister (Juli 1935) alle geistliche und seelsorgerische Tätigkeit vollständig unter NS-Kontrolle bringen.

wahrheiten enthält, daß sie unmöglich von einer in die Sache eingeweihten Stelle in München ausgehen kann. »Globe and Mail«, Toronto, 14. Juni 1937, schreibt, P. Mayer habe im Krieg beide Beine verloren! Die »Times«, London, 14. Juni 1937, schreibt, er sei während der Predigt von der Kanzel herunter verhaftet worden! »Le Vingtième«, Brüssel, 15. Juni 1937, schreibt, er sei während eines Hochamtes verhaftet worden! Die »New York Times«, 14. Juni 1937, schreibt, er sei »aus technischen Gründen« verhaftet worden! Derartige Unwahrheiten können nicht von einer kirchlichen Stelle in München ausgegangen sein ...

Die Verhaftung von P. Rupert Mayer, die »im Einvernehmen mit dem Kirchenministerium« erfolgte, hat das Interesse der Öffentlichkeit nicht bloß in katholischen Volkskreisen so stark berührt, daß diese Angelegenheit auch öffentlich besprochen werden muß, zumal die Verhandlungen mit der Reichsregierung in dieser Sache ein negatives Ergebnis hatten. Ich spreche nicht eine Drohung aus, wie die Antwort aus dem Kirchenministerium vom 5. Juni im sattsam bekannten Stil des Herrn Ministerialrates Roth* vermutet. Ich lehne aber für die kirchliche Seite die Verantwortung ab, wenn die Berichterstatter der Auslandspresse von der weiteren Behandlung der Angelegenheit Kenntnis erhalten. Ich bin der Ansicht, Gestapo und Kirchenministerium sind bereit, für Maßnahmen, die in das innerkirchliche Rechtsgebiet und in das Herz des Volkes derart tief eingreifen, auch vor dem Ausland die Verantwortung zu übernehmen.

Kardinal Faulhaber

4. Juli 1939: »Flammenzeichen rauchen«. Kardinal Faulhaber steigt für den verhafteten Pater auf die Kanzel von St. Michael

Das Predigtverbot und die Verhaftung Pater Mayers erregten das Volk so sehr, daß Kardinal Faulhaber** sich veranlaßt sah, öffentlich von der Kanzel herab mit größtem Nachdruck für den Pater Stellung zu nehmen und gegen das Vorgehen der Gestapo zu protestieren. Kein anderer Oberhirte hat während der NS-Zeit öffentlich ein Solidaritätsbekenntnis von solcher Deutlichkeit und Ausführlichkeit für einen seiner verfolgten Priester abgelegt. Die Predigt Kardinal Faulhabers ist ein Meilenstein im Kirchenkampf, sie wurde auch im Ausland und von bischofskritischen Organen als »bewundernswert tapfere Predigt« gelobt*** (Volk, Faulhaber II, 366ff.).

* Joseph Roth (1897-1941), Priesterweihe 1922, 1935 Ministerialrat im Reichskirchenministerium.

** Michael Faulhaber (1869-1952), Priesterweihe 1892; 1903 Theologieprofessor in Straßburg, 1910 Bischof von Speyer, 1917 Erzbischof von München und Freising, 1921 Kardinal.

*** Nähere Nachweise darüber bei Volk, Mayer, S. 13, Anm. 39.

Katholische Männer!
Ich habe meine Firmungsreise unterbrochen und bin, obwohl müde von einer fast fünfstündigen Einweihung der Rosenkranzkirche in Rosenheim-Fürstätt, nach München zurückgekehrt, um bei diesem Hauptkonvent der Männerkongregation bei den Männern zu sein.

Es ist das erste Mal, daß Pater Rupert Mayer, der Präses der Kongregation, nicht auf der Kanzel steht. Ich benütze diese erste feierliche Gelegenheit, um öffentlich zu erklären, mit welcher Bestürzung und Entrüstung, ja mit welcher Verbitterung die katholischen Männer von München die Verhaftung von Pater Rupert Mayer am 5. Juni vernommen haben und wie schwer die Fortdauer der Haft auf den Katholiken lastet. »Es ist Zeit zu reden«.

. . .

Er hätte längst frei werden können, wenn er unterschriftlich sich verpflichtet hätte, außerhalb von München nicht mehr zu predigen. Als Charakter konnte er aber den katholischen Grundsatz nicht verleugnen: »Das Wort Gottes läßt sich nicht in Fesseln legen« (2 Tim. 2, 9). Er erklärte, ich kann das nicht unterschreiben, und blieb in Haft. Die Männerkongregation, die durch die Verhaftung von Pater Rupert Mayer sich mitgetroffen fühlte, hat, gehorsam meiner Weisung, Disziplin gehalten, und ich danke Ihnen dafür. Ich habe Ihnen durch mein Ordinariat sagen lassen, Sie möchten ja bei aller Verehrung und Begeisterung für Ihren Präses, bei aller Trauer über seine Verhaftung von Kundgebungen auf der Straße absehen. Demonstrationen im alten Sinne des Wortes sind heute überwunden. Wir könnten der Staatspolizei keinen größeren Gefallen tun als dadurch, daß wir durch Kundgebungen ihr einen Anlaß böten, mit Gummiknütteln und Verhaftungen, mit Ausstellungen und Entlassungen vorzugehen gegen die verhaßten Katholiken, die heute mehr gehaßt und verfolgt werden als die Bolschewiken. Ihr habt auch im Sinne von Pater Rupert Mayer gehandelt dadurch, daß Ihr Disziplin gehalten und Euch nicht zu unbesonnenen Worten und Taten habt hinreißen lassen. Es ist eine Zeit zu schweigen.

Meine lieben katholischen Männer! Ihr werdet auch weiterhin Disziplin halten. Versprecht es Eurem Bischof im Geiste auf die Hand: Ihr werdet heute bei meiner Ansprache und in den Predigten überhaupt keine Zwischenrufe machen und in keiner Weise Euere Zustimmung oder Euere Entrüstung kundgeben. Wir wollen nicht vergessen, daß wir in der Kirche sind. Wohl aber werdet Ihr für unseren Präses im Gefängnis beten, die Abendandachten hier in St. Michael nach einer festen Ordnung besuchen und auch den heutigen Konvent als ein Gebet in diesem Sinne nehmen. Vor Gott ist die Zeit zu reden. Dabei stehen uns drei Gebetsmeinungen vor Augen: Erstens, daß Pater Rupert Mayer die seelische Fassung und Haltung bewahre. Es ist nicht leicht, aus einem so tätigen Leben – er hat jeden Sonntag dreimal und viermal gepredigt – plötzlich in die einsame Wüste geschickt zu werden, und mancher ist in der Friedhofstille des Gefängnisses seelisch zusammengebrochen. Zweitens, daß die Zeit der Heimsuchung abgekürzt werde und das Tor seines Kerkers sich bald öffne. Jetzt verstehen wir, warum die Kirche am Karfreitag betet: Der Herr »möge die Tore der Gefängnisse auftun«. Drittens, daß die Vorsehung auch hier das Böse zum Guten lenke.

Als Bischof habe ich schon vor der Verhaftung von Pater Rupert Mayer gegen das Predigtverbot, das am 28. Mai über ihn verhängt wurde, am 31. Mai beim Reichsminister »für die kirchlichen Angelegenheiten« Einspruch erhoben. Diese Eingabe an das Kirchenministerium wurde natürlich abgelehnt, das Predigtverbot wurde nicht aufgehoben. Darum wende ich mich heute an die katholischen Männer von München. Es ist eine Zeit zu schweigen und eine Zeit zu reden.

Am 9. Juni, also wenige Tage nach der Verhaftung, hat mein Ordinariat mit meiner Zustimmung einen ausführlich begründeten Einspruch gegen die Verhaftung an den Reichsminister des Innern, an das Auswärtige Amt, an den Kirchenminister, an die Geheime Staatspolizei in München, an den Reichsstatthalter von Bayern, an den Bayerischen Ministerpräsidenten gerichtet. In diesem Protestschreiben heißt es: »Pater Rupert Mayer hat es wahrhaftig nicht nötig, seine vaterländische Gesinnung erst unter Beweis zu stellen. Seine von allen Seiten anerkannte vorbildliche Tätigkeit im Krieg und in der Bekämpfung des Umsturzes 1918, seine schwere Verwundung, seine ungezählten vaterländischen Reden bei militärischen Nachkriegsfeiern, sein furchtloser Kampf gegen den Kommunismus und Marxismus in Hunderten von Versammlungen – einmal zusammen mit dem Führer –, die Anerkennung, die ihm der Führer im eigenen Handschreiben zum 25-jährigen Priesterjubiläum ausgesprochen hat, beweisen genug. Überall, wo er auftrat, im Schützengraben oder im Lazarett oder auf der Kanzel oder am Rednerpult, bewährte er sich als Seelsorger von seltener Bedeutung, als Männerapostel von hinreißender Art, als Wecker von Mut und Pflichtgefühl, als Hort von Religion und Sitte, von Autorität und Staatstreue, von Ordnung und Gemeinsinn«.

. . .

Man wird sagen, Pater Rupert Mayer habe Politik auf die Kanzel gebracht. Wie oft hat er dieses verlogene Schlagwort vom politischen Katholizismus zurückgewiesen! Der Führer hat in seinem Buch und immer wieder erklärt, er wolle kein religiöser Reformator sein und steht heute noch zu diesem Wort. Es sind aber andere starke Kräfte am Werk, die aus der politischen Bewegung durchaus eine zweite Reformation machen, die entgegen dem Wort des Führers das Christentum und jedes christliche Bekenntnis auf deutschem Boden ausrotten wollen, und gegen diese führte Pater Rupert Mayer das Schwert des Geistes, wie das Wort Gottes im Epheserbrief genannt wird. Der Führer hat selber erklärt: »Das Christentum war mit dem deutschen Volk tausend Jahre verbunden. Diese Tatsache kann man doch nicht einfach ableugnen«. Und ich füge hinzu: Was tausend Jahre so innig miteinander verwurzelt und verwachsen war wie das Christentum und das deutsche Volk, kann man nicht auseinander reißen, ohne daß beiderseits tiefe Wunden gerissen werden. Wer also die christliche Glaubens- und Sittenlehre im Volksleben verteidigt, hat auch der Volks- und Staatsgemeinschaft einen Dienst erwiesen. Schon unter diesem Gesichtspunkt war die Tätigkeit von Pater Rupert Mayer auch eine vaterländische, nicht bloß eine religiös-kirchliche Tätigkeit.

Öffentlicher Protest

Als Bischof gebe ich zur Verhaftung von Pater Rupert Mayer folgende grundsätzliche Erklärung ab:

Der Staat hat kein Recht, einem Geistlichen die Predigttätigkeit im Kirchenraum zu verbieten, wenn dieser Geistliche die Anforderungen des Konkordates erfüllt und von seinem Bischof (wenn er Ordensmann ist, auch von seinen Ordensoberen) die Sendung zur Predigttätigkeit erhalten hat. Predigt ist ein wesentliches Stück der Seelsorge, die Seelsorge aber ist eine rein innerkirchliche Angelegenheit. Im Reichskonkordat Art. 32 heißt es: Der Geistliche soll keine parteipolitische Tätigkeit entfalten. Dazu wurde zwischen Reichsregierung und Vatikan vereinbart: »Das den Geistlichen und Ordensleuten Deutschlands in Ausführung des Artikels 32 zur Pflicht gemachte Verhalten bedeutet keinerlei Einengung der pflichtmäßigen Verkündung und Erläuterung der dogmatischen und sittlichen Lehren und Grundsätze der Kirche«. Der Staat hat also kein Recht, einem Geistlichen, dem der Bischof die Sendung zur Predigt gab, das Predigen zu verbieten und ihn im Weigerungsfall zu verhaften.

In diesem Fall würde eine Stunde der Apostelgeschichte schlagen. Im Kapitel 4 und 5 können Sie es nachlesen: Als die Apostel zum erstenmale ins Gefängnis geworfen wurden wegen Verkündigung des Wortes Gottes, versammelte sich, so erzählt die Apostelgeschichte, der Hohe Rat der Juden: Man führte sie vor und fragte sie: »Mit welcher Vollmacht und in wessen Namen habt ihr das getan?« Die Apostel antworteten: »Im Namen Jesu des Gesalbten von Nazareth, den ihr ans Kreuz geschlagen habt, den aber Gott von den Toten auferweckt hat«. Dann verboten sie ihnen, je wieder den Namen Jesus zu predigen und zu lehren. Die Apostel aber erwiderten: »Ob es vor Gott recht ist, auf euch mehr zu hören als auf Gott, das möget ihr selber urteilen«. Als sie freigeworden, predigten sie weiter, wurden wieder verhaftet, wieder vor den Hohen Rat geführt und mußten dort hören: »Wir haben euch doch strenge verboten, in diesem Namen zu lehren«. Petrus und die anderen Apostel antworteten: »Man muß Gott mehr gehorchen als den Menschen«. Mit der Verhaftung von Pater Rupert Mayer hat also, meine lieben Männer, eine Stunde der Apostelgeschichte geschlagen, eine Stunde der urchristlichen Zeit. Gebe Gott uns die Gnade, daß auch auf der Seite der Verfolgten der Geist der urchristlichen Zeit, der Geist des Bekennertums und des Martyrertums, wieder auflebe!

Besuch im Gefängnis

Am letzten Mittwoch, den 30. Juni, habe ich Pater Rupert Mayer in Stadelheim besucht. Dank dem Entgegenkommen der Gerichtsbeamten und natürlich unter den gleichen Bedingungen, unter denen überhaupt Besuche im Gefängnis zugelassen werden. Also unter der Bedingung, daß ein Beamter bei der Aussprache dabei ist und daß die Aussprache nur 10 Minuten dauern darf. (Wenn doch die Besuche in meinem Hause auch alle sich an diese schöne Hausordnung von Stadelheim halten möchten!) Ich wollte mit diesem Besuch unserem lieben Präses sagen, daß der Bischof und die katholischen Männer und das katholische Volk in München ihn nicht vergessen haben. Es ist doch ein Werk der Barmherzigkeit, Gefangene besuchen. Pater Rupert Mayer ist körperlich und seelisch in guter Verfassung. Ein gutes Gewissen ist auch im Gefängnis ein sanftes Ruhekissen. Er hat eine Zelle für sich allein, ein Zimmer verhältnismäßig groß und geräumig, das sonst als Krankenzimmer dient, durch zwei Oberfenster belichtet, einfach eingerichtet wie die Zelle des Propheten (4 Kön. 4, 10). Pater Mayer trägt seinen unfreiwilligen Urlaub mit jenem eisernen Muß, mit dem er im Kriege durch das Sperrfeuer gegangen ist zu seinen Soldaten. Er erträgt diese Zeit zu schweigen mit jener philosophischen Ruhe, mit der er im Feldlazarett an der Ostfront auf dem Operationstisch lag, als ihm das Bein abgenommen wurde. Er bemerkte sogar mit einigem Humor, und er hat herzlich dabei gelacht, daß er seit 25 Jahren keinen Spaziergang mehr gemacht habe, wie er ihn jetzt täglich im Hause der Beschaulichen macht und daß er in der Freiheit niemals eine so schön zusammenhängende Zeit zum Studium gehabt habe wie jetzt im Kerker. Er verbringt seine Tage nicht mit Grübeln über seine Lage, er betet, hält Exerzitien und studiert. Ich sage das heute, damit die unsinnigen Gerüchte verschwinden, das Gerücht, er sei nach Koblenz gebracht worden, und andere Gerüchte, die nicht das goldene Herz der Münchener, sondern die blecherne Zunge erfunden hat. Ich habe nach dem Besuch in Stadelheim der 83-jährigen Mutter von Pater Rupert Mayer geschrieben, um die Mutter zu beruhigen. Ich habe ihr geschrieben, ihr Sohn sei gesund und halte sich seelisch tapfer aufrecht und bewahre jene heilige Ergebung, die St. Ignatius in seinen Exerzitien so sehr betont hat.

Katholische Männer! Die Verhaftung von Pater Rupert Mayer hat außer der persönlichen zugleich eine überpersönliche Bedeutung. Diese Verhaftung ist ein Zeichen, daß der Kulturkampf zur Vernichtung der katholischen Kirche in Deutschland in einen neuen Abschnitt eingetreten ist. Es naht die Entscheidung. Der Menschensohn hat die Wurfschaufel zur Hand genommen, um Weizen und Spreu zu sondern. Es rauchen Flammenzeichen, und eines dieser Flammenzeichen ist die Verhaftung unseres Münchener Männerapostels. In der großen Rede von Fürstenfeldbruck wurde die Verhaftung von Pater Rupert Mayer mit der gesamten kirchenpolitischen Lage von heute in Verbindung gebracht.

Hier müssen wir die Predigt des Kardinals kurz unterbrechen und zum Verständnis des folgenden Predigtteils darauf hinweisen, was Gauleiter und Innenminister Adolf Wagner kurz vorher, am 27. Juni 1937, vor etwa 13000 linientreuen Zuhörern und Beifallsspendern in Fürstenfeldbruck in einer »Grundsatzrede« zum Kirchenkampf gesagt hat, die im »Völkischen Beobachter« vom 1. Juli 1937 dann in großer Aufmachung unter der drohenden Überschrift »Ein ernstes Wort an die Kirchen« abgedruckt wurde. In dieser hetzerischen Rede droht der Gauleiter sogar mit finanziellen Repressalien gegen die Kirche. Hier einige besonders charakteristische Sätze daraus, die der Anlaß waren, daß der Kardinal ausdrücklich auf sie einging.

Ich muß mit Bedauern feststellen, daß es heute noch eine Kraft und eine Macht gibt, die sich störend in unserem völkischen Leben bemerkbar macht: Diese Kraft sind die Kirchen. Ich mußte vor einiger Zeit einen aus der Kampfzeit bekannten Pater verhaften lassen, den Pater Rupert Mayer. Nun wird uns der Vorwurf gemacht, daß wir in seiner Person einen Kriegsteilnehmer verhaften ließen, der Soldat gewesen und verwundet worden ist. Aber wenn jemand die Ruhe, Ordnung und Sicherheit des Staates stört, dann wird er in diesem Tun ebenfalls gestört, gleichgültig, ob er Kriegsteilnehmer ist oder nicht ...
Schließlich ist es auch unrichtig, von uns zu verlangen, daß wir an Vertreter der Kirche einen anderen Maßstab anlegen sollten als an andere Menschen. Ich bin nicht bereit, das zu tun... Da das so ist, können wir keine Rücksicht darauf nehmen, ob nun ein unbotmäßiger Mensch ein priesterliches Gewand hat oder nicht. Ausschlaggebend ist die Unbotmäßigkeit – wo wir diese sehen, müssen wir sie unterbinden, und wir haben das Recht dazu!

... Der bayerische Staat gibt den Kirchen über die vertraglich festgesetzte Verpflichtung hinaus noch ganz ungeheuere Beträge. So haben die Kirchen im Jahre 1933 aus diesen Beträgen insgesamt erhalten: 25,5 Millionen RM... So verdient der Erzbischof von München 28950 Reichsmark im Jahr, der Erzbischof von Bamberg 21552 RM, und jeder der sechs Bischöfe in Bayern 14512 RM...

Ich muß schon sagen: Die Haltung der Kirchen dem nationalsozialistischen Staat und in diesem Falle Bayern gegenüber ist keineswegs so, daß ich es verantworten kann, den Kirchen noch weitere freiwillige Beträge zu geben... Es ist nicht Aufgabe des Staates, eine Organisation finanziell zu unterstützen, die nichts anderes kennt als den Kampf gegen den Staat.

Dort wurde gesagt: »Ich muß mit Bedauern feststellen, daß es heute noch eine Kraft und eine Macht gibt, die sich störend in unserem völkischen Leben bemerkbar macht! Diese Kraft sind die Kirchen«. Hören wir recht? Diese Kraft sind nicht die Freimaurer, nicht die Kommunisten, nicht die Bolschewisten? Diese letzte staatsfeindliche Macht, die jetzt noch niedergeschlagen werden muß, sind die Kirchen? Die sind »die einzigen«, die sich nicht in die Volksgemeinschaft einfügen. Dieses Wort hat uns wie mit einem Flammenzeichen verkündet, wo wir stehen. Es ist noch nicht lange her, da nannte man den Bolschewismus als Staatsfeind Nummer 1. Heute wird von diesem Staatsfeind gar nicht mehr gesprochen. Nun ist wenigstens Klarheit geschaffen.

Ohne hier auf alle einzelnen Angaben der Rede von Fürstenfeldbruck einzugehen, mache ich, in der Rede selbst herausgefordert, nur diese kurzen Bemerkungen: Es wurde dort von den Zuschüssen des Staates an die Kirche und von den Gehältern der Bischöfe gesprochen. Das haben wir in der marxistischen Zeit oft gehört und in den Zeitungen der Kommunisten oft gelesen. Wir vermissen nur, daß in der Rede nicht auch über die Gehälter und Dispositionsgelder der Minister genaue Angaben gemacht wurden. Darüber wird man sich keiner Täuschung hingeben, daß diese Frage, die hier angeschnitten wird, die Frage der Gehälter und Ausgaben, in weiten Volkskreisen, besonders in Arbeiterkreisen, weitergeführt wird. Noch mehr vermissen wir, daß dem Volk, das gegen die Kirche gereizt werden soll, nicht gesagt wurde: Diese Zuschüsse des bayerischen Staates an die katholische Kirche und die konkordatsmäßigen Gehälter der Bischöfe sind nur eine Abschlagzahlung für das, was der bayerische Staat in der Säkularisation den geistlichen Fürstentümern und den Klöstern weggenomen hat. Der bayerische Staat gebe der Kirche die Grundstücke und Gebäude und besonders die ausgedehnten Waldungen zurück, die er in der Säkularisation der Kirche geraubt hat, und wir verzichten auf alle staatlichen Zuschüsse und alle Gehälter.

Die Rede in Fürstenfeldbruck hat in einer frommen Anwandlung auf die Gleichheit der Menschen vor Gott und vor dem Gesetz hingewiesen. Wer will behaupten, daß heute in der öffentlichen Berichterstattung über die Vergehen von geistlichen Personen und von Parteigenossen der Grundsatz der Gleichheit durchgeführt sei? Daß die Abwehr der Angriffe gegen die christlichen Bekenntnisse in der gleichen Reichweite erfolgen könne durch Sender und Presse wie die Angriffe selber?

Meine lieben katholischen Männer! Die Flammenzeichen rauchen. Woche für Woche dürfen in deutschen Zeitungen und Zeitschriften in Wort und Bild gegen katholische Bischöfe, gegen Dogmen und Einrichtungen der Kirche, die gemeinsten Schmähungen und Verleumdungen gebracht werden, ohne daß wir die Möglichkeit haben, am Sender, durch ein Korrespondenzbüro oder auch nur durch die Kirchenzeitung die Unwahrheit als Unwahrheit zu bezeichnen. Wir sind im Gewissen verpflichtet, die staatliche Autorität zu achten und müssen es erleben, daß die staatliche Autorität ruhig zusieht, wenn Woche für Woche die kirchliche Autorität mißachtet und in den Schmutz getreten wird. Es gibt Reden und Zeitungsartikel, die in der seelischen Auswirkung einer Aufforderung zur blutigen Beseitigung der römischen »Volksschädlinge« und »Staatsfeinde« gleichkommen. Eine Zeitung durfte die deutschen Bischöfe in Bausch und Bogen als Hochverräter bezeichnen. Die Fronleichnamsprozession, das öffentliche, rein religiöse Bekenntnis zum zartesten Glaubensgeheimnis, durfte als staatsfeindliche Kundgebung hingestellt werden. Der »Durchbruch« durfte über den Abschluß der Fronleichnamsprozession dieses Jahres in München Hetzartikel bringen und zum Beweis zwei Bilder wiedergeben, die aus einer früheren Zeit stammen und verlogenerweise als Aufnahmen von der diesjährigen Fronleichnamsprozession ausgegeben werden.

...

So nenne ich auch die Verhaftung von Pater Rupert Mayer ein Flammenzeichen der Zeit. Als ihm verboten wurde, außerhalb der Kirchen in Versammlungen zu reden, hat er sich an dieses Verbot gehalten. Ich stelle das ausdrücklich fest: Er hat in außerkirchlichen Versammlungen nicht mehr geredet. Als ihm aber verboten wurde, in der Kirche zu predigen, konnte er in seinem Gewissen an dieses Verbot sich nicht halten. Es ist eine Zeit zu schweigen und eine Zeit zu reden. Man muß Gott mehr gehorchen als den Menschen.

...

Katholische Männer! Es ist notwendig, in dieser blutig ernsten Stunde das Geheimnis des Kreuzes zu erfassen. So ist es Gesetz und Geheimnis im Reiche Gottes: Die Kirche muß zu allen Zeiten die Wundmale ihres göttlichen Meisters tragen und ist gerade an diesen Wundmalen als der geheimnisvolle Leib des Herrn, als die wahre Kirche Christi zu erkennen. Wir dürfen also an dieser Kirche nicht irre werden, wenn wir unsere Mutter, die Kirche, mit dem göttlichen Stifter den Spottmantel, die Dornenkrone und das Kreuz tragen sehen, und wenn wir auch persönliche Opfer für unseren Glauben bringen müssen.

»Wenn die Flammenzeichen rauchen,
wird die Stunde Männer brauchen, nur am Kreuze wachsen sie«.

Die Stunde der Entscheidung ist gekommen. Jeder einzelne wird vor die Frage gestellt werden: Bist du gottgläubig oder bekennst du dich zu Christus und seiner Kirche? Gottgläubig hat in dieser neuen Religionsstatistik nicht mehr die frühere Bedeutung des 1. Glaubensartikels, gottgläubig bedeutet heute: Ich glaube nur an Gott, wie auch die Türken und Hottentotten gottgläubig sind, ich sage mich los von Christus und seiner Kirche. Wer sich also als gottgläubig bezeichnet, hat damit Christus verraten und den Austritt aus der katholischen Kirche erklärt. Die Stunde der Entscheidung ist gekommen. Wenn also der einzelne gefragt wird: Bist du gottgläubig oder was bist du, dann ist die Zeit zum Reden und zum Bekennen ohne Wenn und Aber, ohne Zaudern und Kompromisse. Dann muß jeder Katholik freimütig und, wenn es gefordert wird, auch schriftlich erklären: Ich bin katholisch. Ich glaube nicht bloß an Gott, ich glaube auch an Christus und meine Kirche:

Ich bin katholisch, ich bin katholisch. Ja und Amen.

Vernehmung durch die Gestapo

Schon am nächsten Tag, am 5. Juli 1937, arbeitet der NS-Verfolgungsapparat weiter. Es kommt nun zunächst zur staatspolizeilichen Einvernahme Pater Mayers. Man streitet recht kleinlich über einige Schreib- und Hörfehler. Im wesentlichen bleibt aber Pater Mayer bei dem, was er gesagt hat (Gerichtsakten, Blatt 34-47).

Geheime Staatspolizei München, 5. Juli 1937
Staatspolizeileitstelle München
B. Nr. 50048/37 II 1 B ga
Pater Rupert *Mayer* erklärt auf Einvernahme:

I. Predigt zur Gemeinschaftsschule

3.2.37, München, St. Josef:
Ich habe die Ausführungen, wie sie in dem Schreiben der Geh. Staatspolizei vom 9.6.37 wiedergegeben sind, wenigstens dem Sinne nach so gebraucht. Allerdings sprach ich nicht von einem Türkensieg, sondern von einem Pyrrhussieg*. Von einem Gewaltsieg habe ich gesprochen. Auch davon, daß

* Hier lag ein Hör- oder Schreibfehler des Predigtspitzels vor. »Pyrrhussieg« ist ein Hinweis auf den Scheinsieg, den König Pyrrhus 279 v.Chr. gegen die Römer bei Tarent errungen hatte.

der Sieg denen, die ihn gefeiert haben, nicht zur Ehre gereicht, habe ich gesprochen.

29.3.37, Ursberg:
Ich habe ausgeführt, daß in München die kathol. Erziehungsberechtigten gegen alles Recht und Gesetz um die kathol. Bekenntnisschule gebracht worden sind. Aber ich habe gesagt, alle städtischen (nicht staatlichen) und Parteidienststellen haben zusammengeholfen, mündlich und schriftlich. Auch die weiter in dem Schriftsatz der Geh. Staatspolizei vom 9.6.37 enthaltenen Ausführungen habe ich dem Sinne nach gebraucht.

11.4.37, Weißenhorn:
Die Ausführung »Ja habt ihr noch nichts gehört, von den Schulkämpfen, die Menschen sollen genötigt werden, ihre Kinder in der Schule entkonfessionalisieren zu lassen, keine Bekenntnisschule, sondern nur noch die deutsche Gemeinschaftsschule soll es sein...«, ist dem Sinne nach gefallen. Ob ich es wortwörtlich gesagt habe, kann ich heute nicht mehr sagen. Dagegen habe ich nicht gesagt, es wurde in den Schulen gelogen, sondern es wurde in dem Schulkampf gelogen, daß sich die Balken gebogen haben. Ich habe nicht gesagt, die Sache habe einen ernsten Hintergrund, es komme einem gerade so vor, als ob die Reichsregierung das Konkordat abgeschlossen habe, um es sabotieren zu lassen von den untergeordneten Stellen, sondern mein Gedankengang, den ich heut nicht mehr wortwörtlich, wie ich ihn ausgesprochen habe, wiedergeben kann, war folgender:

Die Reichsregierung habe das Konkordat wohl geschlossen, aber die untergeordneten Stellen suchen es zu sabotieren.

18.4.37, Pfarrkirche Kirchheim B.A. Mindelheim:
Ich habe dem Sinne nach gesagt, man wolle die Schule entkonfessionalisieren, sie dürfte auch nimmer christlich sein. Man sage, man habe noch Religionsunterricht, in einem Jahre habe das Christentum in der Gemeinschaftsschule vollständig aufgehört, dann wehe ein antikatholischer, antichristlicher Geist. Man brauche nur in die Gemeinschaftsschule zu gehen, da wehe ein antichristlicher Geist.

Mein Gedankengang war dabei folgender:

Vor ein paar Jahren hat die Reichsregierung das Konkordat abgeschlossen und dann die katholische Schule gewährleistet. Und wie ist es heute? Die katholische Schule ist zum großen Teil vernichtet. So sagt man jetzt, der katholische Religionsunterricht sei gesichert, wie es in 1 Jahr, in 2 Jahren aussieht, ist eine ganz andere Sache.

Ich habe weiter gesagt, was in dem Schulkampf gelogen worden sei von untergeordneten Stellen, es sei gelogen worden, daß sich die Balken gebogen haben. Ich habe auch davon gesprochen, daß das, was in München geschehen ist, ein Mordsbetrug sei. Ich hätte mich geschämt, wenn ich hätte einen solchen Sieg mitfeiern müssen, wie man es den Eltern, diesen Menschen, gemacht habe, wenn sie nicht mittun wollten, seien sie Volksfeinde und Landesverräter geschimpft worden. Von Staatsbetrug habe ich in diesem Zusammenhang nicht gesprochen, sondern von Mordsbetrug. Ich weiß nicht, ob ich gesagt habe, wenn einer diesen Staatsbetrug nicht mitmachen wollte, habe man ihm Schimpfworte zugeworfen. Ich glaube auch nicht, daß ich so etwas gesagt habe. Wahrscheinlich habe ich ausgeführt, wenn jemand von seinem Recht, für die katholische Schule zu stimmen, Gebrauch gemacht hat, sei er geschimpft worden.

23.5.37, Michelskirche München:
Ich habe damals ausgeführt: Wäre ich im Lager unserer Gegner, ich hätte mich über einen mit so unredlichen Waffen erfochtenen Sieg nicht freuen können. Ich hätte mich eines solchen Sieges geschämt! Mit roher Gewalt kann man kein Recht zerstören und vernichten!

II. Zur deutschen Presse und ihrer Berichterstattung über die derzeit gegen die katholischen Geistlichen und Ordensangehörigen laufenden Sittenprozesse

24.1.37, Michelskirche München:
Ich sagte damals, die Zeiten sind vorbei, wo wir geglaubt haben, was in der Zeitung steht. Was über religiöse Dinge in der Zeitung steht, das glauben wir grundsätzlich nicht...

Glaubt überhaupt keiner Zeitung, wenn sie sich mit sittlich-religiösen Dingen befaßt, hört nicht darauf! Lest keine Zeitungen! Und jetzt, wenn ihr hinausgeht, dann möchte ich, daß eine religiöse Welle von der Kirche aus sich auf die Straße ergießt, und von der Straße aus in die einzelnen Häuser.

Ich habe nicht gesagt, von jetzt ab werde einfach jeder von der Kanzel verlesen, der versucht, eine Unterschrift für die Gemeinschaftsschule zu erpressen, sondern ich führte aus, daß jeder Arbeitgeber, der einen Arbeiter entlasse, weil er für die Bekenntnisschule gestimmt hat, von der Kanzel verlesen werde.

2.5.37, Michelskirche München:
Ich habe damals von den Sittlichkeitsvergehen von den katholischen Priestern und Ordensleuten gesprochen und betont, wenn das alles wahr sei, dann müssen wir schon sagen, dagegen müsse eingeschritten werden. Es erfülle uns mit großer Sorge, daß diese Vergehen gerade jetzt und bei den Lieblingen des Herrn vorkämen. Aber meine Lieben, es ist nicht alles wahr, was da in der Zeitung steht, die Art und Weise der Darstellung ist so übertrieben und wird so aufgebauscht, und das, was in den christentums- und ka-

tholikenfeindlichen Zeitungen steht, das wird erst recht aufgebauscht und ausgeweidet. Ich habe auch über die redaktionelle Ausschlachtung gesprochen, die mit diesen Sittlichkeitsprozessen getrieben wird und dann erwähnt: Dann lesen wir überall von 1000 Sittlichkeitverbrechen von Priestern und Ordensleuten! Die Zahl ist bei weitem übertrieben, und soviel ich weiß, sind es höchstens 500 Fälle, von denen ich gelesen habe, vielleicht sind es auch nur 250.... Warum liest man das überhaupt nur bei katholischen und evangelischen Kreisen, von den anderen hört und liest man nie etwas! Wer im Glashaus sitzt, soll nicht mit Steinen werfen. Das ganze soll den Leuten zum Bewußtsein bringen, daß sie auf Zahlen, die in Zeitungen stehen, nichts geben sollen.

Zu der Bemerkung, wer im Glashaus sitzt, soll nicht mit Steinen werfen, habe ich anzugeben:

Ich weiß, daß in den verschiedensten Parteistellen und Parteigliederungen nach der Seite hin sehr viel vorgekommen ist und vorkommt, da meine ich, sollte man nicht so pharisäerhaft andere an den Pranger stellen.

23.5.37, Michelskirche München:
Ich habe dargelegt, daß, wenn 1 % schlechter Priester herauskomme, das schon sehr viel sei, aber das sei noch etwas ganz anderes, als das, was man jetzt dem katholischen Volke vorzulügen suche. Ich bemerke ausdrücklich, daß ich dabei über die Presseberichtserstattung gesprochen habe. Ich führte in diesem Zusammenhange auch aus; »Liebe Freunde, was uns wehe tut, das sind die Berichte über diese Skandalprozesse. Denn da müssen wir das eine sagen: wir haben jetzt Beweise in der Hand, die genügen, um uns jeden Glauben an einen großen Teil der deutschen Presse zu nehmen und endgültig zu rauben. Wir wußten schon, daß man in dieser Presse für katholische Dinge überhaupt kein Verständnis hat. So einseitig, so unwahr und gehässig und so verlogen hat man immer über katholische Dinge geschrieben. Ich habe nicht davon gesprochen, daß man in diesen Prozessen für katholische Dinge überhaupt kein Verständnis habe.

...

Ich habe in dieser Predigt weiter gesagt:
Man sagt so gerne zu uns: Ihr könnt zufrieden sein, denn in Spanien, da hätte man euch schon längst an die Wand gestellt! Ich sage aber ganz ruhig: Dem Tode habe ich hundertemale ganz bewußt in die Augen geschaut. Das bin ich gewöhnt. Das ist nicht so schlimm! Aber wenn man einen Menschen geistig tötet, wenn man einen kaputt macht vor der Welt, das ist das Furchtbarste, was man sich vorstellen kann. Darum, liebe Freunde, ist es aus und vorbei mit dem Glauben an den Großteil der deutschen Presse, wenn sie berichtet über religiös-sittliche Verhältnisse, über christlich-katholische Belange.

Nachtrag zur Predigt vom 2.5.37, Michelskirche München:
Ich habe in dieser Predigt auch noch gesagt, wir sind keine Revolutionäre, aber wenn das so weiter gehe, dann werden wir katholische und evangelische Geistliche eine ganz gewaltige Stinkbombe hineinwerfen müssen. Diese Redewendung gebrauchte ich im Anschluß an den Vergleich von den Leuten, die nicht mit Steinen werfen sollen, wenn sie im Glashaus sitzen. Ich wollte mit meinen Ausführungen den Gedanken klar aussprechen, daß, wenn das so weiter ginge, würden wir uns aus religiöser Notwehr gezwungen sehen, auch einmal ein Sündenregister von der anderen Seite aufzustellen.

Auf Frage: Mit diesem Sündenregister meine ich die sittlichen Verfehlungen auf der anderen Seite, die jetzt so pharisäerisch über uns schreibt. Bis jetzt habe ich das aus christlicher Liebe unterlassen.

III. Nationalsozialismus und NS-Schrifttum

26.1.37, St. Theresienkirche München:
Ich habe damals u.a. auch vom »Stürmer« gesprochen, u.a. auch ausgeführt, eine Zeitung, die eine Auflage von 500000 Exemplaren habe und die in jedem kleinen Ort Deutschlands ganz öffentlich im Schaukasten hänge, müsse doch wahrhaft ernstgenommen werden.

Anschließend daran führte ich aus:
In der Marxistenzeit habe ich viele Hetzschriften gelesen, weil man das nicht bekämpfen kann, was man nicht kennt. Meine lieben Freunde, ich muß sagen, es ist mir damals oft der Ekel aufgestiegen und es ist mir reichlich schwergefallen, diesen Schmutz zu lesen. Aber das, was an nationalsozialistischer Literatur heute empfohlen wird, von maßgebenden Stellen heute empfohlen wird, das ist ekelerregender denn je... Sogar in den Jugendzeitschriften wird in der maßlosesten Weise Kirche und Religion beschimpft.

Ich wollte damit die nationalsozialistische Presse nur nach der religiösen Seite hin bekämpfen.

Predigt 24.1.37, Aichach:
Ich habe damals über den Nationalsozialismus gesprochen, aber bloß von der religiösen Seite aus, wie er sich in Reden, im Schrifttum, im Theater, im Rundfunk über Kirche und Christentum geäußert hat. U.a. erwähnte ich auch, es werde heute viel von nationalsozialistischer Weltanschauung gesprochen, darum müßten wir Katholiken sie mal von unserer Seite aus ansehen. Ich würde mich seit Monaten mit dem nationalsozialistischen Schrifttum beschäftigen, doch sei ich mir noch nicht klar darüber geworden, was man hierunter verstehe, und das würde den Zuhörern genau so gehen wie mir.

Ich habe nun eingehend auseinandergesetzt, wie man sich auf dieser Seite in Reden, im Schrifttum, im Theater und Rundfunk über die Kirche äußert;

nach dem, was wir gehört, könnte man nun denken, der Nationalsozialismus sei der erbittertste Gegner der Kirche. Das kann aber doch wieder nicht sein, denn dem steht entgegen die Erklärung der Reichsregierung vom Frühjahr 1933, der feierliche Abschluß des Konkordats und der § 24 des Parteiprogramms vom positiven Christentum, also die praktische Folgerung: man weiß es nicht, was der Nationalsozialismus nach der religiösen Seite hin eigentlich will. Darum äußerstes Mißtrauen gegen alle Äußerungen in Wort und Schrift, die in religiös-sittlichen Fragen von nichtkatholischer Seite kommen, in allen politischen, wirtschaftlichen, sozialen Belangen sind und bleiben wir auch heute treue Stützen des Staates, aber in religiös-sittlichen Fragen sind unsere Führer der Papst und die Bischöfe.

Auf Vorhalt:
Ich habe mir nie darüber den Kopf zerbrochen, ob ich in meinen Predigten inWiderspruch mit dem Kanzelparagraphen, von dessen Existenz ich wohl weiß, den ich aber bisher nicht weiter studiert habe, oder mit den Bestimmungen des Heimtücke-Gesetzes geraten würde. Ich würde auch jetzt, nachdem ich entsprechend aufgeklärt worden bin, trotz dieser Bestimmungen fortfahren auf Grund des Konkordats die Belange der katholischen Kirchen zu verteidigen, wie ich es bisher getan habe. Ich halte mich hierzu in meiner Eigenschaft als kathol. Priester für verpflichtet und nach dem Konkordat auch berechtigt.

Nachtrag:
Pater Mayer erklärt weiter: Zu meiner Predigt vom 18.4.37 in der Pfarrkirche zu Kirchheim möchte ich noch nachgetragen haben, daß ich bestimmt weiß, daß ich von einem Staatsbetrug nicht gesprochen habe.

Auf Vorhalt:
Ich bin bereits einmal wegen einer (ausfälligen) Predigt von der Staatsanwaltschaft München verwarnt worden. Ich habe damals keinen Rechtsvertreter zugezogen. Der betreffende Oberstaatsanwalt hat mich persönlich gewarnt.

Ich habe am Sonntag, den 28.2.1937, abends 6 Uhr, in Eichstätt im Dom eine Predigt gehalten.

Ich habe damals auch über die Schulabstimmung gesprochen und dabei erwähnt, daß man bei dieser Gelegenheit verschiedentlich Druck ausgeübt habe und daß dieses Vorgehen Sabotage am Reichskonkordat sei. Dagegen kann ich mir nicht denken, daß ich gesagt haben soll, wenn alles aufstehe, könne man nicht mehr gegen die Katholiken regieren. Ich kann höchstens ausgeführt haben, wenn alle zusammenhalten und für die katholische Schule stimmen, dann bleibt die katholische Schule und kann nichts passieren. Auch habe ich von niederträchtigen Mitteln gesprochen, mit denen die Abstimmung für die Gemeinschaftsschule in München gemacht wurde.

Mein Gedankengang war der, daß alles, was katholisch ist, zusammenstehen soll, dann kann nichts passieren.

Ob ich gesagt habe: »Wenn alles aufsteht und sagt, das lassen wir uns nicht mehr gefallen, man kann nicht gegen die Katholiken regieren«, weiß ich nicht und glaube ich auch nicht.

G.w.o. Selbst gelesen und unterschrieben
Gambs *Rupert Mayer*
Krim. Insp.

Der Oberstaatsanwalt erhebt »öffentliche Klage«

Im Sommer 1937 endlich haben Gestapo und Gauleiter es so weit gebracht, daß die Justiz mürbe wurde. Dieselben Staatsanwälte, die ein Jahr vorher noch Widerstand geleistet und die strafgerichtliche Verfolgung des Paters abgelehnt hatten, verließen nun den Boden des Rechts und der Gerechtigkeit und erhoben öffentliche Klage gegen den Prediger Rupert Mayer. Der vorgeschützte Grund war die Verletzung des »Heimtückegesetzes« von 1934, wonach ins Gefängnis kam, wer »öffentlich gehässige, hetzerische oder von niedriger Gesinnung zeugende Äußerungen über leitende Persönlichkeiten des Staates oder der NSDAP« usw. machte. Der wirkliche Grund für die Ingangsetzung der Justizmaschine war der Wille der NS-Machthaber, einen überzeugenden und beim Volk beliebten Prediger von der Kanzel zu holen. Das wußten natürlich auch Staatsanwalt und Richter.

Schon fünf Wochen nach der Verhaftung des Paters, am 9. Juli 1937, ging die 13 Seiten lange Anklageschrift des Oberstaatsanwalts Alfred Resch beim Sondergericht München ein.

Im folgenden nun der Wortlaut dieses beschämenden Dokuments (Gerichtsakten, Blatt 48-54):

Akt. Zeich.: 1 b Js-So 100/37
I. Anklageschrift
Ich erhebe öffentliche Klage gegen
Mayer Rupert, geboren am 23. Januar 1876 in Stuttgart, Sohn von Rupert Mayer und Emilie Wörle, ledig, Jesuitenpater in München,
nicht vorbestraft,

in dieser Sache vom 5.-10. Juni 1937 in Polizeihaft, seitdem in Untersuchungshaft im Strafvollstreckungsgefängnis Stadelheim,

welchen ich beschuldige,

fortgesetzt öffentlich hetzerische Äußerungen über leitende Persönlichkeiten des Staates und deren Anordnungen gemacht zu haben, die geeignet sind, das Vertrauen des Volkes zur politischen Führung zu untergraben und durch die gleiche Handlung fortgesetzt als Geistlicher in Ausübung seines Berufes in Kirchen vor mehreren Personen Angelegenheiten des Staates in einer den öffentlichen Frieden gefährdenden Weise zum Gegenstand von Erörterungen gemacht zu haben.

Tatbestand:
Der Beschuldigte Pater Rupert Mayer wirkt seit Jahren als Seelsorger und Kanzelredner in München und seiner näheren und weiteren Umgebung. Vor der nationalen Erhebung trat er wiederholt in politischen Versammlungen auf und kämpfte herzhaft gegen den Kommunismus; nach der Machtübernahme nahm er eine sich ständig verschärfende ablehnende Stellung gegen den Nationalsozialismus ein, so daß seine Predigten, Reden und Schriften wiederholt polizeilich beanstandet werden mußten.

Am 7. Mai 1936 wurde der Beschuldigte wegen einiger hetzerischer Äußerungen seitens der Staatsanwaltschaft München I verwarnt.

In letzter Zeit, insbesondere seit Beginn des Jahres 1937, hat sich der Beschuldigte in mehreren seiner öffentlichen Predigten mit dem Schulwesen, mit den Strafverfahren gegen katholische Geistliche und Ordensangehörige wegen sittlicher Verfehlungen, mit dem Pressewesen, mit dem Nationalsozialismus als solchem und mit dem nationalsozialistischen Schrifttum befaßt. Unter anderem wurden von ihm folgende Themen in seinen öffentlichen Predigten behandelt ...

Die Anklageschrift wiederholt dann auf neun Seiten die Predigtzitate aus der Gestapo-Anzeige vom 6. Juli 1937 und die Antworten, die der Pater darauf bei seiner Gestapo-Vernehmung vom 5. Juli 1937 gegeben hat. Siehe die Seiten 54ff. und 83ff.

Zusammenfassend erklärte der Beschuldigte Pater Rupert Mayer: Er habe sich nicht darüber den Kopf zerbrochen, ob er in seinen Predigten in Widerspruch geraten würde mit dem Kanzelparagraphen (§ 130a RStGB.) – von dessen Existenz er wohl wisse, den er aber bisher nicht weiter studiert habe – oder mit den Bestimmungen des Heimtückegesetzes; er würde auch jetzt, nachdem er entsprechend aufgeklärt sei, trotz dieser Bestimmungen fortfahren, auf Grund des Konkordats die Belange der katholischen Kirche zu verteidigen, wie er es bisher getan habe; er halte sich hierzu in seiner Eigenschaft als katholischer Priester für verpflichtet und nach dem Konkordat auch für berechtigt.

...

Zur Aburteilung ist nach §§ 1, 2 der VO vom 21.3.1933 über die Bildung von Sondergerichten das *Sondergericht München* zuständig.

Als Beweismittel bezeichne ich:
Zeugen:
1. Lahn Paul, Student in Augsburg, Ludwigsstr. B 191
2. Schön Fritz, Burtenbach i. Schw.
3. Meck, Stationsführer der Gendarmeriestation Weißenhorn
4. Dangl Xaver, Gendarmeriemeister der Gendarmeriestation Kirchheim, BA. Mindelheim – Schw.
5. Gerstmayr Anton, Gendarmeriehauptwachtmeister der Gendarmeriestation Kirchheim, BA. Mindelheim
6. Wilhelm W., Zeitangestellter beim Polizeipräsidium München
7. Seubert K., Lehrer in Mering bei Friedberg
8. Gambs Otto, Kriminal-Inspektor der Geheimen Staatspolizei Staatspolizeileitstelle München
9. Wildegger, Gendarmeriehauptwachtmeister d. Gendarmeriestation Weißenhorn

An den *Herrn Vorsitzenden des Sondergerichts München*
mit dem Antrag auf Anordnung der Hauptverhandlung, Terminsbestimmung und Fortdauer der Untersuchungshaft.
München, den 7. Juli 1937
Der Leiter der Anklagebehörde bei dem Sondergerichte München

Resch

Hektische Betriebsamkeit vor Prozeßbeginn hinter den Kulissen Pater Rupert Mayer gibt eine weitere »Erklärung« ab

Justizrat Warmuth legte nun in den Tagen vor der Hauptverhandlung dem Gericht drei längere Schriftsätze vor und gab Dutzende von Hinweisen aus dem Kirchenrecht, aus staatlichen Verordnungen und Bekanntmachungen und aus Zeitungen zu den Akten, vor allem zur Konkordatsgarantie für die Bekenntnisschule und zu der ebenfalls im Konkordat verbürgten Predigtfreiheit der Priester.

Diese Schriftsatzbeilagen füllen einen eigenen Begleitakt neben den Sondergerichtsakten. Warmuth unterstrich damit eindrucksvoll das Hauptverteidigungsargument: religiöse Notwehr. Das Gericht ging aber dann in seinem Urteil auf diese Dokumente, die den Angriff des NS-Regimes gegen die Kirche augenfällig darlegen, überhaupt nicht ein.

Entsprechend der Weisung des Reichsjustizministeriums beraumte das Sondergericht ungewöhnlich schnell Termin zur Hauptverhandlung an, nämlich für Donnerstag, den 22. Juli 1937. In den Tagen zuvor fanden vertrauliche Gespräche zwischen den Verteidigern, dem Gerichtsvorsitzenden und der Staatsanwaltschaft statt. Das hat mir nach dem Krieg der Vorsitzende jenes Sondergerichts, Landgerichtsdirektor Robert Wölzl, brieflich mitgeteilt*. Das praktisch wichtigste Problem dabei war die Frage, ob der Haftbefehl aufgehoben werden kann. Der Gerichtsvorsitzende schrieb mir in einem Brief vom 19. Oktober 1946, daß ihm »beim mitternächtlichen Besuch« am Tag vor der Hauptverhandlung in seiner Wohnung der »Wunsch« des Gauleiters Wagner mitgeteilt worden sei, den Haftbefehl nicht aufzuheben.

Justizrat Warmuth, dessen forensische Beweglichkeit und dessen Phantasie nicht leicht in Verlegenheit zu bringen waren, entwarf daher eine »Erklärung«, die man Pater Mayer unmittelbar vor der Verhandlung am Morgen des 22. Juli 1937 in den Räumen des Gerichtes vorlegte. Pater Mayer war überrascht. Als man ihm aber sagte, Pater Provinzial sei mit der Erklärung einverstanden, unterschrieb er. Diese Erklärung ist, genau besehen, lediglich eine etwas mildere Fassung der Erklärung vom 9. Juni und bewußt etwas wolkig gehalten. Das Gericht gab sich damit zufrieden und stützte die Aufhebung des Haftbefehls am Schluß der Hauptverhandlung auf diese neue Erklärung. Pater Mayer ergänzte aber, als man ihm diese Erklärung zu Beginn der Hauptverhandlung vorhielt, sofort unmißverständlich, daß er diese Zusage nur machen könne, soweit sein Gewissen es ihm gestatte.

Hier die Erklärung:

Erklärung

Ich werde künftig wie bisher die katholische Kirche, ihre Glaubens- und Sittenlehre gegen alle Angriffe und Anfeindungen und Verleumdungen verteidigen. Das halte ich für mein Recht und für meine Pflicht als katholischer Priester. Ich werde dabei die staatlichen Gesetze achten und auch wie bisher meine Zuhörer zur Treue zum Staate auffordern. Ich werde mich trotz meines Temperaments als Volksprediger bemühen, auch in der Form den gesetzlichen Vorschriften gerecht zu werden.

Rupert Mayer SJ
München, den 22. Juli 1937

* Siehe S. 203.

Der Prozeß

Die Akten vieler Terrorurteile der nationalsozialistischen Justiz sind Opfer des Krieges und der chaotischen Nachkriegszeit geworden. Vor allem die Akten des sogenannten Volksgerichtshofes, der unter der Präsidentschaft Roland Freislers 5191 Morde in Form von »Urteilen« begangen hat, sind größtenteils verschwunden. Die über 10 000 Akten des Sondergerichts München hingegen sind im Staatsarchiv München greifbar, darunter auch die Akte St A Nr. 9115 über den Angeklagten Rupert Mayer. Daraus sollen nun im folgenden die entscheidenden Dokumente vorgestellt werden: zunächst das damals von mir aufgenommene Stenogramm der Hauptverhandlung mit den Plädoyers der Verteidiger und des Staatsanwalts, außerdem das vollständige Urteil. Die Verhandlung ist ein Beweis und ein Beispiel für die beschämende, politische Justiz des Dritten Reiches, sie ist ein historisches Dokument für die Kirchen- und Justizgeschichte Bayerns.

Das offizielle Protokoll des Sondergerichts enthält nur das verfahrensrechtliche Gerüst: Namen und Rollen der Beteiligten und den äußeren Ablauf des Verfahrens. Was aber der Richter, der Angeklagte, die Zeugen, der Staatsanwalt und die Verteidiger im einzelnen gesagt haben, das steht nicht im Protokoll. Und gerade das hat die damaligen Zeitgenossen schon interessiert, und gerade das wollen wir heute erst recht wissen.
Es ist ein glücklicher Zufall, daß ich damals als 23jähriger Gerichtsreferendar den Einfall hatte, mir einen Zuhörerplatz zu erobern und die ganze Verhandlung mitzustenografieren. Ich ahnte irgendwie, daß dieser Bericht einmal eine Bedeutung gewinnen könnte; mir gelang es, das in Maschinenschrift übertragene Manuskript zu retten, und ich freue mich, es in diese Dokumentation über Pater Rupert Mayer einfügen zu können.
An jenem Donnerstag, dem 22. Juli 1937, drängten sich im Justizpalast schon um 7 Uhr früh die Leute vor dem Sitzungssaal 211. Auf dem Terminzettel vor der Türe stand zu lesen: »Mayer, Rupert, 9 Uhr, wegen Vergehens gegen das Heimtückegesetz und Kanzelmißbrauchs«. Die Menge wuchs von Minute zu Minute. Jeder wollte einen der nur etwa 30 Sitzplätze ergattern. Schweigend drängten sie sich im Gang vor dem Gerichtssaal; man wußte ja nicht, ob der Nebenmann ein Gestapospitzel war. Pater Bleienstein SJ, neben mir einer der nächsten an der Zuhörerraumtür, fing ein umständliches Gespräch über das Gehör der Fische an. Er wollte offenbar verhindern, daß jemand auf Pater Rupert Mayer zu sprechen käme und etwas Ungeschicktes sagte. Sein Mißtrauen war durchaus begründet, denn als gegen 9 Uhr endlich der Zuhörerraum aufgeschlossen wurde, saßen schon einige junge Männer auf den Zuhörerbänken, ganz offensichtlich Gestapospitzel, wie ich im Lauf der Verhandlung gleich selbst zu spüren bekommen sollte.
Gegen 9 Uhr führte man Pater Rupert Mayer, von zwei Polizisten begleitet, auf die Anklagebank. Ein Bundesbruder von mir, der spätere Krankenhauschef Dr. Hermann Mößmer, hatte eine Leica mitgebracht. Er begann zu fotografieren. Die Gestapoagenten nahmen ihm jedoch den Fotoapparat weg; er bekam ihn später vom

Staatsanwalt wieder, aber ohne den Film, für den wir heute so dankbar wären. Diebstahl? Unterschlagung?
Diesen Vorfall nahmen Gestapo und Justiz übrigens so wichtig, daß sie darin einen Grund sahen, mir später die Zulassung zur Anwaltschaft wegen politischer Unzuverlässigkeit zu verweigern. In meinen Personalakten beim Oberlandesgericht München heißt es: »Nach Auskunft der Gestapo machte er sich nochmals als Gegner des Nationalsozialismus bei der Gerichtsverhandlung gegen den bekannten Jesuiten-Pater Rupert Mayer bemerkbar. Er machte zusammen mit seinem Freund im Zuhörerraum fotografische Aufnahmen des Paters. Er händigte dann den Zuhörern seine Adresse aus, damit sie später von ihm Bilder bestellen konnten. Auch versuchte er nach der Verhandlung, an Mayer heranzukommen, und ließ erst davon ab, als er von den Polizeibeamten weggewiesen wurde.«
Auf einer für geladene Gäste reservierten Bank, die sonst für Zeugen freigehalten wird, durfte Pater Provinzial Augustin Rösch Platz nehmen. Kurz nach 9 Uhr betraten die drei Richter des Sondergerichts den Verhandlungssaal. Die Hauptverhandlung gegen Pater Rupert Mayer begann.

Die Vernehmung des Angeklagten: Maßstab bleibt das Gewissen

Vor der Vernehmung wurde dem Pater auf Anordnung des Vorsitzenden ein Stuhl, und zwar ausdrücklich ein Stuhl mit Lehne angeboten, was er, nachdem er etwa eine Viertelstunde gestanden hatte, bei der zweiten Aufforderung annahm.

Weiter wurde vom Vorsitzenden angeregt, Pater Rupert Mayer wolle vorweg erklären, er werde künftig nicht mehr gegen die Gesetze verstoßen und nichts mehr sagen, was dem Staat unerwünscht sei.
Wörtlich sagte der Vorsitzende: Sie haben sich gegen den Haftbefehl beschwert. Es bestand aber die Besorgnis, daß Sie auch weiterhin die Freiheit dazu benützen würden, Predigten in dieser Form zu halten. Das war der Grund für die Aufrechterhaltung des Haftbefehls. Sie haben aber heute die Erklärung abgegeben, daß Sie Ihre Pflicht als Geistlicher und Priester zwar erfüllen werden, aber der Form und dem Inhalt nach die staatlichen Gesetze nicht mehr verletzen werden*.
Darauf Pater Rupert Mayer: Soweit ich das mit meinem Gewissen vereinbaren kann. Und wenn ich das nicht mehr kann, dann werde ich mich selbst dem Staatsanwalt melden, daß das meinen Beruf schwer schädigt und daß ich in Zukunft eben nicht mehr so haarscharf auf das achten kann, inwieweit das mit dem Gesetz vereinbar ist oder nicht.

* Damit war die von Pater Mayer unmittelbar vor der Verhandlung unterschriebene Erklärung vom 22.7.37 gemeint, die allerdings in der Verhandlung nicht wörtlich vorgelesen wurde. Siehe S. 92.

Vorsitzender: Sie erklären also, daß Sie künftig wie bisher auch in der katholischen Kirche Glaubens- und Sittenlehren gegen Angriffe, Anfeindungen und Verleumdungen verteidigen werden.
Pater Rupert Mayer: Jawohl.
Vorsitzender: Das ist auch Ihr gutes Recht. Das wird Ihnen niemand nehmen, der objektiv und gerecht ist. Aber Sie werden die staatlichen Gesetze achten müssen und werden in einem Konfliktfalle immer vorher mit der zuständigen Behörde sich ins Benehmen setzen, und Ihre Zuhörer zur Treue zum Staate auffordern. Ich kann verstehen, daß Sie sich bemühen werden ...
Pater Rupert Mayer unterbricht den Vorsitzenden: Soweit ich es mit meinem Gewissen vereinbaren kann, ja, und soweit dadurch die katholischen Interessen nicht geschädigt werden. Ich werde, wenn ich mich an die Gesetze nicht mehr halten kann, selber zum Staatsanwalt gehen und es ihm sagen.

Die Vernehmung des Angeklagten begann mit der Schilderung seines Werdeganges.
. . .
Pater Rupert Mayer: Ich bin der alte geblieben! Seit ich im Felde war, habe ich eine Richtung gehabt: Vaterland und Religion. Überlegen Sie doch einmal selber, meine Herren Richter, wie wäre das, wenn ich jetzt zu erkennen gäbe, daß ich von Rom abrücke und wenn ich zu erkennen gäbe, daß ich mit einer deutschen Kirche liebäugeln würde: dann wäre ich der Held des Tages. Wenn aber jemand vor mir ausspucken würde, dann hätte er recht; denn ich wäre ein eid- und wortbrüchiger Mann, aber eine glänzende Zukunft stünde mir bevor.

Dann wurde der Pater Rupert Mayer in der Anklageschrift vorgehaltene Satz besprochen:

»Am letzten Montag wurde in München ein Sieg gefeiert. Ein solcher Sieg ist noch nicht gefeiert worden, ein Pyrrhussieg, der denen, die ihn errungen haben, nicht zur Ehre gereicht. Ein Terror war das« (bezieht sich auf den Sieg der Deutschen Schulgemeinde bei der Abstimmung über die Schulfragen in München im Februar 1937).
Pater Rupert Mayer: Ich schicke einiges voraus: Ich war restlos glücklich im Gefängnis, nur eines hat mich gequält, die Zukunft unseres Volkes. Und weil ich die Kirche in Gefahr sehe, darum stehe ich vor Gericht. Wir haben jetzt ja ein herrliches Wort des Führers, wenn der Herrgott ihm ein Wort eingegeben hat, dann ist es dieses: »Deutsch sein, heißt wahr sein«.

Wenn es zur deutschen Art gehört, wahr zu sein, dann müssen die Leute aber doch auch die Wahrheit vertragen können.
Vorsitzender: Aber man muß doch dem Staat Gehorsam leisten.

Pater Rupert Mayer: Ja, Gehorsam in allen erlaubten Dingen. Wenn man die Stimmung im Auslande kennt und weiß, wie es in unserem Volke steht, dann ist es keine Kleinigkeit, das alles ansehen zu müssen. Wir Katholiken wären die ersten, die sich an Opferfreudigkeit von niemand übertreffen ließen, aber diese unglaubliche Hetze gegen die Kirche, dieser Zwist, der hat mich sehr gequält und mir viel Kummer bereitet. Ich habe im Gefängnis studiert und gebetet, aber über alles bin ich nicht weggekommen. Wie ich gesehen habe, daß bei der Caritassammlung ein Student blutig geschlagen wurde, bin ich zur Polizei gegangen. Es war leider nur ein Oberregierungsrat da, den Herrn Minister Wagner konnte ich nicht treffen, aber ich hätte es auch ihm gesagt. Ich hätte gesagt: Das ist ein Saustall. Überlegen Sie doch selbst, meine Herren …

Und dann die Schuleinschreibung, das ist ja unerhört, was ich da gehört habe. Beamte sind zu mir gekommen und haben gesagt, sie seien keine Deutschen mehr, wenn sie ihr Kind nicht in die Gemeinschaftsschule einschreiben ließen, sie verlören ihre Stellung und ihr Brot.

Und was ich dann voriges Jahr in einer Versammlung gehört habe über unseren Kardinal, »Hängt ihn auf!«, das ist ja unerhört. Da habe ich gesagt (in einer Predigt): »Wir müssen zusammenhalten, Finger weg von der Religion. Amen.«

Der liebe Gott hat mir im Gefängnis zu erkennen gegeben, daß er mit mir zufrieden war, das andere ist mir gleich. Ich habe mir oft gesagt: Lass' die Leute doch machen, was sie wollen, sie sollen ins Verderben gehen, aber dann konnte ich es nicht mehr mit ansehen.

Ich bin ein Friedensstörer? 1912 war mir die Seelsorge der Reisenden und Dienstmädchen anvertraut. Da habe ich das Schädliche des Marxismus gesehen. Bis 1914 habe ich den Marxismus dann studiert und bin 1914 dann zum erstenmal in einer Versammlung aufgetreten gegen den ungekrönten König Auer. Ich habe alles gesagt, wie es gekommen ist, aber niemand hat mir geglaubt. Ich habe viel gelernt, in rednerischer Beziehung, von Lenin.

Dann kam die nationalsozialistische Bewegung, und ich habe mich anfangs riesig gefreut über die nationale Begeisterung. Aber dann habe ich bald Äußerungen aus diesem Kreis gehört, die mir schwere Sorgen machten. Die Bibel wurde ein Judenbuch genannt und Anschläge habe ich gesehen: »Kann ein Nationalsozialist Katholik sein?« Da ging ich immer in die Versammlungen hinein und habe die Bewegung nie aus den Augen verloren. Ich war aber niemals Politiker. Ich rede 70mal im Monat, aber niemals habe ich eine politische Rede gehalten. In politischer Beziehung bin ich ein unbeschriebenes Blatt. Was mich auf die Bahn gerufen hat, ist die Religion und der Kampf gegen die Religion.

Das war die Vorbemerkung. Jetzt erst wurde auf die Klageschrift eingegangen.
Pater Rupert Mayer gab dann zu, daß er gepredigt habe: »Ein Sieg wurde gefeiert, ein Pyrrhussieg, der denen, die ihn errungen haben, nicht zur Ehre gereicht, ein Terror«.
Er sagte dann weiter: Weil es wahr ist und deutsch sein heißt wahr sein, gell, Herr Vorsitzender! Es gibt keine zweierlei Rechte und die anderen Redner dürfen alles sagen.
Vorsitzender: Glauben Sie, es ist für uns angenehm, daß wir hier sitzen müssen?
Pater Rupert Mayer: Da bin ich viel lieber Angeklagter als Richter. Das Gefängnis ist für mich besser als tausend Vorträge. Da heißt es, wir machen keine Märtyrer, und jetzt sitze ich da. Das hat dem Kulturkampf das Genick gebrochen und das wird auch der Behandlung, die man jetzt der Kirche zuteil werden läßt, das Genick brechen. Da habe ich in der vergangenen Nacht eine Stelle aus dem Paulusbrief gelesen. Die paßt für mich; hören Sie einmal her: »Ihr sollt wissen, daß meine jetzige Lage (das Gefängnis nämlich) mehr zum Fortschritt des Evangeliums beigetragen hat als alles, was ich bisher getan habe. (Brief des Apostels Paulus an die Philipper 1,12)
Vorsitzender: Damals hat es das Gesetz noch nicht gegeben. Sie sind aber kein Märtyrer.
Pater Rupert Mayer: In Ihren Augen nicht.
Vorsitzender: Auch in den Augen der vernünftigen Leute nicht. Jeder wird sich sagen, wenn man es ihm gesagt hat, so muß er es halt tun. Der Staat kann sich doch nicht selbst aufgeben und muß sich eine Autorität bewahren.
Pater Rupert Mayer: Ich werde mit einem Juristen das alles durchbesprechen und nach bestem Gewissen werde ich mich, soweit das geht, ohne das Evangelium zu vernachlässigen ...
Vorsitzender: Da bin ich Ihnen sehr dankbar, wenn Sie das tun.

Dann wurde die weitere Stelle der Predigt vom 29. März 1937 in Ursberg behandelt, worin Pater Rupert Mayer gesagt hatte: Die Erziehungsberechtigten in München sind gegen alles Recht und Gesetz um ihre Konfessionsschule gebracht worden.
Vorsitzender: Ja das geht doch nicht.
Pater Rupert Mayer: Das geht auch nicht.
Vorsitzender: Das kann der Staatsanwalt sich doch nicht gefallen lassen, da mag er noch so katholisch eingestellt sein. Man soll es halt nicht machen, gegen Gesetze verstoßen.
Pater Rupert Mayer: Das ist sehr schwer.
Vorsitzender: Natürlich ist das sehr schwer. Mit der Zeit kommen wir schon zusammen. Sie sollen nicht in Ihrem Rechte beschnitten werden, als Priester

Ihr Recht zu vertreten. Aber diese Ausfälle hier nebenbei gegen den Staat! …
Pater Rupert Mayer: Mir kommt es viel ehrlicher vor, als wenn ich durch alle möglichen Phrasen mich durchwinde, um dann das gleiche zu sagen. Hier wissen die Leute: so ist es, und es ist auch so.
Vorsitzender: Es muß halt eine gewisse Form haben.
Darauf Pater Rupert Mayer: Grob ist mir viel lieber, wenn es ehrlich ist. Ich habe in der Predigt immer gesagt (diese Stellen der Predigten wurden auch verlesen), daß man dem Staat gehorsam sein müsse, aber nicht aus Zwang habe ich das gesagt, sondern weil Gott es haben will. Deshalb darf ich nie etwas tun, was gegen Gottes Willen ist, auch wenn es der Staat verlangt.

Dann wird der Schluß der Predigt vom 29. März 1937 verlesen: »Aus Gewissensgründen achten wir die rechtmäßige Obrigkeit. Wir lassen uns in unserer Treue von niemand übertreffen, aber in religiösen Fragen sagen wir zu den anderen, die Finger weg. Amen.« Darauf sagte der Vorsitzende, er habe die Verletzung von Gesetzen gerügt.
Pater Rupert Mayer: Es wurde nach der religiösen Seite hin verletzt, das Gesetz.
Vorsitzender: Wenn einer vorzeitig aus der Predigt gegangen ist und hat den Schluß der Predigt, wo Pater Rupert Mayer zum Gehorsam der rechtmäßigen Obrigkeit aufforderte, nicht gehört, sondern nur die Kritik gegen die Gesetzesverletzung, so hat er einen falschen Eindruck mitbekommen.
Pater Rupert Mayer: Bei mir gehen die Leute nicht mehr heraus.

Polizisten und Lehrer als Zeugen und Spitzel

Dann wurde der Zeuge Hauptlehrer Fritz Schön vernommen über die Predigt vom 29. März 1937.
Vorsitzender: Ist Ihnen Pater Mayer bekannt?
Zeuge: Vom Sehen in einer Predigt vom 29. März 1937 in Ursberg.
Vorsitzender: Sie haben der Predigt beigewohnt?
Zeuge: Ja, nachmittags 2 Uhr.
Vorsitzender: War die Predigt gut besucht?
Zeuge: Sehr gut besucht, Massenkundgebung.
Vorsitzender: Zunächst doch eine Predigt. Ich bitte Sie, Schärfen zu vermeiden und objektiv auszusagen, um dem Angeklagten gerecht zu werden. Was hat die Predigt auf Sie für einen Eindruck gemacht?
Zeuge: Ich war selbstverständlich empört. Nicht nur als Nationalsozialist, sondern auch als deutscher Erzieher und Vater deutscher Kinder.
Vorsitzender: Wie hat die übrige Zuhörerschaft sich verhalten?

Zeuge: Teilweise zustimmend, teilweise ablehnend.
Vorsitzender: Ist es auch laut geworden?
Zeuge: Zustimmung ja, Ablehnung in lauter Form nein.
Vorsitzender: Herr Hauptlehrer, haben Sie Ihr Stenogramm dabei?
Zeuge: Ja.
Verteidiger Warmuth: Geben Sie es doch her.
Zeuge: Das ganze?
Verteidiger Warmuth: Nur die Stelle: staatlich, städtisch (die Stelle wird vom Vorsitzenden und Verteidiger geprüft).
Vorsitzender: Was hat Sie veranlaßt, die Predigt mitzustenographieren?
Zeuge: Ich habe gehört, daß ungefähr zehn Tage vorher eine große katholische Kundgebung war und daß dort auch Schulfragen besprochen worden sind in schärfster Form. Selbstverständlich habe ich die Gelegenheit wahrgenommen, Pater Mayer sobald als möglich zu hören.

Auf die Frage des Richters, ob er von sich aus in die Predigt gegangen sei, bestätigt der Zeuge dies. Er sagt, er sei mit dem Vorsatz hineingegangen, sich genaue Unterlagen zu verschaffen.
Vorsitzender: Sie wurden also nicht erst durch die Ausführungen veranlaßt?
Zeuge: Nein. Ich habe die Absicht gehabt und auch andere Predigten mitgeschrieben. Ich habe allerdings meine übergeordnete Parteidienststelle darauf aufmerksam gemacht, daß ich hingehe, und gefragt, ob es zweckmäßig sei, daß ich als Parteigenosse teilnehme, und es ist mir dann auch gesagt worden, ich solle teilnehmen.
Verteidiger Warmuth: Sie haben den Ausdruck gebraucht, Pater Mayer sei mit theatralischer Schwerfälligkeit auf die Kanzel gehinkt.
Zeuge: Es hat jedenfalls auf die Leute psychischen Eindruck gemacht.
Vorsitzender: Vielleicht lassen wir derartige Verschärfungen.
Verteidiger Warmuth: Es soll keine Verschärfung sein, aber es dient zur psychischen Klarstellung der Wahrheit.
Der Vorsitzende: Pater Mayer hat also seine Ausführungen gemacht und sagte dann, das wäre das Werk der untergeordneten Stellen. Das Reich schließe Konkordate ab und diese treiben doch das Gegenteil ...
Verteidiger Warmuth: Es liegt mir viel daran, daß der Zeuge bestätigt, daß Pater Mayer davon gesprochen habe, daß die untergeordneten Stellen diesen Kampf geführt haben.
Pater Rupert Mayer (zum Zeugen): Jetzt hören Sie mal. Haben die Priester ein Recht, über die Schulfragen auf der Kanzel zu sprechen?
Zeuge: Darüber habe ich als Zeuge nicht zu entscheiden.

Der Zeuge wird vereidigt.
Vorsitzender: Predigt vom 11. April 1937 in Weißenhorn:

»Ja, habt Ihr noch nichts gehört von Schulkämpfen? Die Menschen sollen genötigt werden, ihre Kinder in der Schule entkonfessionieren zu lassen ...

Es wurde in den Schulen gelogen, daß sich die größten Balken gebogen haben ... Die Sache hat einen ernsten Hintergrund: Es kommt einem gerade vor, als ob die Reichsregierung das Konkordat abgeschlossen habe, um es sabotieren zu lassen von den untergeordneten Stellen.« Haben Sie diese Äußerung gemacht?
Pater Rupert Mayer: Diese Äußerungen bezüglich des Konkordates habe ich nicht gemacht. Ich habe immer geglaubt, ich habe ein schlechtes Gedächtnis; jetzt habe ich aber gemerkt, daß es nicht der Fall ist (er verweist auf die angebliche Äußerung »Staatsbetrug«). Ich habe mich darüber besonnen über diesen Staatsbetrug. Ich hatte geglaubt, das hätte ich nicht gesagt. Nach langer Überlegung ist es mir gekommen, daß ich es tatsächlich gesagt habe, und ich weiß auch, warum (er erklärt, daß in Württemberg Staatskerl – Mordskerl, Staatsbetrug – Mordsbetrug, großer Betrug ist). Ich habe mich auch darüber hin und her besonnen. Es ist ausgeschlossen, daß ich das gesagt habe aus folgendem Grund: Ich müßte mich in den Boden hineinschämen, wenn das nicht wahr wäre, aber hier ist's notwendig; alle, die mich genau kennen, oft mit mir zusammenkommen, werden mir das bestätigen, daß ich nie über einen anderen Menschen kritisiere, ihn heruntersetze wegen irgend etwas. Und wenn ich etwas sagen muß, dann sage ich das sehr milde und suche der ganzen Sache die Spitze abzubrechen. Das ist mir eine Lebensgewohnheit geworden. Ich weiß, warum ich das tue, das ist eine der wenigen guten Eigenschaften, die ich habe. In diesem Falle hätte ich nicht bloß etwa gesagt, daß die Reichsregierung Schlechtes getan habe, sondern ich hätte der Reichsregierung eine schlimme Absicht unterschoben, die ich gar nicht kontrollieren kann; etwas derartiges liegt meinem Wesen fern ...
Vorsitzender: Ist es nicht möglich, daß Ihnen im Feuereifer der Rede das vorkommt?
Pater Rupert Mayer: Ich spreche nicht schnell, ich weiß ganz genau, was ich sage. Ich wußte auch, daß Kriminaler da sind, und die Post kontrolliert man mir schon so und so lange. Ein anderer wäre vielleicht nervös geworden.

Auf die Frage, ob die übrigen Stellen der Predigt richtig wiedergegeben seien: Das gebe ich zu, denn das ist richtig. Die untergeordneten Stellen tun das Gegenteil, aber ich habe keine schlechte Absicht der Reichsregierung unterstellt.

Dann wurde der Zeuge Hauptwachtmeister Georg Meck vorgerufen.
Vorsitzender: Wie viele Predigten haben sie gehört?
Zeuge: Zwei Predigten am 11. April 1937.
Vorsitzender: Haben Sie mitgeschrieben?
Zeuge: Ich habe nicht mitgeschrieben; ich habe beim Bezirksamt gefragt nach einigen guten Stenographen.
Vorsitzender: Es haben also mehrere mitstenographiert.

Der Vorsitzende fragt nach der Äußerung: »Es kommt einem vor, als ob die Regierung das Konkordat abgeschlossen habe, um es nachher sabotieren zu lassen.«

Der Zeuge gibt an, daß sie dem Sinne nach gefallen sei.

Vorsitzender: Haben Sie der ganzen Predigt beigewohnt?

Zeuge: Allen zwei.

Vorsitzender: Wie war die Stimmung bei den Leuten?

Zeuge: Zweierlei, den einen war es recht, die anderen haben geschimpft.

Vorsitzender: Kam es zu Beifallskundgebungen?

Zeuge: Nein, das Gegenteil auch nicht, aber großes Interesse.

Vorsitzender: Wenn Pater Mayer predigte, war es ja immer so, daß alles zusammengeströmt ist. Was haben Sie gehört?

Zeuge: Hauptsächlich in Parteikreisen habe ich gehört, es sei eine Schandpredigt, die das Volk aufhetze. In anderen Kreisen: »Der hat's ihnen gesagt.«

Vorsitzender: Gab es Unruhen in der Bevölkerung? Auseinandersetzungen?

Zeuge: Nicht gerade, aber Unruhe.

Der Zeuge sagt, daß ein gewisser Unmut gegen die Partei aufgekommen sei.

Vorsitzender: Wer ist in der Mehrzahl, die Partei oder die anderen?

Zeuge: In der Ortschaft ist die Partei in der Minderzahl.

Vorsitzender: Da wird sie manches zu hören bekommen, denn die Mehrzahl hat immer Schneid. Aber ernstliche Auseinandersetzungen hat es nicht gegeben?

Zeuge: Nein.

Vorsitzender: Kann es möglich sein, daß der Angeklagte auch gesagt hat: »Sie haben das Konkordat abgeschlossen, und die anderen haben es sabotiert?«

Zeuge: Nein. Es ist schon gesagt worden, man könnte meinen, die Regierung habe es nur abgeschlossen, um es von untergeordneten Stellen sabotieren zu lassen.

Vorsitzender: Sie haben aber offenbar miteinander darüber gesprochen. Ist das, was Sie jetzt sagen, Ihre eigene Meinung oder eine andere Meinung? Ich muß offen sagen, das geht bei einem Ohr hinein, beim anderen hinaus. Da könnte ich hinterher nicht darauf schwören, wenn ich nicht mitschreibe.

Zeuge: Gleich nach der Predigt wurden die Stenogramme zusammengestellt und niedergeschrieben.

Vorsitzender: Dann haben sie es also einheitlich bekommen?

Zeuge: Ich meine schon, aber beschwören will ich es nur dem Sinne nach.

Staatsanwalt: Die Anzeige wurde aus fünf verschiedenen Stenogrammen zusammengestellt. Erinnern sie sich, ob sie übereinstimmten oder ob gewisse Widersprüche da waren?

Vorsitzender: Können Sie selbst stenographieren?
Zeuge: Ja, aber nicht gut.
Vorsitzender: Dann wissen Sie auch nicht, ob die Stenogramme zusammengestimmt haben. Sie müssen vorsichtig sein, was Sie sagen, das können Sie nicht sagen!
Verteidiger Warmuth: Ich möchte einen Passus aus einer Predigt von 1935 bringen: »Die Reichsregierung wollte dem deutschen Volk Religionskämpfe ersparen. In schroffem Gegensatz dazu gibt es staatliche Stellen, die unablässig daran arbeiten ...« Ich will sagen, wenn er drei- oder viermal so sagte, muß man annehmen, daß er auch beim fünften Mal so gesagt hat.

Dann wurde der Zeuge Hauptwachtmeister Josef Wildegger vorgerufen.
Vorsitzender: Kennen Sie P. Mayer?
Zeuge: Von der Predigt her.
Vorsitzender: Haben Sie mitstenographiert? Was für eine Stenographie? Wie viele Silben? Sind Sie mitgekommen?
Der Zeuge sagt, er habe mitstenographiert, schreibe Einheitsstenographie, 60 Silben.
Vorsitzender: Und da wollen sie mitgekommen sein?
Zeuge: Ich habe mitstenographiert, was gegen den Staat war.
Vorsitzender: Haben sie das Stenogramm hier?
Zeuge: Nein.
Vorsitzender: Haben Sie diese Stellen auch mitgeschrieben?
Zeuge: Einer vom Bezirksamt.
Vorsitzender: Haben Sie das Stenogramm nachgesehen?
Zeuge: Nein, ich habe es auswendig gewußt.
Pater Rupert Mayer: Es handelt sich um ein Wort. Man weiß ja, wie das geht, wenn man mehrere Stenogramme nebeneinander hat.

An dieser Stelle ereignet sich ein Zwischenfall. Einer der früher vernommenen Zeugen bringt einen Text dieser Predigt, auf Veranlassung eines Dekans von einer Dame mitgeschrieben. Die betreffende Stelle lautet darin ganz anders. Diese Nachschrift soll angefertigt sein nach der zweiten Predigt.
Vorsitzender (zum Zeugen): Ist Ihr Bericht der Inhalt der beiden Predigten oder nur der zweiten?
Zeuge: Hauptsächlich der zweiten. (Unruhe und Lachen im Saal)
Vorsitzender: Sie können doch nichts nach Willkür hineinsetzen.
Pater Rupert Mayer: Wenn man soviel redet, paßt man kolossal auf, denn man weiß, daß einem jedes Wort angekreidet wird.
Vorsitzender: Dann wären Sie aber heute nicht hier.

Verteidiger Warmuth: Es ergibt sich doch daraus, daß Pater Mayer fast stereotyp diesen Gedanken zum Ausdruck gebracht hat.
Verteidiger Warmuth: Ich beantrage, daß Dekan Schmidt als Zeuge vernommen wird darüber, daß die Konkordatsäußerung so gemacht wurde.
Zweiter Verteidiger Bandorf: Auch die Schreiberin soll vernommen werden.
Staatsanwalt: Ich möchte diesem Antrag entgegentreten. Wir haben bereits von zwei Zeugen gehört, daß die Anzeige auf Grund des übereinstimmenden Wortlautes von fünf Stenogrammen gemacht worden ist, also der Nachweis in ausreichendem Maße erbracht zu sein scheint. Aber hauptsächlich scheint es für mich sicher zu sein, daß die hier vorgelegte Predigt gar nicht ein wörtliches Stenogramm ist. Für mich scheint es festzustehen, daß das eine vom Herrn Dekan überarbeitete Wiedergabe ist. Die Überschrift »Gedenkblatt« läßt darauf schließen. Deshalb glaube ich, daß die Aussage des Herrn Dekan in diesem Punkte nicht von maßgebender Bedeutung ist.

Nun fährt der *Vorsitzende* in der Behandlung der Anklagepunkte fort: Predigt vom 18. April 1937 in Kirchheim.
»Man will die Schule entkonfessionieren, sie darf auch nicht mehr christlich sein. Man sagt, man habe noch Religionsunterricht, in einem Jahr hat das Christentum in der Gemeinschaftsschule vollständig aufgehört, dann weht ein antikatholischer, antichristlicher Geist ... Was in dem Schulkampf gelogen wurde von untergeordneter Stelle, da wurde gelogen, daß sich die Balken bogen ... Wie man es diesen Menschen gemacht hat, sie wurden Volksfeinde und Landesverräter, die nicht mittun wollen, das hörte man überall durch. Wenn einer diesen Staatsbetrug nicht ausüben wollte, dann hat man ihm dieses Schimpfwort zugeworfen.« Das ist schon arg scharf.
Pater Rupert Mayer: Aber alles richtig. Staatsbetrug im Sinne von Mordsbetrug. Das ist bei uns in Württemberg gang und gäbe. Staatskerle, Mordskerle ...
Vorsitzender: Aber wenn einer zu mir sagt, ich sei ein Staatsbetrüger! Ihnen ist es auch nicht recht, wenn Sie einer Staatsbetrüger nennt.
Darauf Pater Rupert Mayer: Wenn ich ein Staatsbetrüger bin, dann kann er mich einen Staatsbetrüger nennen.

Im weiteren berichtigt Pater Rupert Mayer das Wort der Anklageschrift »Entkonfessionierung«. Das habe er nicht gesagt, er habe gesagt »Entkonfessionalisierung«. Verteidiger Warmuth erklärte hier, daß der Kampf gegen die Bekenntnisschule von der Deutschen Schulgemeinde, eingetragener Verein, nicht von Staat oder Parteistelle geführt wurde.
Vorsitzender: Wir wollen doch nicht darauf herumreiten.
Verteidiger Warmuth geht nahe an den Richtertisch und sagt leise, aber

so, daß man es im Saal doch hören kann: Ich kann gar nicht reiten, ich will es nur unterstreichen.
Pater Rupert Mayer schließt daran an: Nach Mitteilung des Bischofs von Rottenburg sei ein deutsch-christlicher Unterricht, von weltlichen Lehrern gegeben, eingeführt oder geplant; daraus sehe man, daß der Religionsunterricht in der Gemeinschaftsschule doch gefährdet sei. Der Priester solle nur noch zu den zwei oberen Klassen und da nur bei denen, die freiwillig zuhören, Zutritt haben. Darin könne der Führer nicht einwilligen, der könne auch darin nicht einwilligen, was in München bei der Schuleinschreibung geschehen ist. Da könne man ja gar nicht mehr darauf bauen, was versprochen wird. Reichsminister Rust habe im Jahre 1935 versprochen (in Beziehung auf das Konkordat und die gesetzlichen Zusagen auf die Bekenntnisschule): »Was wir unterschrieben haben, das halten wir.«
Weiter Pater Rupert Mayer: Und da lesen Sie einmal das Märzheft der Zeitschrift »Weltanschauung und Schule«.

Der Zeuge Xaver Dangl, Gendarmeriewachtmeister, wird nun vernommen.
Vorsitzender: Sind Sie von sich aus in die Predigt von Pater Mayer gegangen?
Zeuge: Ja.
Vorsitzender: Haben Sie mitgeschrieben, stenographiert?
Zeuge: Auszugsweise, nur das Wesentliche. Deutsche Einheitskurzschrift.
Vorsitzender. Können sie gut schreiben?
Zeuge: Nein. Alles niederzuschreiben, war nicht meine Absicht.
Vorsitzender: War die Predigt gut besucht?
Zeuge: Ziemlich voll.
Vorsitzender: Wie sind die Verhältnisse dort? Sehr viele Parteigenossen?
Zeuge: Parteigenossen in der Minderzahl ...
Vorsitzender: Kam es zu zustimmenden Kundgebungen?
Zeuge: Nein; Mißfallenskundgebungen auch nicht.
Vorsitzender: Unruhe?
Zeuge: Auch nicht.
Vorsitzender: Und nachher?
Zeuge: Ich habe mit einem Mann gesprochen, d.h., es lief ein NS-Film. Ich habe mit verschiedenen Leuten gesprochen; es wurde gesagt: »Er hat gar nichts Unrechtes gesprochen«.
Vorsitzender: Aber Ihnen ist es aufgestoßen?
Zeuge: Ja, mir selbst schon.
Vorsitzender: Haben Sie die Absicht gehabt, aufzupassen?
Zeuge: Ja. Wir sind allgemein verpflichtet, dorthin zu gehen und uns ...
(Das Stenogramm ist nicht vorhanden.)

Nun kommt der *Vorsitzende* zum nächsten Anklagepunkt: Predigt vom 23. Mai 1937 in der St. Michaelskirche in München.
»Wäre ich im Lager unserer Gegner, ich hätte mich über einen mit so unredlichen Waffen erfochtenen Sieg nicht freuen können. Ich hätte mich eines solchen Sieges geschämt. Mit roher Gewalt kann man kein Recht zerstören und vernichten ...«
Das ist natürlich auch ein bißchen stark und hat Unruhe in das Volk getragen, die Sicherheit im Staate beeinträchtigt. Ein etwas starker Ausdruck.
Pater Rupert Mayer: Die Leute wissen ja, um was es sich handelt. Sie haben ja den Schulkampf erlebt.
Vorsitzender: Es gibt auch noch andere Zuhörer.
Pater Rupert Mayer: Es sind wenig andere da, bloß die Aufpasser.

Damit wurde der erste Punkt der Klageschrift (*Schulfragen*) verlassen und, nach einer etwa halbstündigen Pause, zu dem zweiten Punkt übergegangen: *Berichte über Prozesse gegen Geistliche und Ordensangehörige und die Presseberichterstattung darüber*
...
Pater Rupert Mayer: Ich muß die Leute mit Mißtrauen erfüllen gegen die religiöse Berichterstattung in der deutschen Presse; denn diese Berichte sind Gift für die deutsche Volksgemeinschaft.
Vorsitzender: Aber diese Sittlichkeitsprozesse offenbaren doch schwere Mängel und mindern das Vertrauen des Volks zu den Geistlichen.
Pater Rupert Mayer: Gerade darum darf man keine solchen Anschläge machen, die auch die Kinder lesen. Wenn die SS vor *mir* vorbeizieht, mit welcher Verachtung die einen anschauen.
Vorsitzender: Das ist die Auswirkung der Sittlichkeitsverbrechen .
Pater Rupert Mayer wirft ein: ... der Presse, denn hat man schon einmal gelesen von einem guten Priester?
Vorsitzender: Auf keiner der beiden Seiten darf die Kritik eben übertrieben werden. Wenn Sie Ihre Bedenken wenigstens in einer anderen, milderen Form fassen würden, dann könnten wir nichts machen.
Pater Rupert Mayer: Meine Predigten sind religiöse Notwehr. Wenn Sie mich da verurteilen, dann kann ich nichts machen. Da wäre es mir lieber, daß man mich an die Wand stellt, als daß man mir meine Priesterehre und meine Soldatenehre angreift.

Es kam der Zeuge Wilhelm Wilhelm, Angestellter bei der politischen Polizei München. Er erklärte, daß er sein Stenogramm nicht mehr habe, er stenographiere 200 Silben, halte es aber für möglich, daß er einmal statt »Presse« »Prozesse« geschrieben habe. Das Gericht unterstellte dies dann zu Gunsten des Paters und legte auf diesen Punkt weiter keinen Wert. Das

Gericht nahm nicht an, Pater Rupert Mayer wollte gegen die Prozeßführung in den Sittlichkeitsprozessen etwas gesagt haben.

Pater Rupert Mayer hat dazu geäußert, das könnte er auch gar nicht, denn er sei nie bei einem solchen Prozeß dabei gewesen.

Der dritte Punkt der Anklage: *Nationalsozialismus und nationalsozialistisches Schrifttum*

Pater Rupert Mayer wird vorgeworfen, er habe dem Sinne nach gesagt, er habe das marxistische und kommunistische Schrifttum durchstudiert, und da sei ihm der Ekel aufgestiegen. Das nationalsozialistische Schrifttum sei aber nichts dagegen.

Vorsitzender: Das ist arg scharf, das geben Sie ja zu.

Pater Rupert Mayer: Das war mir furchtbar.

Vorsitzender: Man darf es auch nicht verallgemeinern.

Pater Rupert Mayer: Was ich gelesen habe, war eingestellt gegen die katholische Kirche (»Schwarzes Korps« usw.).

Vorsitzender: Passen Sie auf, Herr Pater, wenn 500 oder 50 oder 20 katholische Nationalsozialisten drinnen sind, die sich sonst freuen, Sie anzuhören, wenn die das hören, muß es ihnen doch aufstinken, wenn Sie sagen, daß das, was an nationalsozialistischem Schrifttum heute empfohlen werde von maßgebenden Stellen ekelerregender sei denn je.

Pater Rupert Mayer: Bloß nach der religiösen Seite hin.

Vorsitzender: Aber es ist halt das Religiöse schon zu stark mit dem Politischen vermischt.

Pater Rupert Mayer: Ich habe die ganze Literatur durchgesehen.

Vorsitzender: Das ist ja wohl die schärfste Äußerung. Sie bestreiten es aber nicht?

Pater Rupert Mayer: Nein! Ich habe es gesagt. Wahr ist es.

Vorsitzender: Da sind Sie halt schlecht aufgelegt gewesen, wie Sie das gesagt haben.

Pater Rupert Mayer: Da war ich noch gut aufgelegt, das bin ich immer, aber lesen Sie einmal »Das Schwarze Korps« besonders nach der religiösen Seite hin.

Der Vorsitzende sagte, das sei das Schärfste gewesen, was Pater Rupert Mayer gesagt habe und was ihm vorgeworfen werde.

Darauf *Pater Rupert Mayer:* Stark ist es, aber wahr ist es auch ..., und dann in der Praxis diese Reden, die Bühnenstücke, die Literatur! Sobald da von der Kirche die Rede ist, bekommt die Kirche immer einen Rippenstoß. Schauen Sie nur einmal den »Pfaffenspiegel« an. Im »Völkischen Beobachter« wird dieses Buch empfohlen. Als ich 1912 zu den Kommunisten kam, da war das ihre Bibel. Da hört sich doch alles auf. Ein »Oberst« Corvin hat das geschrieben. Wenn unsereiner von einem Oberst etwas hört, dann schlägt

man noch die Haxen zusammen, auch wenn man nur einen hat; denn ein Oberst ist ein ganzer Mann. Aber dieser Oberst Corvin ist ein Revolutionsoberst. Als preußischen Leutnant hat man ihn hinausgeworfen, dann hat man ihn wegen Landesverrats verurteilt zu Zuchthaus, und in der Revolution wurde er zum Oberst gemacht. Das ist dieser Corvin, der aus uralten Schmökern sein Buch zusammengeschrieben hat.
Vorsitzender: Das sind einzelne Artikel, die sehr scharf sind.
Pater Rupert Mayer: Unter allen, die ich gelesen habe, war kein anderer. Hier handelt es sich um die Religion. Damals konnte man die Zeitungen belangen, aber heute nicht mehr. Dieser Praxis gegenüber stehen die Erklärungen des Führers und Reichskanzlers. Da weiß ich heute noch nicht, wie es wirklich ist.
Vorsitzender: Sie tun ja, als ob das nationalsozialistische Schrifttum gar nichts wert wäre.
Pater Rupert Mayer: Nach der religiösen Seite hin ist es auch nichts wert.
. . .

Dann wurde der Zeuge Otto Gambs, Gestapoinspektor, vorgerufen, der den Befehl hatte, Pater Rupert Mayer zu seinen Predigten immer nachzufahren. Dieser Zeuge hat Pater Rupert Mayer auch vor der Polizei vernommen.
Vorsitzender: Kennen Sie den Angeklagten persönlich?
Zeuge: Ich kenne ihn persönlich; ich habe öfter mit ihm verhandelt.
Vorsitzender: Was haben Sie für einen Eindruck gehabt bei den Predigten?
Zeuge: Pater Mayer ist sehr gerade; er macht keinerlei Versuche, abzustreiten oder zu verschleiern und umzudrehen. Fair, gerade und offen steht er für das ein, was er gemacht hat.
Vorsitzender: Seit wann ist Ihnen seine Tätigkeit aufgefallen?
Zeuge: Seit 1934/35. 1933 hat er sich noch nicht so antinationalsozialistisch betätigt. Ich war immer in der Michaelskirche – Berichte kontrolliert. Ich war in verschiedenen Predigten.
Vorsitzender: Welchen Eindruck hatten Sie?
Zeuge: Er sprach sehr scharf und ging schon über das übliche gewohnte Maß meines Erachtens zu weit hinaus.
Vorsitzender: Beifallskundgebungen?
Zeuge: Zwischenrufe, auch Mißfallenskundgebungen, auch auf dem Lande. Ich hatte den Eindruck, daß die Sache nicht mehr rein kirchlich, sondern versammlungsmäßig aufgezogen ist ... Die Predigten sind in der Bevölkerung sehr lebhaft diskutiert worden. »Der hat sich mal getraut!« – »Der sagt's ihnen wieder richtig!« Tätlichkeiten sind mir nicht zu Ohren gekommen.

Die Anklagerede des Staatsanwalts Großer

Es gibt intime Gespräche und öffentliche Reden und Erklärungen, die einem nicht nur dem Inhalt nach ein Leben lang im Gedächtnis haften, sondern auch in ihrem Tonfall unauslöschlich im Ohr bleiben. Für mich gehört dazu der Tonfall der Anklagerede des Staatsanwalts Dr. Ernst Großer gegen Pater Rupert Mayer. Seinem übertriebenen Engagement und seinem überlauten Tonfall waren unschwer die Unglaubwürdigkeit und Verlogenheit seiner Argumentation anzuhören. Man spürte bei jedem Wort, daß das nicht seine Überzeugung war, was er hier sagte. Ich habe mich schon damals regelrecht für ihn geniert, denn es ist einfach peinlich, einen erwachsenen Mann in einer so demütigenden Rolle mit so dummen, sich widersprechenden Argumenten anhören zu müssen, ohne einen Zwischenruf machen oder sonst protestieren zu können. Hier diese »Anklagerede« Großers vom 23. Juli 1937, 13.15 Uhr bis nach 14 Uhr, und zwar wegen ihrer besonderen »Einmaligkeit« in voller Länge.

Ich sehe mich veranlaßt, eine kurze Erklärung vorauszuschicken: Ich werde meine Ausführungen als Vertreter des Staates und der staatlichen Autorität und auf Grund meiner eigenen Überzeugung machen, ohne Rücksicht auf die Anwesenheit irgendwelcher Personen in diesem Saal, entsprechend meiner Auffassung, daß das, was jetzt zur Sprache kam und noch zur Sprache gebracht wird, durchaus geeignet ist, in aller Öffentlichkeit erörtert zu werden, entsprechend einem Satze, den auch der Herr Reichsminister Göbbels in seiner bekannten Rede in der Deutschlandhalle geprägt hat: Es gibt kein Problem, das nicht in aller Öffentlichkeit vor dem deutschen Volke erörtert werden könnte. Das setzt selbstverständlich voraus, daß auch die Presse, gleichgültig welcher Richtung, die hier vertreten ist, der heutigen Verhandlung im vollsten Umfange Gerechtigkeit widerfahren läßt und aufs Deutlichste und Eindringlichste das widerlegen wird, was hier der deutschen Presse zum Vorwurf gemacht worden ist. Das gilt selbstverständlich auch für die Vertreter einer außerdeutschen Presse. Ich spreche auch nicht auf Grund einer gebundenen Weisung, sondern was ich für notwendig halte im Interesse von Recht und Gerechtigkeit.

Und nun zu den eigentlichen Ausführungen, zur Behandlung des Falles: In meiner Erinnerung steht vor mir jene Stunde, in der in diesem Hause in meinem Amtsraume der Angeklagte mir gegenüber gesessen ist und ich ihn im Auftrage des Justizministeriums zu verwarnen hatte wegen Äußerungen, die eine Beanstandung gefunden hatten in politischer Beziehung, die aber damals nicht zur Durchführung eines Strafverfahrens geführt hatten.* Diese Verwarnung hat bei weitem den Rahmen einer solchen Belehrung oder Verwarnung gesprengt und hat dazu geführt, daß ich mich eingehend auseinan-

* Betrifft die »Verwarnung« vom 7. Mai 1936; vgl. S. 20.

dergesetzt habe mit dem Angeklagten, der mir schon damals seine Ideen und Gedankengänge und Überzeugung entwickelt hat. Als er meinen Amtsraum verlassen hatte, war mir klar, daß über kurz oder lang mein amtlicher Weg und der Weg des Paters Rupert Mayer sich wieder kreuzen würden, daß der Angeklagte mit dem Gericht wieder einmal in Konflikt geraten würde. Denn ich habe damals schon seinen starren, unbeugsamen Sinn erkannt, der ihn immer wieder, meiner Auffassung nach, dazu führen mußte, von seinem Standpunkt aus mit den Forderungen des neuen Staates in Konflikt zu geraten.

Meine Voraussicht von damals hat sich erfüllt. Er steht heute vor Ihnen, um aus Ihrem Munde sein Urteil zu erfahren über sein Vorgehen der letzten Wochen und Monate in München und auswärts. Und mit ihm steht ein Mann vor Ihnen, der in den weitesten Kreisen Münchens und auch darüber hinaus bekannt und geachtet ist als Kanzelredner, Prediger, der einen bedeutenden Ruf genossen hat, dessen vaterländische Gesinnung auch bekannt ist und von dem man allgemein weiß, daß er sie seinerzeit im Felde mit seiner Gesundheit bezahlt hat.

Meine Herren! Ich halte es deshalb für notwendig, in aller Kürze auf die tieferen Ursachen und Zusammenhänge und Hintergründe einzugehen, die dazu geführt haben, daß dieser Mann überhaupt vor Ihnen sich verantworten muß. Als vor 4 Jahren, 1933, die nationalsozialistische Bewegung die politische Macht in Deutschland übernahm, ist damit nicht nur eine Umformung des politischen Lebens, eine Umformung und Umstellung auf den Gebieten der Verwaltung und Gesetzgebung erfolgt, sondern die nationalsozialistische Staatsführung hat in konsequentester Durchführung ihres Gedankens, daß es sich dabei nicht nur um ein politisches Parteiprogramm, sondern um eine Weltanschauung handelt, stets für sich in Anspruch genommen, diese Weltanschauung zur Geltung zu bringen. Und Kunst und Wissenschaft, Handel und Verkehr und Industrie und alle die Beziehungen, in denen Menschen in einem Volkskörper zueinander stehen, sind umgestaltet worden im nationalsozialistischen Sinn. Es mußte dabei selbstverständlich auch aufgeräumt werden mit manchen überkommenen Begriffen und Anschauungen aus früherer Zeit.

Es ist selbstverständlich, daß bei einer so grundlegenden Umgestaltung des ganzen völkischen Lebens, die in der Verwirklichung des Gedankens von der Totalität des Staates ihren Ausdruck gefunden hat, Zusammenstöße erfolgen mußten mit jenen Mächten, die außerhalb des Nationalsozialismus eine Einflußnahme auf diesen Gebieten für sich forderten. Es erwies sich in der Folgezeit, daß gerade die katholische Kirche oder, noch allgemeiner, der politische Konfessionalismus in Deutschland eine besondere Macht war, die sich gegen diese Bestrebungen des Nationalsozialismus als Weltanschauung gestellt hat.

Die Reichsregierung hat in dem Bestreben, sowohl nach innen wie nach außen, nach der Revolution eine friedliche Revolution treten zu lassen, bald nach der Machtübernahme, schon im Jahre 1933, das Konkordat mit dem Hl. Stuhl abgeschlossen, um dadurch eine Befriedung des innerkonfessionellen Lebens zu erreichen. Dabei ist sie selbstverständlich von der Voraussetzung ausgegangen, daß die katholische Kirche ihrerseits mitarbeiten würde an der inneren Befriedung des deutschen Volkes. Diese Erwartung hat sich nicht in vollem Umfange erfüllt, im Gegenteil! Es mußten mehr und mehr Beobachtungen gemacht werden, daß z.T. von vielleicht kurzsichtigen Stellen, z.T. von einzelnen Aktionen, die hier vorgestoßen sind – das will ich zugeben –, über allgemeine Anweisungen hinaus Widerstände geltend gemacht worden sind, die sich der Staat nicht gefallen lassen konnte. Denn der nationalsozialistische Staat ist aus einer 14jährigen Kampfzeit hervorgegangen. Es ist selbstverständlich, daß sich dieser Staat die Früchte seines Kampfes nun, nachdem er das Ziel erreicht hatte, nicht entwinden lassen konnte von irgendwelcher Macht, woher solche Versuche auch immer kommen mochten. Der Staat war damit von vornherein in eine Kampfstellung gegenüber derartigen Versuchen gestellt. Und der Staat hat ebenso wie die Kirche gewußt, daß angesetzt werden müßte in erster Linie bei der Jugend, daß in sie der Same gelegt werden muß für die spätere Entwicklung. Es ist überflüssig und unzweckmäßig, bei der alten Generation anzufangen, die in ihren Begriffen aufgewachsen ist und bei der eine Umstellung wohl nicht mehr erwartet werden konnte. So hat der Staat aus dieser Erkenntnis heraus sich besonders um die deutsche Jugend angenommen und besonderen Einfluß auch auf dem Gebiet der Erziehung, des Unterrichts, der Kameradschaft etc. gefordert; denn die Jugend ist der zukünftige Träger des deutschen Staatsgedankens.

Ebenso hat die Kirche erkannt, daß ihre Macht in erster Linie in der Jugend verankert sein muß. Die Jugend ist begeisterungsfähig, tatenfähig. So ist von Anfang an die Kampfstellung da, die in letzter Zeit zu immer schärferer gegenseitiger Befehdung geführt hat. Es hat keinen Sinn zu leugnen – im Interesse der Wahrheit –, daß tatsächlich von beiden Seiten ein Kampf geführt wird. Vom Staat um seiner Idee, seinen Bestand, seiner völkischen Grundsätze willen, und daß dieser Kampf besonders sich annimmt um die Jugend.

So hat der nationalsozialistische Staat das allergrößte Interesse auch an der Schulbildung, an der Gestaltung des Schulwesens. Deshalb gebe ich ohne weiteres zu, daß es der Wille des Staates ist, daß die Konfessionalisierung der Jugend, die der Staat als eine Störung der Volksgemeinschaft empfunden hat, ausgeschaltet werden sollte schon in der Jugend. Wenn der Wille des Staates sich dahin geltend gemacht hat, daß die deutsche Gemeinschaftsschule gefordert werden soll, so wurde in der heutigen Verhandlung dagegen eingewendet, daß dieser Kampf nicht von staatlicher Stelle aus geführt würde, sondern von einem eigens hierzu geschaffenen eingetragenen Verein, besonders von der Deutschen Schulgemeinde e. V. Es seien also das nicht Dinge des Staates! Ich halte das als ein Vorbeigehen an den richtigen und zutreffenden Zusammenhängen. Gewiß, die Deutsche Schulgemeinde ist gegründet worden zur technischen Durchführung des Kampfes und der einzelnen Methoden, wie diese Werbung organisiert werden sollte. Aber über allem ist der Wille des Staates gestanden, die deutsche Schulbindung in den nationalsozialistischen Volksverband hineinzuorganisieren. Und deshalb ist es schon aus dieser grundsätzlichen Erwägung nicht angängig, hier zu trennen zwischen derselben und dem Staate. Wir haben eine Reihe von Erklärungen maßgebender leitender Persönlichkeiten, z.B. das außerordentlich kräftige Eintreten des Ministers Wagner für die Gemeinschaftsschule; auch darin, daß Reichsminister Göbbels erklärt hat, die deutsche Jugend solle nicht in erster Linie zu Katholiken und Protestanten, sondern zu Deutschen erzogen werden! Der Angeklagte hat also hier, wenn er sich in scharfer Weise, die noch zu erörtern sein wird, gegen die Werbungen und Maßnahmen der deutschen Gemeinschaftsschule ausgelassen hat, gegen den ihm bekannten Willen des Staates verstoßen; damit staatliche Angelegenheiten in den Kreis seiner Erörterungen hereingezogen, so daß, wie das selbstverständlich ist und ohne weiteres einleuchten wird, der Staat mitzureden hat; wobei ich nicht verkennen will, daß auch die Kirche ihrerseits selbstverständlich ein Recht beanspruchen kann, hier mitzureden. Es sind dies sog. gemischte Angelegenheiten, wo sowohl der Staat wie auch die Kirche mitreden können und wollen, wo besonders wünschenswert gewesen wäre, daß hier eine tragbare Basis für ein gemeinsames Zusammengehen gefunden worden wäre.

Der Staat hat weiterhin auch seinen Grundsatz von der Totalität des Staates von der umfassenden Einflußnahme auf die Willensbildung des deutschen Volkes in der richtigen Erkenntnis von der Bedeutung der Propaganda und Presse geprägt. Der deutsche Staat, der nationalsozialistische Staat, hat bewußt Abstand davon genommen, daß die Presse ein Feld sein soll, wo die verschiedensten Meinungen ausgetragen werden sollen, auf dem Rücken des deutschen Zeitungslesers, der sich selbst eine Meinung bilden soll, und daß es also von der Presse abhängen soll, ob er von dieser oder jener Richtung in dem einen oder anderen Sinne beeinflußt werden soll. Die deutsche nationalsozialistische Regierung will bewußt in ihrem Sinne, in ihrer Auffassung, nach ihren weltanschaulichen Grundsätzen das deutsche Volk erziehen und bedient sich auch der deutschen Presse. Es ist abgerückt worden von dem früheren Grundsatz der freien Meinungsäußerung. Wenn auch hier irgend etwas wie Recht auf die Wahrheit im Interesse der einheitlichen Erziehung des deutschen Volkes unterdrückt wird – das gebe ich zu –, so ist das gerechtfertigt im Sinne der hohen Staatsauffassung, geboten im Sinne der nationalsozialistischen Weltanschauung, so ist es auch zu verstehen, daß da und dort sich Dinge in die Zeitungen eingeschlichen haben können, die nicht gebilligt werden können, die verurteilt werden müssen, aber das hat zurückzutreten gegenüber dem großen Ziel, dem einheitlichen großen uniformen Ziel, der Erziehung des deutschen Volkes.

Ich habe das vorangestellt, um darzutun, daß es nicht darum geht, daß der Angeklagte in dem einen oder anderen Fall nachweisen kann, daß er sich berechtigt hielt, vermeintliche Mißstände, Unrichtigkeiten, Irrtümer vielleicht aufzudecken. Selbstverständlich, es kommen überall Fehler vor, Unrichtigkeiten, so ist es lächerlich zu meinen, daß in einem jungen Staatswesen vollkommene Unfehlbarkeit herrsche ... Aber das hat zurückzutreten und hat keine Bedeutung im Rahmen des Großen und Ganzen. So kann die deutsche Staatsregierung mit allen zu Gebote stehenden Mitteln verlangen, daß der deutsche Staatsbürger sich ihren Gesetzen, die er selbst in Wahlen und Abstimmungen erworben hat, unterwirft und nie irre gemacht wird von irgendwelcher Seite. Schon durch die Tatsache allein, daß der Angeklagte Dinge des Staates (Schule und Presse) auf der Kanzel, in der Öffentlichkeit, vor einem Forum von Gläubigen erörtert hat, und zwar in einer zersetzenden Weise, hat er gegen die Interessen, gegen den klaren eindeutigen Willen des Staates verstoßen. Es ist nicht notwendig, in den einzelnen Fällen einen bestimmten Verbalverstoß nachzuweisen.

Ich glaube, ich habe damit im großen und ganzen das Bild schon entworfen, das heute aus dieser Verhandlung sich ergeben hat. Und ich brauche nur noch an Hand der Anklage der einzelnen Predigtworte dieses Bild in den einzelnen Strichen nachzuzeichnen und Ihnen die gesamte Würdigung des Falles anheimzugeben. Ich halte mich hier an die Anklage, will aber nicht die ganzen Predigten wiederholen, nur in Kürze herausgreifen, worin im besonderen diese Einflußnahme des Angeklagten gegen die Interessen des Staates zu sehen ist.

Zur Predigt vom 3.2.1937 in der St. Josefskirche:

Damit ist zum Ausdruck gebracht worden, daß dieser Sieg mit unredlichen Mitteln erkämpft wurde. Es mag in den Methoden über das Ziel hinaus gegangen worden sein, aber in die Zuhörer ist der Zweifel hineingetragen worden, die Skepsis: Glaubt das nicht!

Genau das gleiche in den anderen Predigten: z.B. in der Predigt vom 29.3.1937 in Ursberg.

Dann Predigt vom 11.4.1937 in Weißenhorn:

Das ist eine Auslassung, die auch in ihrer Form in den Rahmen nicht hineinpaßt, in welchem der Angeklagte gesprochen hat, ich habe mich gewundert, daß er in der Heiligkeit der Kirche solche drastische Ausdrücke gebraucht hat. Aber auf die Form will ich gar keinen so großen Wert legen. Man soll nicht den Eindruck bekommen, daß er wegen einiger verbaler Entgleisungen, die ihm in der Hitze des Gefechtes von der Zunge geflogen sind, verurteilt wird, sondern um des Eindruckes willen, den die Rede gemacht hat, um den Sinn der Rede, der den Willen des Staates nicht geachtet hat.

Weitere Äußerungen: »... die Sache hat einen ernsten Hintergrund, es kommt einem gerade vor, als ob die Reichsregierung das Konkordat abgeschlossen hat, um es sabotieren zu lassen von den untergeordneten Stellen.« Der Angeklagte hat seinen Standpunkt eingehend vorgetragen; ihm ist entgegenzuhalten, daß dieses »um« bestätigt worden ist unter Eid und durch die übereinstimmenden Stenogramme von fünf Personen. Man könnte hier daran denken, daß der Angeklagte gerade diese Stelle abspricht, weil sie für ihn besonders gravierend ist. Es ist klar, er weiß es selbst, daß er hier in einer viel deutlicheren und unmittelbareren Form der Staatsregierung eine ehrlose Handlung, einen gewollten Vertragsbruch, also ein falsches, doppelzüngiges Spiel vorwirft. Ein außerordentlich schwerer Vorwurf! Ich könnte sagen, daß er, um diese Bedeutung zu entkräften, das »um« in Abrede stellt. Ich will das nicht tun; ich habe den bestimmten Eindruck, daß er, wenn er das so gesagt hätte und sich dessen bewußt wäre, es auch zugeben würde. Daß seine Wahrheitsliebe – er hat sich selbst als ein Wahrheitseiferer bekannt – so weit gehen würde, das zuzugeben. Die Lösung dieses Widerspruches ist wohl darin zu finden, daß er so etwas sagen wollte, es aber in anderer Weise zum Ausdruck gebracht hat, wie ja auch der Zeuge Gambs in seiner Aussage bestätigt hat. Für die subjektive Seite, die Willensrichtung, ist dies von Bedeutung; für die objektive Seite, die Wirkung auf die Zuhörerschaft, ist das aber ohne Bedeutung. Es ist klar, daß diese Worte bei unbefangenen Zuhörern, die vielleicht die Person des Angeklagten nicht so gut gekannt haben, den Eindruck hervorrufen mußten, als habe er damit den vorhin gekennzeichneten Vorwurf gegen die Reichsregierung erheben wollen.

Die weiteren Äußerungen des Angeklagten liegen in gleicher Linie. Es sind fast wörtliche Wiederholungen. Er hat von einem »Staatsbetrug« gesprochen, ich will nicht um Worte und Silben und Buchstaben feilschen. Der Angeklagte behauptet, er habe »Staatsbetrug« im Sinne von »Mordsbetrug«, von »großem Betrug« gemeint. Ich gebe ihm zu, daß er von sich aus nicht behaupten wollte, der Staat als solcher habe betrügerisch gehandelt; aber die Wirkung auf die Zuhörer war natürlich wieder die gleiche, daß er dem Staat ein betrügerisches Handeln vorwerfen wollte.

Schließlich hat er auch noch von »unredlichen Waffen« gesprochen und davon, daß man »mit roher Gewalt kein Recht zerstören könne«. Das ist eine außerordentlich scharfe aggressive Form.

In dem zweiten Teil der Anklage: Äußerungen über katholische Geistliche und Ordensangehörige (Strafverfahren) sowie Berichterstattung darüber, konnte ich von alledem, was der Angeklagte vorbrachte, am allerwenigsten folgen; denn hier hat er zweifellos nicht recht, wenn er sagt: Die große Störung (Ruhestörung) der Öffentlichkeit, der Einigkeit, die Untergrabung des Vertrauens gegenüber der Kirche und ihren Angehörigen werde erzielt durch diese Art der Presse-Berichterstattung. Da glaube ich, hat er doch der Wahrheit nicht genügend die Ehre gegeben. Bei richtiger Beurteilung muß man sagen, das heißt die Sache umkehren. Denn erwiesen ist, daß in soundso vielen Fällen Verurteilungen wegen scheußlicher Verfehlungen erfolgt sind, die berechtigte Entrüstung und Empörung hervorgerufen haben. Dies ist es natürlich, was hier das Vertrauen zur Kirche und ihren Würdenträgern untergräbt, nicht die Art der Berichterstattung. Ich gebe zu, daß die Berichterstattungen – wir leben in einem Kampf, in dem es hart auf hart geht (»Kampf«blätter!) – noch scharf unterstrichen herausgehoben worden sind. Das ändert aber nichts daran, daß das eben doch wahr ist und daß die Kirche und der Angeklagte bei gerechter Beurteilung an der Wahrheit dieser Tatsachen nicht vorübergehen kann, wenn er selbst nicht Wege gehen will, die seinem geraden Wesen widerstreben müßten.

Davon aber abgesehen, hat er sich in seiner Ausdrucksweise einer Verallgemeinerung bedient, die gegenüber einzelnen Mißgriffen und Übertreibungen, die vorgekommen sein können, nicht angebracht waren: »... glauben wir grundsätzlich nicht!« Es wurde hier entgegengehalten: »Nur in religiösen Dingen!« An der Einschränkung aber darf man nicht vorbeigehen ...

Der Angeklagte hat durch sein Verhalten bewiesen, daß er all diese Dinge, insbesondere den Schulkampf, der in erster Linie eine staatliche Angelegenheit ist, als eine religiös-sittliche Sache auffaßt und daß hier die Grenzen verschieden sind je nach der Auffassung von der einen oder anderen Seite und daß keine scharfe Trennungslinie gezogen werden kann zwischen Staat und Kirche, sondern ein Hinüber- und Herübergreifen von Interessen möglich ist. Der Angeklagte kann von seinen Zuhörern nicht die feine Unterscheidung verlangen! – Auch der Appell: »Lest keine Zeitungen« liegt auf der gleichen Linie. Der weitere unmißverständliche Hinweis in der Predigt vom 2. Mai 1937: »Von den anderen hört und liest man nichts, nie etwas ...; wer selbst im Glashaus sitzt ...« kann nur ganz deutlich hinweisen darauf, daß die heute an der Macht befindlichen Stellen es nicht nötig hätten, die Sittlichkeitsprozesse in dieser Weise aufzuzeigen. Damit hat er in seine Zuhörerschaft wiederum das Mißtrauen, den Zweifel hineingetragen gegenüber der Staatsführung. Es ist richtig, es läßt sich nicht leugnen, aber wir Menschen sind alle Menschen nur und unterliegen Irrtümern und Fehlern. Es ist nicht möglich, daß sofort mit einer Umformung des Lebens auch all die Schattenseiten des Lebens nun auf einmal ausgemerzt sind. Solange es Menschen gibt, werden sie Fehler machen und Verbrechen begehen. Aber diese Dinge werden auch zur Rechenschaft gezogen werden. Ich habe auch gegen sittliche Dinge auf anderen Gebieten hier gesprochen. Aber sie hier absichtlich hervorzuheben, herauszustellen gegenüber der erwiesenen Tatsache von Sittlichkeitsverfehlungen von Geistlichen, ist Absicht, ein ganz bestimmtes Ziel, das der Angeklagte verfolgt hat, um das Vertrauen in die Kräfte, die die Staatsführung verkörpern, zu stören.

Der Staat, das muß ich hier wieder betonen, kann von sich aus, kraft seiner Autorität und Totalität, verlangen, daß auch einmal etwas, was dem Volke nicht zuträglich ist, von unberufener Seite nicht an die große Glocke gehängt wird. Das ist keine Vertuschung der Wahrheit, das ist notwendig im Interesse der Auffassung, die heute in unserm Staate vertreten wird und die ich hier zu vertreten habe.

Dann möchte ich noch einen Ausdruck streifen, der in der Form eine grobe Entgleisung darstellt. »Wir werden eine Stinkbombe werfen.« Ein Ausdruck, den ich hier in seiner Ungehörigkeit nicht weiter zu erörtern brauche.

Der Angeklagte hat weiterhin von Lügen gesprochen, daß man dem katholischen Volke etwas vorzulügen versuche, daß es Beweise gäbe, die genügen würden, ihm jeden Glauben an einen Großteil der deutschen Presse zu nehmen. Ich unterstelle hier die Äußerung: »Dann ist es aus und vorbei mit dem Vertrauen auf einen Großteil der deutschen Presse.« Das ist eine Verallgemeinerung, die nicht berechtigt ist. Der Angeklagte hat eine Reihe von Fällen angeführt, die eine unrichtige Berichterstattung erfahren haben. Ich will nicht für diese Art der Berichterstattung eintreten, obwohl es begreiflich ist, daß in einer bewegten Zeit auch Irrtümer vorkommen. Aber der Angeklagte hätte der Gerechtigkeit die Ehre geben müssen und zugeben, daß, wo die deutschen Gerichte befaßt worden sind mit solchen Fällen, sie all das Ihre getan haben, um diese Gerechtigkeit zu erfüllen. Heute vor einer Woche wurde hier im Hause ein Fall abgeurteilt wegen Aufstellung einer unwahren Behauptung über einen katholischen Geistlichen. Also den Gerichten kann nicht der Vorwurf gemacht werden ...

Weiter der Fall von der Wasserburger Zeitung!* Es müßte auch hier der Wahrheit die Ehre gegeben werden, daß in Form eines gerichtlichen Vergleichs die betreffende Berichterstattung jene Äußerung zurückgenommen hat. Also, das zu verschweigen, ist auch nicht im Sinne der Wahrheit. Man

* Schriftleiter Ludwig König hatte am 5.11.1936 im »Wasserburger Anzeiger« auf Befehl des Kreisleiters wider besseren Wissens verleumderische Behauptungen über den Stadtpfarrkooperator Peter Gries veröffentlicht. Nach langwierigem Strafprozeß mußte er sich in nichtöffentlicher Sitzung vor dem Amtsgericht Wasserburg (Akzenzeichen: Bs 11/36) am 25.5.1937 zum Widerruf in seiner Zeitung verpflichten.

merkt eben doch, daß es dem Angeklagten in seiner kämpferischen Einstellung nur darum zu tun war, nur das zusammenzustellen und zusammenzutragen, was als Gegenstand gegenüber dem Staat zusammengetragen werden konnte.

Zum letzten Punkt: Predigt vom 26. Januar 1937 über das nationalsozialistische Schrifttum. Grobe, verunglimpfende Sätze: daß ihm in der Marxistenzeit schon der Ekel aufgestiegen sei, daß aber das noch weit übertroffen werde durch das, was heute von der nationalsozialistischen Literatur gebracht würde. Der Angeklagte bringt vor: Natürlich nur auf religiösem Gebiet! Aber es ist da eine Trennung nicht zu ersehen! Bei den Leuten mußten diese Worte den Eindruck hervorrufen, daß das nationalsozialistische Schrifttum in Bausch und Bogen abgelehnt werden müsse.

Die letzte Rede ist weniger schwerwiegend. Ich möchte nur auf die letzten Worte der Anklage hinweisen. Der Angeklagte hat selbst gesagt: »Da kennt man sich nicht mehr aus, was richtig ist.« Damit hat er selbst sein ganzes Verhalten in all diesen Predigten gekennzeichnet. Er hat in seine Zuhörer den Zweifel hineingetragen, so daß sie nicht mehr wissen, was recht ist; Zweifel an der Richtigkeit, Klarheit, Notwendigkeit der nationalsozialistischen Staatsführung, um sie irre zu machen! Er hat heute selbst gesagt: »Ich muß die Leute mit Mißtrauen erfüllen gegenüber der Presse.« Darin kann ich ihm nicht beistimmen. Es ist nicht meine Aufgabe, ihm darzustellen, wie er hätte predigen können. Aber ich kann mir gut vorstellen, daß ein Mann von diesen Fähigkeiten und Geistesgaben sehr wohl einen Weg hätte finden können, der auf der einen Seite die Belange des Staates wahrt und auf der anderen Seite auch all das sagen kann, ohne daß es notwendig wäre, die Methoden des Staates anzugreifen und herabzuwürdigen und Zweifel und Mißtrauen zu säen.

Der Angeklagte hat nach all dem, was ich aufgeführt habe, als Priester in Kirchen, als Verkünder des Wortes Gottes Angelegenheiten des Staates in mehrfacher Hinsicht erörtert, und zwar in einer Weise, die geeignet sein mußte, den inneren Frieden zu gefährden, d.h., das Gefühl in den unbefangenen Zuhörern heraufzubeschwören, daß die rechtliche Sicherheit, der Rechtsfriede und die Rechtsgarantie nicht gewährleistet sei, daß die Staatsführung selbst nicht nach dem Rechten sehe, nicht in rechten Händen liege, daß sie die Gewalt mißbrauche auf verschiedenen Gebieten der Lebensäußerung und daß damit eine Gefährdung des inneren Friedens, eine Beeinträchtigung des Gefühls des Schutzes gegeben und das Bewußtsein des Schutzes innerhalb dieses Staatswesens bei den Zuhörern erschüttert werden mußte. Das war dem Angeklagten nicht nur bekannt, sondern er hat das beabsichtigt, wie seine eigenen Worte »Ich muß die Leute mit Mißtrauen erfüllen« bekunden.

Er hat sich damit in objektiver und subjektiver Weise eines Vergehens des Kanzelmißbrauches nach § 130 a StGB schuldig gemacht. Er kann sich nicht darauf berufen und will es auch nicht tun, daß für ihn als Geistlichen andere Rechte gelten würden als für andere Menschen. Dafür ist er selbst zu sehr gerechtigkeitsliebend. Er kann sich aber auch nicht darauf berufen, daß er hier im Sinne eines Notstandes gehandelt habe. Er hat die Gesetze des Staates zu respektieren, dem er angehört und in dem er wirkt. Er darf in keiner Weise gegen diesen Staat vorgehen, und wenn er glaubt, daß Belange der Kirche, der Religion, des Glaubens in Gefahr sind, so muß es für ihn andere Mittel und Wege geben, Vorstellungen etc. bei seinen kirchlichen Oberen, bei den staatlichen Machthabern, das zu erreichen, was sein Ziel und Zweck ist. Aber er darf nicht das Volk hin- und herreißen, zum Spielball widerstreitender Gefühle machen.

Der Angeklagte hat sich aber über die Vergehen des § 130 a hinaus auch noch eines Vergehens gegen das Heimtückegesetz vom 20. Dezember 1934 schuldig gemacht, das sich der Staat geschaffen hat, um derartige Querschüsse von vornherein zu hintertreiben, um abzuhalten, daß die klare Linienführung seiner Politik weltanschaulicher Erziehung beeinträchtigt werden könnte. Der Angeklagte hat in hetzerischer Weise, also mit der Absicht, mit dem Bewußtsein, einen Zwiespalt hineinzutragen, das Vertrauen des Volkes zur Staatsführung zu untergraben versucht, versucht, den großen Kampf, der schwebt, hier auflodern zu lassen und das Volk zu einer Stellungnahme für und gegen zu entflammen, also in aufwühlender, stellungnehmender Absicht gehandelt, und zwar gegen Maßnahmen staatlicher Stellen, wobei es nicht notwendig ist, gerade die betreffenden Personen im einzelnen festzuhalten; es genügt, im allgemeinen darauf hinzuweisen, daß alle diese Anforderungen vom Staat nicht nur gebilligt und geduldet, sondern ausdrücklich gewünscht werden – also gegen Anordnungen und Einrichtungen maßgebender Persönlichkeiten des Staates und des Nationalsozialismus gekämpft in der Absicht, das Vertrauen des Volkes zur politischen Führung zu untergraben. Seine Ausführungen waren auch geeignet, dieses Ziel zu erreichen; daher liegt ein Vergehen gegen § 2 Absatz 1 des Gesetzes vom 20. Dezember 1934 vor.

Ich beantrage, den Angeklagten wegen dieser beiden Vergehen, auf Grund eines einheitlichen Willensentschlusses bei jeder sich ihm bietenden Gelegenheit begangen, wegen fortgesetzter Vergehen nach dem StGB 130 a und § 2 Abs. 1 des Gesetzes vom 20. Dezember 1934 zu verurteilen.

Ich muß auf die strafmildernden und straferschwerenden Gründe eingehen, die hier in besonderer Weise eine Bedeutung haben und Beachtung verdienen, aber auch schwer zu fassen sind:

Zu Gunsten des Angeklagten sprechen eine ganze Reihe von Umständen. Zunächst ist da die Tatsache, daß er mit seinen 61 Jahren nicht vorbestraft ist, daß er makellos durch das Leben gegangen ist, wie das allerdings bei einem Geistlichen selbstverständlich ist oder doch sein sollte; er ist im Felde gestanden und hat sich in besonderer Weise als tapferer und vaterlandsliebender Mann hervorgetan, was ich hier nicht näher zu schildern brauche, weil von den beiden Verteidigern eingehend darauf hingewiesen werden wird. Auch Verleihung von Orden! Er war auch in der Folgezeit ein mutiger Kämpfer gegen den Bolschewismus; er hat sich damit tatkräftig mit seiner ganzen Persönlichkeit hinter den völkischen, deutschen Gedanken gestellt. Ich kann hier nicht an einer Bemerkung vorübergehen, die ich im Interesse der Gerechtigkeit für notwendig erachte. Ich möchte dem Angeklagten gerade als Anwalt des Staates, dem er angehört, auch den Schutz des Staates zukommen lassen und erkläre, daß ich von einer Bemerkung ausdrücklich abrücke, in der der Angeklagte als Handlanger des Bolschewismus bezeichnet worden ist. Ich möchte mich nicht damit identifizieren! Der Angeklagte hat vor allen Dingen aber gehandelt – und das wird besonders ausschlaggebend sein – nicht aus einer Lust, zersetzend zu wirken, den Staat als solchen zu untergraben, sondern, das muß man ihm zubilligen, aus einer glühenden inneren Überzeugung, fast fanatisch gläubigen, religiösen Einstellung heraus, die ihn immer wieder dazu drängt, hinzutreten und das, was er für recht hält, von seinem Standpunkt aus zu verkünden.

Diese Überzeugung können wir als Menschen achten; aber sie kann nicht dazu führen, daß der Staat in einer falschen Gefühlsbetonung sich derartige Dinge bieten lassen kann. Der Staat muß rücksichtslos über Persönlichkeiten hinweggehen, die man nicht in eine Linie setzen kann mit Verbrechern, die aber doch für den Bestand des Staates eine Gefahr bedeuten. Man hat auch mit derartigen Ansichten aufzuräumen. Darum liegt in diesen Milderungsgründen, wie überhaupt bei fast allen Milderungsgründen zugleich ein besonderer Erschwerungsgrund für den Angeklagten; denn die Überzeugung, mit der er für seine Idee eingetreten ist, hat ihn auch dazu geführt, daß er mit ganz besonderer Hartnäckigkeit, Eifer und Verbissenheit sich eingesetzt hat für das, was er glaubte, den Leuten sagen zu müssen, und daß durch die ganze Kraft der Überzeugung, die hinter ihm steht, auch ein ganz besonderer Eindruck hervorgerufen worden ist, der weit gefährlicher ist bei der Persönlichkeit des Angeklagten als bei irgendeinem unbekannten, kleinen, unbedeutenden Mann, der einmal seine eigene Meinung in den Wind hinausredet.

Hinter dem Angeklagten steht eine große Macht, die Macht seiner Persönlichkeit, seiner Überzeugung, der Kirche. Auch der letzte Punkt darf nicht übersehen werden, daß in die Bevölkerung der Glaube hinausgetragen wird, daß Uneinigkeit in Deutschland besteht, daß die kirchlichen Stellen den Staat bekämpfen, daß die beiden großen Machtfaktoren einander entgegenarbeiten statt daß sie an einem Strange ziehen. Das ist natürlich eine ganz besondere Gefahr, die in der Bevölkerung hervorgerufen wird. Erschwerend wirkt auch, daß sich der Angeklagte einer großen Häufung seiner hetzerischen Äußerungen schuldig gemacht hat, an verschiedenen Stellen, Orten und Zeiten, immer wieder in diesem Sinne gepredigt hat vor einer großen und begeisterten und aufnahmefähigen Menschenmenge in München und anderswo; und daß man schließlich bei dem Bildungsgrad des Angeklagten erwarten konnte, daß ihm das Unrichtige seines Verhaltens in besonderer Weise vom Standpunkt des Staates aus aufgegangen wäre.

Ich fasse all die Gründe, die zu Gunsten und zu Lasten des Angeklagten sprechen, zusammen und beantrage gegen den Angeklagten, daß er in Strafe zu nehmen ist, wegen eines fortgesetzten Vergehens gemäß § 2 Abs. 1 des Gesetzes vom 20. Dezember 1934 in Tateinheit mit einem fortgesetzten Vergehen gemäß § 130 a des RStG., eine Gefängnisstrafe von 6 Monaten auszusprechen. Ein Monat der erlittenen Untersuchungshaft ist anzurechnen. Der Notwendigkeit, mich zu der Frage zu äußern, ob mit Rücksicht auf die Überzeugungstat des Angeklagten im Rahmen des § 130 a u. U. eine Festungshaft hier angezeigt wäre, bin ich enthoben, weil ja die Strafe nicht dieses Gesetz allein betrifft, sondern auch das Gesetz vom 20. Dezember 1934 zum Schutz von Volk und Staat, so daß die andere Frage hier nicht mehr aufgeworfen werden kann.

Der Angeklagte befindet sich in Haft. Ich sehe ab, den Antrag zu stellen auf Haftfortdauer für den Angeklagten, aus folgenden Erwägungen: Für die Verhängung der Haft war eine Erklärung des Angeklagten maßgebend, die er von sich gegeben hat, daß er, gleichgültig wie Gericht, Behörde, Staatsanwalt, Polizei darüber denken, weiterhin fortfahren werde, das zu verkünden, was er für richtig hält, und dadurch zum Ausdruck gebracht hat, daß er sich nicht abhalten lasse, von dem, was er getan hat ... Er ist heute ja von dieser Auffassung abgerückt; er hat heute früh zu Beginn der Verhandlung eine Erklärung abgegeben, daß unter aller Wahrung seiner Überzeugung ... doch die Annahme gerechtfertigt erscheinen läßt, daß er unter Berücksichtigung der Belehrung, die ich ihm damals erteilen konnte und mußte und die er aus den Worten des Vorsitzenden bekommen hat, unter dem Eindruck der Gerechtigkeit, die hier in diesem Sitzungssaal vom ersten bis zum letzten Augenblick gewaltet hat, in strenger Objektivität, von seiner Einstellung abrücken wird und in Zukunft alles versuchen wird zu unterlassen, was irgendwie Interessen des Staates gefährden wird. Aus dieser Erwägung heraus hoffe ich, daß der Angeklagte die Freiheit nicht mißbrauchen wird, so daß deshalb ein Grund für die Fortdauer der Haft nicht mehr besteht.

Die Verteidiger haben das Wort: »Religiöse Notwehr«

Am späten Nachmittag sprach von 17 Uhr bis 18.15 Uhr Justizrat *Dr. Joseph Warmuth* als erster Verteidiger:

Ich danke für die objektive Führung des Prozesses. Auch dem Herrn Staatsanwalt. Solche Vorbilder verpflichten. Ich sehe deshalb auch davon ab, daß eine Zeitung den Pater Rupert Mayer als Bundesgenossen des Bolschewismus bezeichnet hat. Vielleicht ist ein Berichterstatter des »Stürmer« da, und vielleicht berichtigt er das. Ich bin gespannt, ob dieser Optimismus sich als gerechtfertigt erweist.

Die Anklage ist eine Auswirkung der Spannung zwischen Staat und Kirche. Als katholischer Deutscher bedaure ich diese Spannung tief. Möge sich bald eine Lösung finden und möge auch dieser Prozeß dazu beitragen, die Spannung zu lösen.

Ich bin mit Pater Rupert Mayer 25 Jahre befreundet. Es gehört zu den Höhepunkten meines Berufslebens, daß ich ihn verteidigen darf. Ich weiß, daß die Jesuiten viel angefeindet werden. Mich stört das nicht. Mir sind sie sympathisch. Mir ist folgende Episode erzählt worden: Im Gefechtsbereich bei Rumänien steht der Frontabschnitt unter schwerstem feindlichem Feuer. Alles sucht Deckung, und die Sanitäter sind froh, wenn sie sich in einen Granattrichter werfen können. Ein Kamerad bleibt schwer verwundet noch draußen liegen. Da geht Pater Rupert Mayer aufrechten Ganges zu ihm durch das Feuer und deckt den Kameraden mit seinem Körper.

Der Dichter Hans Carossa hat als Militärarzt Pater Rupert Mayer unmittelbar nach seiner Verwundung am 30. Dezember 1916 versorgt und gesprochen. Er schreibt darüber in seinem 1934 erschienenen Buch »Führung und Geleit«:

Was er vorbrachte, war weder Wunsch noch Klage; er entschuldigte sich nur wegen seines ewigen Ächzens und Stöhnens, von dem wir übrigens nichts bemerkt hatten. Die fast lautlose Stimme verriet keinen Schmerz, keine Angst; eher schien ein heimlicher Jubel dahinter zu schwingen, und man hätte sich geschämt, ihn zu bemitleiden. Der Mann, der da in seinem Blute lag, behielt ja mitten im jammervollsten Zustand noch den Ausdruck einer ungemeinen Überlegenheit über sich selber. In seinem Dasein, dies fühlte man, war etwas Planmäßiges, auch das gegenwärtige Unglück, sicher seit langem als Möglichkeit in Rechnung gezogen, und gewiß nicht auf der Seite der Verluste. Der Unterschied zwischen einem Menschen, der noch mit wildem Drang im Leben haftet, und dem Entsagenden, der seine Triebe ins Geistige hinüberwandelt, war mir nie deutlicher geworden ...

Beim Abtransport hatte Pater Mayer nochmals allen seinen Soldaten von der Tragbahre aus den Segen gegeben. Manch ein letztes und liebes Wort verschenkte er noch an die Kameraden, die für ihn und mit ihm buchstäblich durchs Feuer gegangen waren. Dem Pferdeburschen hat er zum Abschied gesagt: »Jetzt kann ich nie mehr reiten.« Das war ihm sicher arg. Er war unter den besten Reitern der Division gewesen.

So wie er damals den verwundeten Kameraden gedeckt hat, deckt er heute mit seiner ganzen Person die katholische Kirche. Pater Rupert Mayer ist ein deutscher Mann. Pater Rupert Mayer ist ein katholischer Mann. Meine hohen Herren! Sie bitte ich, das Bild von dem Mann, der den verwundeten Kameraden gedeckt hat, mit in Ihr Beratungszimmer zu nehmen. Dann werden Sie den richtigen Weg zum richtigen Urteil finden.

Pater Rupert Mayer ist kein politisierender Geistlicher. Politische Motive haben bei ihm noch nie eine Rolle gespielt. Gott und Vaterland sind die Pole seines Lebens. Für ihn ist der Gottesdienst auch Dienst am Vaterland. Herr Pater Rupert Mayer ist ein Mann von großer Gesinnung und tiefer Überzeugung, seine Religiosität und seine patriotische Leidenschaft sind in meinen Augen verehrungswürdig. Bei Pater Rupert Mayer darf auch nicht im entferntesten Zusammenhang das Schlagwort vom politischen Katholizismus gebracht werden. Darunter verstehe ich den Mißbrauch der Religion zu politischen Zwecken. Von einem solchen Mißbrauch fehlt es bei Pater Rupert Mayer an jeder Voraussetzung. Pater Rupert Mayer ist in meinen Augen ein großer katholischer Deutscher. Ich persönlich bedauere, daß sein Vorbild für mich unerreichbar ist. Das wollte ich vorausschicken, bevor ich mich zu den einzelnen Punkten der Anklage äußere.

Ich folge dem Aufbau der Anklage: 1. Predigten über die Gemeinschaftsschule, 2. Predigten über die Prozesse gegen Geistliche und Ordensangehörige und die Berichterstattung hierüber, 3. Predigten über Nationalsozialismus und nationalsozialistisches Schrifttum. Der Tatbestand ist bezüglich aller drei Themata eindeutig festgestellt, besonders durch die Erklärungen, die Pater Rupert Mayer durch seine unumwundene Darstellung gegeben hat. Ich habe mich herzlich darüber gefreut, daß Herr Inspektor Gambs (als Zeuge vor Gericht) erklärt hat, daß Pater Rupert Mayer keine Winkelzüge macht und daß er offen und gerade ist und zu dem steht, was er gesagt hat.

Meine Herren! Die Anklage hat angenommen, daß Pater Rupert Mayer in der Predigt vom 3. Februar 1937 von einem Türkensieg gesprochen hat. Sie werden wohl annehmen, daß er von einem Pyrrhussieg gesprochen hat. Ich gebe zu, daß es gleich ist, ob das eine oder das andere angenommen wird.

In der Anklage ist angenommen, daß Pater Rupert Mayer am 29. März 1937 in Ursberg gesagt hat: »Da haben alle Partei- und staatlichen Dienststellen zusammengeholfen« (um die Erziehungsberechtigten Münchens gegen Recht und Gesetz um ihre Konfessionsschule zu bringen). (In der Verhandlung kam heraus, daß Pater Rupert Mayer wahrscheinlich »städtisch« statt »staatlich« gesagt hat.) Der Unterschied zwischen staatlich und städtisch ist nicht groß, aber doch nicht ohne Bedeutung.

In der Predigt vom 11. April 1937 hat Pater Rupert Mayer nicht gesagt, daß es ihm vorkomme, als ob die Reichsregierung das Konkordat abgeschlossen habe, um es sabotieren zu lassen durch die untergeordneten Stellen. Zeuge Meck hat gemeint, dem Sinn nach hat sich Pater Rupert Mayer so geäußert. Der Zeuge Wildegger hat gemeint, Pater Rupert Mayer hat sich so ähnlich geäußert, um ein Wort könne er nicht mehr streiten. Das Wörtchen *um* in seiner finalen Bedeutung hat er so ziemlich preisgegeben ... Keins von den fünf Stenogrammen ist da. Ich habe immer einen Horror vor Stenogrammen, die nicht da sind. Aber gerade daß fünf Stenogramme Geburtshilfe geleistet haben (zur Anzeige), ist ein Beweis dafür, daß das Wörtchen um eine Mißgeburt ist. Gerade weil Pater Rupert Mayer auch in Ursberg und Aichach und anderswo ähnliche Gedanken ausgesprochen und dort gesagt hat, was für fürchterliche Kämpfe Religionskämpfe sind, und daß er der Reichsregierung für das Konkordat dankt, kann nicht angenommen werden, er habe der Reichsregierung die Absicht unterstellt, das Konkordat sabotieren zu lassen. Auch hatte er seinem Schmerz darüber Ausdruck gegeben, daß untergeordnete Stellen das Konkordat sabotieren. Den Schlüssel hat Inspektor Gambs gegeben. Ich habe gar nicht gewußt, daß Gambs ein solches Interesse gehabt hat, daß er sogar nach Weißenhorn gefahren ist. Er hat demnach geäußert, Pater Rupert Mayer habe die Sache so dargestellt, wie er sie heute dargestellt hat. Er habe also nur festgestellt, es bestehe faktisch ein Gegensatz zwischen dem Konkordat, das die Reichsregierung abgeschlossen habe, und der Praxis der untergeordneten Stellen.

Im Gegensatz zu seiner früheren Meinung hat Pater Rupert Mayer gesagt: »Es ist mir eingefallen, daß ich von einem »Staats«betrug gesprochen habe, aber nur in dem Sinn, wie die Vorsilbe »Staats« in Württemberg üblich ist, nämlich von einem großen Betrug, von einem »Mordsbetrug«. Seine Interpretation wird zwingend unterstützt durch den übrigen Inhalt der Predigt.

Meine Herren! Mit diesen Einschränkungen und Vorbehalten steht fest, in welchem Zusammenhang sich Pater Rupert Mayer zu dem Thema »Gemeinschaftsschule« geäußert hat. Ich habe zunächst einige historisch-rechtliche, auch staatspolitische Reminiszenzen vorzutragen:

Ich habe Ihnen eine Broschüre von Kurt Frör* vorgelegt, die sich vom evangelischen Standpunkt aus zur Frage der Bekenntnisschule äußert. Ein großer Teil der Protestanten vertritt den gleichen Standpunkt wie die katholische Kirche. Hier hat Frör angegeben, der Reichsleiter Rosenberg habe früher selbst zu seinem Programm der NSDAP, Artikel 24, angegeben, dieser Artikel sei so auszulegen, daß die Konfessionsschulen paritätisch im Vaterland verteilt werden sollen. Ich habe ein Exemplar mit eigenen Augen in der Staatsbibliothek eingesehen. Das Zitat ist richtig. Der Führer hat in der Regierungserklärung am 24. März 1933 erklärt: »Die nationalsozialistische Regierung sieht in den beiden Konfessionen tragende Säulen für unser Volkstum.«

Nach der bayerischen Verordnung vom 26. August 1883 waren die Staatsschulen Konfessionsschulen. Artikel 6 des bayerischen Konkordats, das neben dem Reichskonkordat noch weiter gilt, und Artikel 23 des Reichskonkordats stellen eine doppelte Sicherung der Konfessionsschulen in Bayern dar, und das Reichskonkordat hat, das möchte ich hier eigens betonen, die Bedeutung eines innerstaatlichen Gesetzes**.

Pater Rupert Mayer steht mit Recht auf dem Standpunkt, daß die Bekenntnisschule rechtlich geschützt ist, ein Recht, das nach der Zusicherung des Führers nicht angetastet werden soll. Insofern ist es wichtig, daß nicht der Staat oder die Partei, sondern ein privat aufgezogener bürgerlich-rechtlicher Verein, nämlich die Deutsche Schulgemeinde e.V. mit dem Sitz in München den Kampf gegen die Bekenntnisschule geführt hat.

Der Codex Juris Canonici macht es den katholischen Geistlichen zur Amtspflicht, sich für die Bekenntnisschule einzusetzen. Im Schlußprotokoll zum Reichskonkordat heißt es: »Die katholischen Geistlichen sind in keiner Weise in der pflichtgemäßen Verkündigung ihrer Lehre beschränkt.« Reichsminister Rust hat im Jahre 1935 auf einer Gautagung in Guben gesagt: »Wir haben die Bekenntnisschule garantiert; was wir versprochen haben, halten wir.«

Das alles hat Pater Rupert Mayer gewußt. Er hat insbesondere gewußt, daß der Kampf gegen die Bekenntnisschule getragen worden ist von der Deutschen Schulgemeinde e.V. mit dem Sitz in München.

Der Herr Staatsanwalt hat gesagt, Pater Rupert Mayer mußte andere Wege gehen, er mußte Vorstellungen machen oder sonst Mittel und Wege

* »Der notwendige Kampf um die Bekenntnisschule« von Lic. Kurt Frör, Wuppertal o.J.

** Diese Konkordatsbestimmungen wurden durch Vertrag zwischen dem Heiligen Stuhl und dem Freistaat Bayern vom 17.10.1968 geändert. Seither ist Regelschule nicht mehr die von Pater Mayer so mutig verteidigte Bekenntnisschule, die Regel sind nun vielmehr Klassen, in denen sich der Unterricht »nach den gemeinsamen Grundsätzen der christlichen Bekenntnisse« richtet.

suchen. Ich habe Ihnen die Denkschriften (des Ordinariats an die Reichsregierung) vorgelegt aus dem Jahre 1936 und 1937. Pater Rupert Mayer hat gewußt, daß die Denkschriften auch heute noch unbeantwortet sind. Der Weg des Staatsanwaltes war nach der Ansicht des Paters Rupert Mayer darnach für ihn nicht mehr gangbar ... Daß die Sorge des Paters Rupert Mayer berechtigt war, hat die Entwicklung dargetan, die in den letzten Monaten abgeschlossen worden ist. Wenn Pater Rupert Mayer der Meinung ist, daß die Konfessionsschule ein religiöses Erfordernis ist, durfte er seine ganze Kraft einsetzen zur Abwehr gegen die Angriffe auf die Konfessionsschule.

Selbstverständlich ist die Jugenderziehung eine Angelegenheit des Staates, vielleicht die eminenteste. Ich gebe auch zu, daß die Gemeinschaftsschule ein Ziel des nationalsozialistischen Staates ist. Dadurch wird die tatsächliche Garantie im bayerischen Konkordat aber nicht berührt. Der Kampf gegen die Konfessionsschule kann, solange das Konkordat besteht, unmöglich eine Angelegenheit des Staates sein. Die Deutsche Schulgemeinde ist die Trägerin des Kampfes.

Auf jeden Fall ist in den Augen des Paters Rupert Mayer die Jugenderziehung und die Schulfrage eine gemischte Angelegenheit. Die einschlägigen Äußerungen des Paters Rupert Mayer richten sich nicht gegen den Staat, sondern gegen die, die es angeht. Ich habe eigens das Vereinsregister eingesehen und festgestellt, daß die Deutsche Schulgemeinde als bürgerlichrechtlicher Verein mit dem Sitz in München eingetragen ist.

(Dann erwähnte der Verteidiger ein Rundschreiben des Bürgermeisters von Viechtach, das im Verlauf des Kampfes gegen die Bekenntnisschule geheim herumgetragen wurde:)

Wogegen richtet sich eigentlich der Kampf des Paters Rupert Mayer? Seine Abwehr richtet sich gegen die Methoden des Kampfes. Diese Methoden können keine Angelegenheit des Staates sein. Wenn ein Teil von dem nur wahr ist, was dem Pater Rupert Mayer bekannt geworden ist, dann war seine Abwehrkritik gerechtfertigt. Es ist nicht eine Kritik um der Kritik willen, sondern Pater Rupert Mayer wollte das Letzte verhindern.

(Sodann weist der Verteidiger auf die gerade erst ergangene Entscheidung des Reichsgerichts vom 1.6.1937* hin. Darin hatte das Reichsgericht die Verurteilung des Pfarrverwesers Adolf Staudacher durch das Landge-

* Veröffentlicht in der amtlichen Sammlung der reichsgerichtlichen Strafsachenentscheidungen Band 71, S. 248ff. Darin heißt es: »Eine packende Predigt oder eine andere öffentliche Aussprache über weltanschauliche oder religiöse Fragen kann die Gewissen der Hörer bis in den tiefsten Grund aufrühren und große sittliche oder religiöse Erregung oder Unruhe bringen; solche Erscheinungen geistigen Kampfes der Weltanschauungen oder religiösen Bekenntnisse, der nach aller geschichtlichen Erfahrung gerade der deutschen Volksseele immer ein Bedürfnis war, brauchen aber den öffentlichen Rechtsfrieden nicht zu stören oder auch nur in eine entfernte Gefahr zu bringen.«

richt Rottweil aufgehoben, weil die dortigen Richter die Bedeutung des Kanzelmißbrauchs-Paragraphen verkannt hatten.)

Pater Rupert Mayer hat gekämpft in der Abwehr. Der Kampf in der Abwehr verfolgte nur das Ziel, das Schutzobjekt zu schützen, das auch die deutschen Gesetze schützen (nämlich die Bekenntnisschule). Der Kämpfer für sein Recht denkt nur daran, daß er das gefährdete Recht schützen will. Die Form wird beeinflußt durch den Angriff. Ein scharfer Angriff hat auch, das ist ein Naturgesetz, eine scharfe Abwehr zur Folge. Das ist nur das Echo ...

Die Gemeinschaftsschule ist nur ein Ziel, keine Einrichtung und keine Anordnung des Staates ... Damit fällt also schon eine unerläßliche Voraussetzung des § 2 des Heimtückegesetzes weg.

Und dann soll sich Pater Rupert Mayer hetzerisch geäußert haben? Ich nehme das dem Herrn Staatsanwalt nicht übel, aber mir hat es wehe getan, daß man ihn, und ausgerechnet ihn in die Kategorie der politischen Hetzer eingereiht hat. Ich vertrete die naive Ansicht – und naive Ansichten haben immer die Vermutung der Richtigkeit für sich –, daß, wer aus Überzeugung für ein heiliges Recht eintritt, nicht als Hetzer angesprochen werden kann. Überdies verlangt die Fairneß, daß die Abwehr in der einzig möglichen Arena gestattet werden muß. Was Pater Rupert Mayer nach Form und Inhalt predigte, ist berechtigte religiöse Notwehr.

(Dann ging der Verteidiger zu Punkt zwei der Anklage über.)

Dank der Geradheit des Paters Rupert Mayer ist auch hier der Tatbestand eindeutig festgestellt.

Zur Predigt vom 2. Mai 1937: Pater Rupert Mayer hat sich da gewandt gegen die Aufbauschung, gegen die übertriebene Art, gegen die Tendenz in der Berichterstattung. Er hat hier das Wort Stinkbombe gebraucht: »Da müssen wir einmal eine ganz gewaltige Stinkbombe hineinwerfen.« Dieses Wort ist ein Beweis dafür, wie erschütternd auf Pater Rupert Mayer diese Berichterstattung gewirkt hat. Wer sich so verteidigt, handelt nicht hetzerisch.

Vor der Mittagspause hat sich der Vorsitzende in der Verhandlung geäußert, er vermisse ein Abrücken des Pater Rupert Mayer von den verbrecherischen Geistlichen; auch in der Enzyklika sei darüber nichts gestanden. Ich habe mir über Mittag die Enzyklika vom Palmsonntg 1937 besorgen lassen, auch den Gesamthirtenbrief der Bischöfe. Darin ist von den Geistlichen, die mit Recht verurteilt worden sind, abgerückt. Die Auffassung des Paters Rupert Mayer weicht davon nicht ein Jota ab.

Gerade wegen der gefährlichen Wirkung dieser Prozesse ist Pater Rupert Mayer so unglücklich darüber, daß das Unglück (durch die Berichterstattung über die Prozesse) noch größer gemacht wird. Kein Wort ist gegen die

Gerichte gesprochen, kein Wort gegen die Art der Prozesse. Pater Rupert Mayer hat sich nur gegen die Berichterstattung, nicht gegen die Prozeßführung gewandt ... Notwehr kann kein Kanzelmißbrauch sein und kann kein heimtückischer Angriff sein! Pater Rupert Mayer sollte geschützt sein gegen die Unterstellung, er gehöre zu den heimtückischen Angreifern, er gehöre zu den Wühlmäusen. Deutsch sein heißt wahr sein! Wer danach lebt, ist kein Hetzer.

(Dann kam der Verteidiger auf Punkt drei der Anklage: Nationalsozialismus und nationalsozialistisches Schrifttum.)

Auch hier ist der Sachverhalt durch das offene Wort des Paters Rupert Mayer klargestellt. Die Anklageschrift nennt hier die Predigt vom 24. Januar 1937 in Aichach. Darin habe, so führt die Anklageschrift aus, Pater Rupert Mayer nach einer Aufzählung verschiedener nationalsozialistischer Schriften gesagt: »Nach diesen Beweisen ist der Nationalsozialismus der erbittertste Gegner der Kirche. Ihm steht das Konkordat gegenüber und Artikel 24 des Programms der NSDAP. Da kennt man sich nicht mehr aus, was richtig ist.«

Der Verteidiger nahm dann auf die Beispiele antikatholischer Schrifttumsäußerungen Bezug, die Pater Rupert Mayer vormittags dem Gericht mündlich vorgetragen hatte. Corvins »Pfaffenspiegel«, »Der Mythus des XX. Jahrhunderts« von Alfred Rosenberg, »Das Schwarze Korps« u.a.

Ich hätte das Material noch verdreifachen können. ich habe mich darauf beschränkt, die dicksten Brocken Ihnen vorzulegen.* »Religionsfreiheit«, ein Büchlein, das amtliche Dokumente und Worte führender Männer enthält, habe ich Ihnen vorgelegt. Daraus ergibt sich das Entsetzen Pater Rupert Mayers darüber, daß in den Blättern, in der Presse usw. sich eine kirchenfeindliche Stimmung breit machen durfte. Das ist für einen katholischen Deutschen entsetzlich.

(Im folgenden zählt der Verteidiger einige Fälle aus dem Schrifttum auf:) Das Reichsbahnausbesserungswerk Freimann besitzt die Geschmacklosigkeit, für diesen »Pfaffenspiegel« Propaganda zu machen neben dem Werk des Führers. Nr. 46 des »Stürmers« habe ich Ihnen vorgelegt. Darin sind neun Bilder des Fips-Bildberichtes. Ich will mich über diese neun Bilder nicht näher äußern. Ich glaube aber, daß Sie mit mir darin einiggehen würden, daß so etwas in die Ausstellung für entartete Kunst gehört. »Die Bewegung«, das Organ des Nationalsozialistischen Deutschen Studentenverban-

* Justizrat Warmuth hat dem Gericht mehrere hundert Dokumente vorgelegt, die einen eigenen Anlagenband der Gerichtsakten füllen: »Stürmer«-Abdrucke, Pressekopien, Protestschreiben der Bischöfe, Hinweise auf Hetzliteratur. Das kann in diese Dokumentation aus Platzgründen leider nicht alles aufgenommen werden.

des, erhebt in der Nummer (es handelt sich um die Nummer vom 2.12.1936) Vorwürfe gegen Kardinal Faulhaber. Ich habe Ihnen diese Nummer vorgelegt. Nicht ein Vorwurf in dieser Nummer trägt das Merkmal der Wahrheit an sich.

Eine Nummer des »Schwarzen Korps« nennt das Christentum expressis verbis eine »volksfremde Irrlehre«. Die Nummer vom 25. Februar 1937 des »Schwarzen Korps« schreibt mit Bildbericht von einem schwarzen Dolchstoß. Und dann: das Schauspiel »Der König reitet« gehört auch in diese Reihe. Darüber habe ich Ihnen ein sachverständiges Gutachten vorgelegt*. Dagegen durfte und mußte sich Pater Rupert Mayer zur Wehr setzen.

Der Nationalsozialismus erstreckt sich nicht auf die religiösen Bezirke. Die Verteidigung richtete sich gegen die nationalsozialistischen Blätter, die sich, meine Herren, kirchenfeindliche Angriffe haben zuschulden kommen lassen. Pater Rupert Mayers Äußerungen können sich nicht richten gegen Männer oder Einrichtungen der Partei.

Pater Rupert Mayer ist kein Mietling, der stumm bleiben kann, wenn sein Heiligstes beleidigt wird. Er kann nicht mit Platzpatronen schießen, wenn die anderen mit Bomben werfen. Nicht der ist verantwortlich, der abwehrt, sondern der angreift.
Ich *beantrage* die Freisprechung des Paters Rupert Mayer. Ich bitte Sie, den Haftbefehl aufzuheben.

(Darauf sprach Rechtsanwalt *Dr. Robert Bandorf* als zweiter Verteidiger, etwa von 18.15 Uhr bis 19.15 Uhr. Er erzählte eine Reihe Erlebnisse, die er als Kompagniechef mit dem Divisionspfarrer Rupert Mayer im Weltkrieg an der Front gehabt habe und verwies auf die als Buch auf dem Richtertisch liegende Geschichte des Regiments des Paters Rupert Mayer. Als einmal die Leute nicht mehr zum Angriff vorgehen wollten, habe Pater Rupert Mayer sie noch einmal zum Angriff begeistert und aufgemuntert und so einen Sieg der Kompagnie erreichen können, wofür dann der Leutnant einen Orden bekommen habe. Der Leutnant habe in sein Tagebuch geschrieben: »Daß wir ausgehalten haben, verdanken wir allein dem Pfarrer Mayer.« Ein anderes Mal habe Pater Rupert Mayer sich vor einen schwerverwundeten

* »Der König reitet«, Schauspiel in 5 Akten von Frau H.F. Anders, aufgeführt am 3. November 1936 im Prinzregententheater (»Theater des Volkes«). Das Stück behandelt auf allegorische Weise den Weg der Nationalsozialisten zur Macht. Im Stile von Veit Harlans Tendenzfilm »Jud Süß« wird hier die Kirche als Volksverderber hingestellt, als Vaterlandsverräter Nummer eins. In dem Gutachten (der Name des Gutachters ist nicht mehr eruierbar), das Verteidiger Warmuth dem Gericht vorlegte, heißt es: »Der Gesamteindruck ist geradezu niederschmetternd, und man verläßt das Prinzregententheater mit dem Gefühl, dem fanatischsten Haß gegen die Kirche im Parkett preisgegeben gewesen zu sein.«

Kameraden gelegt: »Sei still, wenn es einen trifft, trifft es mich.« Weiter gab Rechtsanwalt Bandorf zu erkennen, er stehe konfessionell in einem anderen Lager als Pater Rupert Mayer und fuhr dann fort:)

Ich billige dem Priester das Recht zu, in diesem Kampf, den der Herr Staatsanwalt anerkennt, in der vordersten Linie zu kämpfen. Wir danken dem Herrn Staatsanwalt für das schöne Wort, Pater Rupert Mayer handle in »glühender, innerer Religiosität«. Diesem Wort des Staatsanwalts schließe ich mich an.

(Dann legte Rechtsanwalt Bandorf dar, daß die Handlungsweise des Paters Rupert Mayer weder ein Angriff, noch gar heimtückisch gewesen sei und erzählte aus der Vergangenheit des Paters Rupert Mayer:)

Pater Rupert Mayer ist in Arbeitskleidern in Arbeiterwohnungen gegangen und hat gehört, wie die Stimmung ist (das war nach dem Krieg): wo man noch helfen kann und wie man helfen muß, hat er wissen wollen.

Nach dem Krieg habe er und Pater Rupert Mayer überlegt, ob man nicht irgendeine Truppe aus dem Regiment usw., die aus dem Krieg heimgekommen sei, zur Abwehr der roten Gefahr bilden solle. In Pater Rupert Mayer habe er einen begeisterten Anhänger dieser Idee gefunden. Er habe nicht, wie so mancher andere Offizier, gesagt: »Ich bin nun meinen Eid los«, sondern habe auch nach dem Krieg noch weiter für das Vaterland gekämpft.

Man könne vielleicht sagen, Pater Rupert Mayer habe sich in seinem berechtigten Kampf in den Mitteln der Verteidigung vergriffen. Bei den Worten und bei der Sprache des Paters Rupert Mayer solle man an Abraham a Sancta Clara denken.

(Um die Stimmung im Volke zu verdeutlichen, zeigte und las der Verteidiger einen Brief eines 60jährigen städtischen Beamten, der zugleich Blutordensträger war, vor, worin sich der Briefschreiber erbietet, als Zeuge vor Gericht dem Pater Rupert Mayer zu bestätigen, daß er in seinen Predigten für die Volksgemeinschaft und gegen die Angriffe der Kirchenfeinde eingetreten sei.)

In erster Linie *beantrage* er die *Freisprechung* des Angeklagten. Vorsorglich bitte er aber im Falle einer Bestrafung bei der anerkannt ehrenhaften Gesinnung des Paters Rupert Mayer, die ehrenvolle Festungshaft in Erwägung zu ziehen.

Der Vorsitzende fragte darauf Pater Rupert Mayer, ob er noch etwas zu seiner Verteidigung hervorzubringen habe und gab ihm das letzte Wort. Pater Rupert Mayer erklärte darauf, er wolle weiter nichts mehr zu seiner Verteidigung vorbringen.

»Ich bin sehr zufrieden mit dem Urteil und danke den Herren für die Mühe, die sie sich mit mir gemacht haben« – Der Richterspruch

Nun wurde die Sitzung bis zum nächsten Tag, Freitag, den 23. Juli 1937, 13 Uhr, zwecks Urteilsberatung unterbrochen.

Als man am nächsten Tag den Pater, wieder begleitet von zwei Polizisten, den Gerichtsgang entlang zum Sitzungssaal führte, erhoben sich die Zuhörer im Saal und die auf den Wartebänken vor dem Saal ehrfurchtsvoll von ihren Sitzen. Die Gestapospitzel mußten, um sich nicht zu verraten, ebenfalls aufstehen.

Um 13.15 Uhr betraten die drei Richter wieder den Saal. Der Vorsitzende, Landgerichtsdirektor Dr. Wölzl, verkündete das Urteil* und gab die Aufhebung des Haftbefehls bekannt. Als *vorläufige mündliche Begründung* führte er folgendes aus:

Durch die Beweisaufnahme wurde der Sachverhalt der Anklageschrift im wesentlichen sichergestellt, insbesondere durch die offenen Bekundungen des Angeklagten selbst. (Der Vorsitzende gab dann die einzelnen Worte bekannt, in denen durch die mündliche Verhandlung die Anklageschrift berichtigt worden ist, z.B. »Presse« statt »Prozesse«.)

Der Angeklagte hat zehn Predigten gehalten, die sich beschäftigen mit der Schulfrage in Bayern, mit den Prozessen gegen Geistliche und Ordensangehörige und die Presseberichte darüber, mit dem Schrifttum des Nationalsozialismus und mit dem Nationalsozialismus selbst.

Das Pressewesen und das Schrifttum ist nach Auffassung des Gerichtes ausschließlich Angelegenheit des Staates. Der Angeklagte hat sich damit befaßt, und zwar in einer Weise, die geeignet ist, den öffentlichen Frieden zu gefährden. Namentlich durch Werturteile, die als verallgemeinernd bezeichnet werden müssen, durch Wortlaute, die zum Teil aufreizender Art waren, mußte der Eindruck erweckt werden, als herrsche im heutigen Reiche Unordnung und Rechtsunsicherheit. Solche Ausführungen müssen das Gefühl einer Beunruhigung hervorrufen, und zwar einer Beunruhigung dahin, daß in den Augen der Bevölkerung die in der Rechtsordnung gewährleisteten Rechte nicht mehr, oder nicht mehr ordentlich geschützt seien. Es mußte der Eindruck erweckt werden, als bestehe ein Gegensatz zwischen Anhängern der Regierung und zwischen Gegnern der Regierung. Das ist nicht das Wort Gottes, was der Angeklagte predigte, sondern eine Verletzung der staatlichen Obrigkeit und ihrer Belange. Aufgefallen ist auch bei der Hauptverhandlung, daß der Angeklagte sich über die Presse empört hat, die Berichte über die Prozesse gegen katholische Geistliche gebracht

* Den vollen Wortlaut des Urteils samt schriftlicher Begründung siehe S. 133-144.

hat. Der Angeklagte rückte aber nicht eindeutig von den Tätern selbst ab*. Eine solche abrückende Äußerung vermißt das Gericht auch bei anderen höheren kirchlichen Würdenträgern.

Der Angeklagte hat nicht die Absicht gehabt, den Frieden zu gefährden. Er hatte jedoch das Bewußtsein, daß seine Ausführungen den öffentlichen Frieden gefährden können. Selbst auf diese Gefahr hin hat er seine Äußerungen gebraucht. Das war nicht mehr eine pflichtgemäße Verkündigung und Erläuterung der kirchlichen Lehre, die sich innerhalb der Strafgesetze gehalten hätte. Der Angeklagte hat hier vielmehr schon der Form nach durch seine Äußerungen den öffentlichen Frieden gefährdet. Bei der Beurteilung dieser Frage kam es dem Gericht darauf an, wie die Zuhörer den Sinn seiner Worte auffassen mußten. Dies beurteilt sich wiederum nach dem Zusammenhang der Predigt und, besonders bei der ländlichen Bevölkerung, nach der geistigen Aufnahmefähigkeit der Zuhörer und auch nach den Zeitumständen.

Der Angeklagte hat sich in mehreren seiner Predigten auch gegen das Heimtückegesetz verfehlt, insoferne seine Äußerungen die Regierung oder deren Anordnungen betrafen. Er wußte, daß seine Worte geeignet waren, das Vertrauen in die Gerechtigkeit der politischen Führung zu erschüttern. Im einzelnen:

1. Gemeinschaftsschule: Das Schulwesen ist eine Angelegenheit des Staates, aber auch der Kirche, das geht schon aus dem Konkordat hervor. Der Angeklagte hat auch Forderungen gepredigt über die Schuleinschreibung, die bei der Bevölkerung das Gefühl der Rechtsunsicherheit erwecken mußten. Auch wenn es nur München ist, so ist das doch eine Angelegenheit des Staates; denn es kann nicht anders sein bei einer so großen Stadt wie München. Die Predigtäußerung des Angeklagten: »Entkonfessionalisiert sollen eure Kinder werden!« erweckte den Eindruck, als sollten die Kinder ohne Religion erzogen werden. Die Wirkung auf die Zuhörer war jedenfalls die, daß die Bevölkerung die Rechtssicherheit untergraben sehen mußte.

Im einzelnen fallen unter § 2 des Heimtückegesetzes die Äußerungen: »Die Reichsregierung hat das Konkordat geschlossen, um es zu sabotieren«; »Dieser Sieg (der Gemeinschaftsschule) ist Terror und Gewalt«; »Die Erziehungsberechtigten Münchens wurden gegen alles Recht und Gesetz um ihre Bekenntnisschule gebracht, und da haben alle Stellen des Staates und der Partei zusammengeholfen«; »Das ist ein Staatsbetrug«; »Da müssen wir einmal eine ganz gewaltige Stinkbombe hineinwerfen«.

* In Wirklichkeit hat der Pater die Sittlichkeitsdelikte immer wieder ausdrücklich verurteilt. Das steht sogar in der Strafanzeige der Gestapo, die unter anderem die einschlägige Predigt vom 2. Mai selbst wörtlich zitiert (siehe S. 59). Die Bischöfe sind in Hirtenbriefen ebenfalls deutlich von jenen Delinquenten abgerückt.

Er (der Angeklagte) hat diese Äußerungen gemacht, ohne sie pflichtgemäß richtig zu stellen.

Diese Äußerungen sind als hetzerisch im Sinne des Gesetzes zu bezeichnen.

2. Predigten über die Prozesse gegen Geistliche und Ordensangehörige und die Berichterstattung hierüber:

Der Angeklagte hat gesagt, Zeitungen sollen nicht gelesen werden, es muß eine religiöse Welle von der Kirche ausgehen und sich in Straßen und Häuser ergießen. Diese Äußerungen waren eine Mißtrauenskundgebung gegen die Zeitung und damit gegen die Presse, die unter Staatsaufsicht steht. Das Wort »Welle« ist zweifellos eine Gefährdung des öffentlichen Friedens.

Weiter hat der Angeklagte das Wort »Stinkbombe« gebraucht und sagt: »Wer selbst im Glashaus sitzt, soll nicht mit Steinen werfen.« Das ist eine Drohung mit Aufdeckung von Mißständen.

Mit diesen Äußerungen verletzte der Angeklagte allerdings nicht den § 2 des Heimtückegesetzes. Denn sie stellen keinen Angriff gegen Spitzen des Staates oder ihre Anordnungen dar, sondern Angriffe gegen die Presse. Daher fallen sie unter § 130 a des Reichsstrafgesetzbuches (Kanzelmißbrauch).

3. Predigten über Nationalsozialismus und nationalsozialistisches Schrifttum:

Hier hat der Angeklagte sich mit Wochenschriften beschäftigen wollen, wie der Pfaffenspiegel*. Damit hat er den Eindruck erweckt, als fördere der Staat solche Schriften.

Der Angeklagte hat ferner gesagt: »Da kenne ich mich nicht mehr aus.« Das ist nicht nur ein Angriff im religiösen Sinn. Damit erweckte er zumindestens Zweifel gegenüber dem Nationalsozialismus.

Die Äußerung, daß maßgebende Stellen diese Schriften empfehlen, ist hetzerisch und fällt unter § 2 des Heimtückegesetzes.

Im allgemeinen bemerke ich noch folgendes: Der Angeklagte ist ein außerordentlich volkstümlicher Prediger. Er ist einer der Tapfersten unter den Tapferen. Über seine Pflicht hinaus hat er sich nach eigenem Antrieb für das Vaterland geopfert. Er wurde im Krieg schwer verwundet, hat ein Bein verloren, wurde u. a. mit dem EK I ausgezeichnet und hat auch nach der Kriegszeit ohne jede Scheu, zum Teil neben dem Führer, gegen den Bolschewismus gekämpft. Er ist ein Priester von echter und tiefer Religiosität, ein hilfreicher Mensch, auch in dieser Hauptverhandlung hat er sich als ein ganzer Mann gezeigt. Er mußte bestraft werden trotz seiner Verdienste, die nur

* Offenbar ein Versprecher; der »Pfaffenspiegel« ist keine Wochenschrift, sondern ein Buch.

beim Strafausmaß berücksichtigt werden konnten. Es war nicht leicht, dies zu tun. Wer einen Brand angesteckt hat, muß aber auch dann bestraft werden, wenn er früher mitgewirkt hat, das Haus aufzubauen und mitgeholfen hat, einen Brand im selben Haus zu löschen. Unser Staat muß Angriffe, auch die geringsten, zurückschlagen.

Auch mußte der Angeklagte bedenken, daß seine Predigten im Ausland schaden konnten oder, ich will das nicht für den vorliegenden Fall, sondern nur im allgemeinen behaupten, es muß auch bedacht werden, daß Predigten im Ausland schaden sollen.

Beim Strafausmaß war zu berücksichtigen:

Der Angeklagte hat sich bisher straffrei geführt. Er hat im Feld als Frontkämpfer tapfer wie nicht allzuviele gekämpft. Gegen den Bolschewismus ist er furchtlos eingetreten. Er hat sich auch in der Hauptverhandlung als aufrechter und furchtloser Mensch gezeigt.

In aller Anerkennung seiner heiligen, tiefen, religiösen Einstellung konnte die Häufigkeit dieser Fälle – der Angeklagte hat ja oft und oft gepredigt – nicht außer Betracht bleiben. Auch mußte sich gerade der Angeklagte seines Einflusses beim Volke bewußt sein. Was er sagt, wiegt zehntausendfach gegenüber dem, was ein unbekannter Kaplan sagt.

Der Angeklagte hat eine selten tiefe Bildung des Verstandes und des Herzens, was auch seinen Gesichtszügen zu entnehmen ist. Gerade deshalb hätte er die Grenzen erkennen müssen. Zu berücksichtigen war auch, daß der Angeklagte schon einmal verwarnt worden ist, weil er sich in abfälliger Weise gegen das heutige Reich geäußert hat.

Die Untersuchungshaft wurde dem Angeklagten mit Rücksicht auf seine anständige Gesinnung fast in voller Höhe angerechnet.

Ernstlich, man kann sagen stundenlang, hat das Gericht erwogen, ob der Haftbefehl aufrecht erhalten bleiben soll. Das Gericht hat bedacht, daß der Angeklagte, wenn er sofort in Freiheit gesetzt wird, schon übermorgen eine Predigt in der Michaelskirche halten und daß dabei wieder ein ähnliches Wort fallen kann. Der Angeklagte hat gestern eine schriftliche Erklärung abgegeben, daß er gegen die Gesetze nicht mehr verstoßen wird, er werde lieber vorher einen Juristen zu Rate ziehen. Er hat sich zu der Überzeugung durchgerungen, daß es so nicht mehr weitergeht.

Ich bilde mir ein, durch die Hauptverhandlung zu dieser Einsicht beigetragen zu haben. Das war wohl auch ein Grund dieser Erklärung. Ein Haftgrund ist also nicht mehr da. Dieser hat, ich betone das ausdrücklich, von vorneherein nur in der Besorgnis bestanden, der Angeklagte könnte seine Freiheit zu weiteren gesetzwidrigen Predigten ausnützen. Das Gericht würde also einen Rechtsbruch begehen, wollte es hier Haftfortdauer anordnen, da nach dem Wegfall des bisherigen Haftgrundes ein neuer Haftgrund nicht eingetreten ist.

Dieses Urteil ist rechtskräftig. Es gibt dagegen kein Rechtsmittel, insbesondere keine Revision zum Reichsgericht.

Ich weiß aber eine Stimme aus dem Volk, die unser Urteil ebenso bestätigt, wie ein reichsgerichtliches Urteil: Ich habe gestern in der Mittagspause in einem vegetarischen Restaurant gegessen und dort mit der Kassierin gesprochen, die, weil ich dort öfter esse, natürlich wußte, wer ich bin und daß ich diesen Fall zu verhandeln habe. Diese Kassierin hat mir gesagt: »Ich höre den Pater Rupert Mayer so viel gern predigen, aber ich habe mir immer gedacht, daß er noch einmal in Dachau landen wird.«

Ich glaube nicht, daß man uns den Vorwurf machen kann: Warum habt ihr den Haftbefehl aufgehoben. Herr Pater, bringen Sie uns nicht mehr in die Verlegenheit, Sie hier aburteilen zu müssen und sagen Sie das auch Ihren Mitbrüdern, daß sie künftig so etwas unterlassen.

Darauf sagte *Pater Rupert Mayer:* Ich bin sehr zufrieden mit dem Urteil und danke den Herren für die Mühe, die sie sich mit mir gemacht haben.

Das Urteil und seine schriftliche »Begründung«. Keine Notwehr, sondern »hetzerischer Kanzelmißbrauch«

Die hier wörtlich wiedergegebene »juristische« Urteilsbegründung ist in kaum verständlichem, sprödem Juristendeutsch abgefaßt. Sie ist eine unwürdige Wortklauberei ohne Logik und vermag in keinem Wort zu überzeugen. Wäre eine Revision an ein unabhängiges Gericht möglich gewesen, dann wäre dieses Urteil schon wegen »Verstoßes gegen die Denkgesetze« aufgehoben worden.

1 b KMs – So. 32/37 (144)
16 c Js – So. 548/37

Im Namen des Deutschen Volkes!

Das Sondergericht für den Bezirk des Oberlandesgerichts München bei dem Landgerichte München I erläßt in der Strafsache gegen *Mayer* Rupert, Jesuitenpater in München, wegen Vergehens gegen das Gesetz vom 20.12.34 und anderen auf Grund der Hauptverhandlung vom 22. und 23. Juli 1937, in der öffentlichen Sitzung vom 23. Juli 1937, an der teilgenommen haben:
1. der Vorsitzende: Landgerichtsdirektor Dr. Wölzl,
2. die Beisitzer: Landgerichtsräte Schwingenschlögl und Dr. Wachter,
3. der Erste Staatsanwalt Dr. Großer,
4. der stellvertretende Urkundsbeamte: Referendar Schmieg,
folgendes

Urteil

Mayer Rupert, geboren am 23. Januar 1876 in Stuttgart, ledig, Jesuitenpater in München, z.Zt. in Untersuchungshaft, wird wegen eines fortgesetzten Vergehens gegen § 130 a StGB in Tateinheit mit einem fortgesetzten Vergehen gegen das Gesetz vom 20. Dezember 1934 zur Gefängnisstrafe von sechs Monaten ab 6 Wochen Untersuchungshaft sowie zur Tragung der Kosten verurteilt.

Gründe

I.

...

Die religiösen Bedenken brachten den Angeklagten in einen immer stärker werdenden Gegensatz zum Nationalsozialismus, und diese Einstellung fand etwa vom Jahre 1934 ab in mehr oder weniger scharfer Form ihren Ausdruck in den Predigten, die der Angeklagte insbesondere in der St. Michaelskirche in München, aber auch an anderen Orten, hielt. Er wurde deshalb auch im Mai 1936 durch die Staatsanwaltschaft München I verwarnt.

(Unter der nun folgenden Ziffer II werden noch einmal die beanstandeten Predigtstellen behandelt und wird festgestellt, daß Pater Mayer die ihm »zur Last« gelegten Äußerungen getan hat. »Der Angeklagte gibt diese Äußerungen zu.«)

III.

1. Bei der rechtlichen Würdigung dieses Sachverhalts unter dem Gesichtspunkt des § 130 a Strafgesetzbuch hatte das Gericht zunächst zu prüfen, was *objektiv* der Sinn der Äußerungen des Angeklagten gewesen ist. »Es kam dabei nicht entscheidend darauf an, welchen Sinn der Angeklagte seinen Worten geben wollte, sondern darauf, welcher Sinn ihnen nach der natürlichen Auffassung der Zuhörer bei Berücksichtigung ihrer geistigen Aufnahmefähigkeit, des Zusammenhangs der Äußerungen und der Umstände, unter denen sie gemacht wurden, zukommen müßte.« (Vergleiche Urteil des Reichsgerichts vom 20. Oktober 1936 I D 350/36; Juristische Wochenschrift 1937, S. 699.) Dabei mußte auch berücksichtigt werden, unter welchen Zeitverhältnissen die Äußerungen gefallen sind und welche, wenn auch sprachlich nicht zum Ausdruck gekommene Gedankenverbindungen den Äußerungen zugrunde lagen und den Zuhörern erkennbar waren. (Vergleiche Urteil des Reichsgerichts vom 1. August 1935 5 D 505/35; Juristische Wochenschrift 1935, S. 3383)

Davon ausgehend, kam das Gericht zu folgenden Feststellungen: Die Äußerungen des Angeklagten zum Schulkampf (Predigten 1-5) gingen eindeutig dahin, daß im Kampf »Gemeinschaftsschule oder Bekenntnisschule« Lüge und Gewalt zum Siege der Anhänger der Gemeinschaftsschule geführt hätten, daß sich auch die Lehrkräfte zugunsten der Gemeinschaftsschule an diesem Kampf beteiligt und der hemmungslosen Lüge als Kampfmittel bedient hätten (bes. Predigt 2,3 und 4), daß es eine Schande sei, sich eines mit solchen Mitteln erfochtenen Sieges zu freuen (bes. Predigt 1 und 3) und daß die Schuleinschreibung rechtlich nicht wirksam sei (Predigt Nr. 5: »Mit roher Gewalt kann man kein Recht zerstören und vernichten«). Die Predigt 3 enthielt aber darüber hinaus den Vorwurf, die Reichsregierung habe schon beim Abschluß des Konkordats vom 20. Juli 1933 die Absicht gehabt, sich nicht daran zu halten, sondern es durch die untergeordneten Stellen sabotieren zu lassen. (»Die Sache hat einen ernsten Hintergrund; es kommt einem gerade vor, als ob die Reichsregierung das Konkordat abgeschlossen habe, *um* es sabotieren *zu* lassen, von den untergeordneten Stellen«). Kein unbefangener Zuhörer von normalem Urteilsvermögen konnte der festgestellten Äußerung eine unverfänglichere, die Reichsregierung nicht oder weniger belastende Deutung geben. Der Kriminalinspektor Gambs hat allerdings bekundet, daß er auf Grund seiner genaueren Kenntnis des Angeklagten und, weil er diesem eine derartige Unvorsichtigkeit nicht zutraute, als Zuhörer zu der Annahme kam, der Angeklagte habe nur untergeordneten Stellen den Vorwurf der Sabotage machen wollen und sich dabei im Ausdruck vielleicht vergriffen. Auch er hat aber bekundet, daß ein anderer Zuhörer sehr leicht zu einer anderen Auffassung kommen konnte. Daß der Angeklagte in der gleichen Predigt vorher davon sprach, daß die Reichsregierung dem deutschen Volke die religiösen Kämpfe ersparen wollte und deshalb das Konkordat abgeschlossen habe, steht zwar im Widerspruch mit dem später gegen die Reichsregierung erhobenen Vorwurf, konnte aber dessen Wirkung auf die inzwischen durch scharfe Angriffe gegen die Methoden des Schulkampfes und die angeblichen Ziele der Gemeinschaftsschule mißtrauisch gewordenen Zuhörer nicht abschwächen oder gar aufheben. In der Predigt 4 wurde der Vorwurf erhoben, die Schuleinschreibung sei das Ergebnis eines Betrugs und der Staat habe an diesem Betrug mitgewirkt (»Wenn einer diesen Staatsbetrug nicht ausüben wollte«).

Der Angeklagte hat erklärt, daß er das Wort »Staatsbetrug« gebraucht habe, um damit entsprechend dem Sprachgebrauch seiner schwäbischen Heimat zum Ausdruck zu bringen, daß es ein großer Betrug, ein »Mordsbetrug« gewesen sei, wie man ja auch einen recht großen Menschen oft als »Staatskerl« bezeichne. Dieser Vergleich hinkt. Wer als Staatskerl bezeichnet wird, wird damit wohl in keinem Fall in Beziehung zum Staate gebracht. Wenn aber im Zusammenhang mit einer scharfen Kritik über den Schulkampf behauptet wird, die untergeordneten Stellen hätten gelogen, daß sich die Balken bogen, und wenn dann das alles als »Staatsbetrug« bezeichnet wird, dann wirkt dieses Wort auch in einem schwäbischen Ort wie Kirchheim auf einen natürlich auffassenden Zuhörer als Vorwurf des Betrugs, begangen durch den Staat.

Die Predigten 3 und 4 enthielten noch den Vorwurf, es sei beabsichtigt, die Kinder durch die Gemeinschaftsschule um ihre Religion zu bringen. Schon das Wort »entkonfessionalisieren« mußte bei der Mehrzahl der Zuhörer diesen Eindruck hervorrufen. Wer keine höhere Schulbildung genossen hat und mit den Schlagworten im Schulkampf nicht vertraut ist, hört aus dem Worte »entkonfessionalisieren« nur heraus, daß die Schulkinder um ihr religiöses Bekenntnis gebracht werden sollen. Die Predigt führte auch noch aus, daß in einem Jahr das Christentum in der Gemeinschaftsschule vollständig aufgehört habe und daß dann ein antikatholischer, antichristlicher Geist wehe. Darin liegt der Vorwurf, die Gemeinschaftsschule diene der Beseitigung der christlichen Bekenntnisse.

Die Predigten 6 und 7 und der zweite Teil der Predigt 5 erhoben gegen die Presse den Vorwurf der Unzuverlässigkeit und Unwahrhaftigkeit bei der Behandlung religiös-sittlicher Dinge. Die Zuhörer mußten den Eindruck bekommen, als sei mehr oder weniger alles unwahr und entstellt, was in der Presse über die Strafverfahren gegen katholische Geistliche und Ordensangehörige wegen sittlicher Verfehlungen berichtet wurde. Die Predigt 6 gipfelt sogar in der Aufforderung, gar keine Zeitungen mehr zu lesen. Die Predigt 7 ging noch einen Schritt weiter. Sie deutete an, daß die nationalsozialistischen Kreise allen Anlaß hätten zu schweigen, weil bei ihnen auf sittlichem Gebiet vieles nicht in Ordnung sei, und enthielt die Androhung von Enthüllungen solcher Verfehlungen. (»Wer im Glashaus sitzt, soll nicht mit Steinen werfen ... Wenn das so weitergeht, dann werden wir ... eine ganz gewaltige Stinkbombe hineinwerfen müssen.«) Damit war aber auch zwangsläufig zum Ausdruck gebracht, daß die Regierung in den Reihen ihrer Anhänger nicht nach dem Rechten sehe. Was der Angeklagte über Spanien und im unmittelbaren Zusammenhang damit über sich selbst gesagt hat, brachte nach Ansicht des Gerichts nur zum Ausdruck, daß er selbst lieber getötet als ehrlos gemacht werden wolle. In der Predigt 8 wurde die nationalsozialistische Literatur mit dem marxistischen Schrifttum verglichen und als noch ekelerregender bezeichnet. Es wurde ferner den »maßgebenden Stellen« vorgeworfen, derartiges noch zu empfehlen. Dieser Vorwurf richtete sich in seiner Allgemeinheit nicht nur gegen irgendwelche untergeordnete Stellen von Partei oder Staat, sondern gegen die Staatsführung als solche. Zum mindesten mußte die Äußerung bei den Zuhörern den Eindruck erwecken, als richte sie sich gegen die Regierung selbst.

Die Predigt 9 wies darauf hin, daß entgegen der Regierungserklärung, entgegen dem Konkordat und entgegen dem Punkt 24 des Parteiprogramms überall kirchenfeindliche Tendenzen erkennbar seien, daß man sich daher nicht mehr auskenne und meinen könne, der Nationalsozialismus sei der erbittertste Feind der Kirche. Was der Angeklagte in der Predigt 9 über den Nationalsozialismus als solchen ausführte, bezog sich erkennbar nur auf den religiösen Teil dieser Weltanschauung. Auf ihn bezieht sich auch die Äußerung des Angeklagten, er sei sich nicht klar geworden, was man unter nationalsozialistischer Weltanschauung verstehe.

Man könnte daran denken, daß die oben näher begründete Annahme, die Predigt 8 habe sich gegen die Staatsführung als solche gerichtet, dadurch widerlegt sei, daß der Angeklagte am Schluß dieser Predigt ausführte, er sage das alles nicht, um die Zuhörer gegen den Staat aufzuhetzen oder weil er sich gegen den Staat auflehne. Dieser Schlußsatz hat aber den erkennbar gegen die Staatsführung erhobenen Vorwurf, ekelerregende Literatur zu empfehlen, keineswegs eingeschränkt, sondern zeigt nur, daß der Angeklagte sich selbst bewußt war, daß seine vorausgehende Ausführungen als Angriff gegen die Staatsführung gewirkt hatten.

2. Es war nun weiter zu prüfen, ob durch die festgestellten Äußerungen Angelegenheiten des Staates zum Gegenstand einer Erörterung gemacht wurden und, wenn ja, ob dies in einer den öffentlichen Frieden gefährdenden Weise geschehen ist.

Sieht man die einzelnen Predigten daraufhin an, so muß man feststellen, daß sich in den zum Gegenstand der Anklage gemachten Punkten die Predigten 1 bis 5 mit dem Schulwesen und die Predigten 6 bis 9 und die Predigt 5 im zweiten Teil mit dem Pressewesen befaßten.

Eine Erörterung über das Schulwesen liegt nicht nur vor, wenn über die Schulen als solche, über ihren Aufbau, ihren Lehrplan, über die das Schulwesen regelnden gesetzlichen Normen oder über die Zusammensetzung und das Wirken der an den Schulen tätigen Lehrkräfte gesprochen wird, sondern auch dann, wenn, wie im vorliegenden Falle, der Schulkampf, seine Methoden und seine wirklichen oder vermeintlichen Ziele im Vordergrund der Erörterung stehen. Auch hier werden Angelegenheiten besprochen, die den Staat als solchen angehen, bei denen es sich um seine Rechte und Pflichten, seine Interessen und Aufgaben handelt, die durch die Gesetze des öffentlichen Rechtes geordnet und gestaltet werden. (Vergleiche schon Entscheidungen des Reichsgerichts in Strafsachen, Band 27, S. 430) Daß auch die Anordnungen untergeordneter Stellen nicht von dem Begriff der Staatsangelegenheiten ausgeschlossen sind, hat schon ein Urteil des Reichsgerichts in Strafsachen, Band 18, S. 406 hervorgehoben.

Die Verteidigung hat eingewendet, nicht Staat und Partei hätten den Schulkampf geführt, sondern ein im Vereinsregister eingetragener Verein, die »Deutsche Schulgemeinde«. Dem ist entgegenzuhalten, daß sich der Angeklagte keinesweges auf eine Kritik von Maßnahmen der Deutschen

Schulgemeinde beschränkt hat und daß überdies das Schulwesen und seine Entwicklung auch dann Angelegenheiten des Staates sind und bleiben, wenn sich vorübergehend oder dauernd irgendwelche öffentlich-rechtliche oder privatrechtliche Verbände für bestimmte schulische Ziele kämpferisch einsetzen und damit an der Gestaltung und Umformung des Schulwesens mitwirken. Daß das Schulwesen auch eine Angelegenheit der katholischen Kirche ist (vergleiche besonders Artikel 21,23ff. des Reichskonkordats vom 20. Juli 1933), ändert nichts an der Tatsache, daß es in erster Linie eine Angelegenheit des Staates ist.

Auch das Pressewesen gehört zu den Angelegenheiten des heutigen Staates, der von dem Grundsatz hemmungsloser Pressefreiheit abgerückt ist und in der Presse eines der bedeutsamsten Mittel sieht, das Volk im nationalsozialistischen Geiste aufzuklären und zu schulen. Daraus und aus der Erkenntnis der Gefahren, die die uneingeschränkte Pressefreiheit für die Einigkeit und Geschlossenheit eines Volkes mit sich bringt, ist die mannigfaltige Einflußnahme auf die Presse und ihre Überwachung zu erklären. Daraus erklären sich auch die Bestimmungen des Schriftleitergesetzes vom 4. Oktober 1933, das im § 1 dem Schriftleiter »eine in ihren beruflichen Pflichten und Rechten vom Staat durch dieses Gesetz geregelte öffentliche Aufgabe« zuweist. Das Reichsgericht hat in der von der Verteidigung vorgelegten Entscheidung vom 1. Juni 1937 1 D 174/36 ausgesprochen, daß durch die geschichtliche Wendung zum nationalsozialistischen Staate der Bereich des staatlichen Lebens erweitert wurde, daß daher z.B. alles, was über den Begriffsinhalt von Blut, Boden, Rasse sowie über ihre Auswirkungen und Anforderungen für das Leben der Gesamtheit und des Einzelnen ernsthaft öffentlich vorgetragen oder gelehrt wird, in der Regel die nationalsozialistische Bewegung und daher auch den von ihr getragenen nationalsozialistischen Staat angeht und daß zu den »Angelegenheiten des Staates« auch die Ordnung des Pressewesens sowie die Einflußnahme auf die Verbreitung insbesondere *der* Presse gehört, die das Volk in nationalsozialistischem Geiste aufklären und schulen will. Das Reichsgericht hat in diesem Urteil weiter ausgesprochen, daß selbst Angelegenheiten, mit denen sich der Staat bisher noch nicht befaßt hat, dadurch im Sinne des § 130 a StGB in den Kreis »der Angelegenheiten des Staates« hereingezogen werden können, daß sie der Sprecher z.B. durch die Behauptung, der Staat habe gegenüber dieser oder jener Angelegenheit eine bestimmte Einstellung oder Wirkungsweise, zum Staate in Beziehung bringt. Davon ausgehend, kann es keinem Zweifel unterliegen, daß sich nicht nur die Kritik der Presseberichte über die Strafverfahren gegen katholische Geistliche und Ordensleute, sondern auch die Kritik sonstiger Veröffentlichungen der nationalsozialistischen Zeitungen und Zeitschriften, aber auch die allgemeine Kritik des NS-Schrifttums mit Angelegenheiten des Staates im Sinne des § 130 a StGB befaßt hat. Daß der Angeklagte wiederholt seine Kritik auf die Veröffentlichungen über religiös-sittliche Dinge beschränkt hat, ändert daran schon deshalb nichts, weil der Staat an den von diesem Begriff umfaßten Dingen und an den Veröffentlichungen darüber nicht weniger interessiert ist.

Bei der Prüfung der Frage, ob der Angeklagte in einer den öffentlichen Frieden gefährdenden Weise gesprochen hat, war davon auszugehen, daß eine solche Gefährdung vorliegt, wenn das Gefühl der Sicherheit, das unter dem Schutz einer sicheren Rechtspflege, eines machtvollen Staates bei allen Staatsangehörigen vorhanden zu sein pflegt, in seinem Bestand gefährdet wird, oder wenn der Zustand der allgemeinen Rechtssicherheit durch die Gefahr der Entstehung von Unruhen oder von Angriffen auf die Rechte anderer bedroht wird und daß in beiden Fällen auch schon das Herbeiführen einer entfernten Gefahr hinreichend ist. Eine Entscheidung des Reichsgerichts in Strafsachen Band 18, S. 314, die sich mit Äußerungen wie »Rechtsbeugung« und »Unterdrückung« zu befassen hatte, führt aus, daß es eine Gefährdung des öffentlichen Friedens bedeute, wenn in einer die Leidenschaften erregenden Weise die gegenwärtigen Rechtszustände als ein verwerfliches und wieder zu beseitigendes Unrecht hingestellt werden und durch solche Erörterungen die Gemüter verhetzt werden und Unfriede ausgesät wird. Daß es nicht allein auf die in einer einzelnen Äußerung liegende Gefahr, sondern auch darauf ankommt, daß sie gerade von der in § 130 a StGB angeführten Stelle aus geschieht und in der darin liegenden Gefahr, ist in dem bereits einmal erwähnten Reichsgerichtsurteil vom 20. Oktober 1936 (Juristische Wochenschrift 1937, S. 699) hervorgehoben. Eine solche Gefahr kann durch den Inhalt der Äußerung, aber unter Umständen auch schon durch ihre Form herbeigeführt werden.

Unter Berücksichtigung aller dieser Gesichtspunkte kam das Gericht zu der Überzeugung, daß der Angeklagte in allen Fällen den öffentlichen Frieden, und zwar das Gefühl der Rechtssicherheit gefährdet hat. Der Angeklagte hat in den 9 Predigten, soweit er sich mit Angelegenheiten des Staates befaßte, nur negative Kritik geübt, und zwar in äußerst scharfer Form. Er hat seine hinsichtlich des Schulkampfes erhobenen Vorwürfe ebenso verallgemeinert wie seine Vorwürfe gegen die Presse und gegen das NS-Schrifttum. Er hat dem Staate Hinterhältigkeit (Predigt 3), Betrug (Predigt 4), Schonung verbrecherischer Anhänger (Predigt 7) und Förderung von Schund- und Schmutzschriften (Predigt 8) vorgeworfen. Diese und die anderen in Ziffer III 1 näher bezeichneten Vorwürfe waren geeignet, in den den Worten des Angeklagten blind vertrauenden Zuhörern nicht nur Unruhe und inneren Widerstreit hervorzurufen, sondern darüber hinaus das Vertrauen zum Staate und zur staatlichen Rechtsordnung in der schwersten Weise zu erschüttern, und zwar weit über das religiös-sittliche Gebiet hinaus. Das gilt von jeder der 9 Predigten. Auch wo der Angeklagte nur unter Anführung von Beispielen davon sprach, man könnte meinen, der Nationalsozialismus sei der erbitterste Feind der Kirche, man kenne sich da nicht mehr aus, was richtig sei (Predigt 9), waren seine Äußerungen geeignet, bei den Zuhörern allgemeine Unzufriedenheit und allgemeines Mißtrauen nicht nur gegen die Partei, sondern auch gegen den von ihr getragenen Staat hervorzurufen und das Ansehen staatlicher Stellen zu untergraben.

Die Verteidigung berief sich darauf, daß im Urteil des Reichsgerichts vom 1. Juni 1937 ausgeführt sei, eine packende Predigt oder eine andere öffentliche Aussprache über weltanschauliche oder religiöse Fragen könne die Gewissen der Zuhörer bis in den tiefsten Grund aufrühren und in große sittliche oder religiöse Erregung oder Unruhe bringen; solche Erscheinungen des geistigen Kampfes der Weltanschauungen oder der religiösen Bekenntnisse, der nach aller geschichtlicher Erfahrung gerade der deutschen Volksseele immer ein Bedürfnis gewesen sei und bleiben werde, bräuchten den öffentlichen *Rechts*frieden nicht zu stören oder in eine auch nur entfernte Gefahr zu bringen*. Damit kann sich aber der Angeklagte nicht entlasten. Er hat sich nicht nur mit weltanschaulichen und religiösen Fragen auseinandergesetzt. Er hat sich zu Äußerungen hinreißen lassen, die unmittelbar in den politischen Tageskampf eingriffen und in ihrer Wirkung einer Mißtrauenserklärung und z.T. auch einer Kampfansage gegen den Staat gleichkamen.

3. Daß der Angeklagte in allen 9 Fällen als Geistlicher in Ausübung seines Berufes in einer Kirche und vor Mehreren gesprochen hat, bedarf keiner weiteren Erörterung. Das Gericht kam auch zu der Überzeugung, daß der Angeklagte vorsätzlich gehandelt hat. Vorsatz liegt schon vor, wenn der Prediger das Bewußtsein hat, seine Äußerungen seien geeignet, den öffentlichen Frieden zu gefährden und wenn er seine Äußerungen auf diese Gefahr hin gebraucht. Dieses Bewußtsein hatte der Angeklagte zweifellos. Er wußte als erfahrener Kanzelredner, wie sich derartige Predigten bei den Zuhörern auszuwirken pflegen, er wußte, welch uneingeschränkte Autorität er bei der großen Masse seiner Zuhörer genoß, er wußte, daß die Zuhörer seine Äußerungen nicht nur als Kritik an einzelnen von ihm beispielsweise

* Dieses Urteil hat Justizrat Warmuth in seinem Plädoyer vorgelegt. Darin hat das Reichsgericht das Strafurteil des Landgerichts Rottweil vom 9. Januar 1936 aufgehoben und an die Vorinstanz zurückverwiesen, in dem Pfarrverweser Adolf Staudacher in Eggingen (Kreis Ulm) wegen Kanzelmißbrauchs verurteilt worden war. Vgl. S. 124.

angeführten Vorkommnissen, sondern, um ein Schlagwort zu gebrauchen, als Kritik am ganzen »System« auffaßten und daß damit die Gefahr einer schweren Erschütterung des Vertrauens zum Staat und zur staatlichen Rechtsordnung heraufbeschworen wurde. Er hat dies in Kauf genommen. Er gab selbst an, er habe es als seine Aufgabe angesehen, die Leute mit Mißtrauen gegen die Berichterstattung über religiöse Dinge in der völkischen Presse zu erfüllen. Daß von diesem Mißtrauen zum Mißtrauen gegen die Presse überhaupt und von da aus zum Mißtrauen gegen den die Presse überwachenden Staat nur ein kleiner Schritt ist, war dem Angeklagten sicherlich bewußt.

Das gleiche gilt vom Schulkampf. Auch hier konnte es dem Angeklagten nicht entgehen, daß seine Charakterisierung des Schulkampfes, seine Prophezeiungen über die Entwicklung der Gemeinschaftsschule, seine Angriffe gegen die untergeordneten Stellen, gegen die städtischen Lehrkräfte letzten Endes zum tiefsten Mißtrauen gegen den heutigen Staat führen mußten, mindestens aber sehr leicht führen konnten. Daß der Angeklagte in der einen oder anderen Predigt den Zuhörern Treue zum Staate empfahl, war nicht geeignet, die Wirkung seiner das Vertrauen zum Staate erschütternden Äußerungen merklich abzuschwächen, denn Treue setzt Vertrauen voraus. Dazu kommt, daß der Angeklagte, wie bereits dargetan, in vier Predigten (Predigt 3, 4, 7, 8) die Staatsführung unmittelbar angegriffen hat. Das konnte ihm selbst in der Erregung nicht entgangen sein. Wenn er das Wort Staatsbetrug in dem von ihm angegebenen Sinne gebraucht hat, so kam ihm nach Überzeugung des Gerichts doch sofort zum Bewußtsein, daß viele Zuhörer dieses Wort anders auffassen konnten und in dem Zusammenhang sogar anders auffassen mußten. Er hätte dann die Pflicht gehabt, sich zu berichtigen. Wenn er das unterließ, so hat er schuldhaft gehandelt. Das gleiche gilt für die anderen 3 Äußerungen, insbesondere von der Äußerung über das Konkordat in der Predigt 3.

4. Es steht somit fest, daß der Angeklagte in allen 9 Fällen den äußeren und den inneren Tatbestand des § 130 a StGB erfüllt hat.

IV.

Der Reichsminister der Justiz hat durch Entschließung vom 17. Juni 1937 Nr. III g 11 5611 a/37 die Strafverfolgung aus § 2 des Gesetzes vom 20. Dezember 1934 angeordnet. Es war daher auch zu prüfen, ob und inwieweit der Angeklagte sich gegen diese Gesetzesbestimmung verfehlt hat.

Es ist bereits wiederholt ausgeführt, daß sich 4 Äußerungen des Angeklagten in den Predigten 3, 4, 7 und 8 unmittelbar gegen die heutige Staatsführung richteten und welche Vorwürfe sie enthielten. Die in Frage kommenden Stellen sind schon in Ziffer II des Urteils gekennzeichnet. Daß diese Äußerungen geeignet waren, das Vertrauen des Volkes zur politischen Führung zu untergraben, und daß sich der Angeklagte dessen auch bewußt war, bedarf keiner weiteren Ausführung mehr. Es darf insoweit auf Ziffer III 2,3 des Urteils verwiesen werden. Was dort über die Gefährdung des öffentlichen Friedens und über das Bewußtsein der Friedensgefährdung gesagt wurde, ist auch eine Begründung dafür, daß diese Äußerungen zersetzenden Charakters waren und daß sich der Angeklagte dessen bewußt war. Daß keine der leitenden Persönlichkeiten namentlich genannt wurde, ist rechtlich bedeutungslos. Diese 4 Äußerungen waren aber auch nach Form und Inhalt hetzerisch. Sie ließen die Absicht erkennen, bei den Zuhörern Mißtrauen und Unzufriedenheit gegen das Verhalten der Staatsführung auf den in den Äußerungen berührten Gebieten hervorzurufen, und wirkten damit hetzerisch. Auch hier gilt wieder, daß es Pflicht des Angeklagten gewesen wäre, unbedachte Entgleisungen richtig zu stellen, und daß er durch die Unterlassung einer solchen Richtigstellung schuldhaft gehandelt hat.

Nach der bisherigen Rechtssprechung zu § 2 des Gesetzes vom 20. Dezember 1934 wären diese 4 Äußerungen auch dann als Hetzreden im Sinne dieser Strafbestimmung angesehen worden, wenn sie in einem ähnlichen Zusammenhang an anderer Stelle und nicht von einem Geistlichen gebraucht worden wären. Im vorliegenden Falle aber darf insbesondere nicht übersehen werden, daß der Angeklagte als hochgebildeter, erfahrener Kanzelredner weit mehr als irgendein anderer auch unter Wahrung der Belange der Kirche in der Lage gewesen wäre, selbst in der größten seelischen Erregung sich bei seinen Äußerungen die Mäßigung aufzuerlegen, die von ihm als Prediger verlangt werden muß.

Die 4 Predigten waren jedermann zugänglich und von einem größeren, durch keinerlei engere Beziehungen zusammengehaltenen Personenkreis besucht. Der Angeklagte war sich dessen bewußt.

Er hat somit in 4 Fällen öffentlich über leitende Persönlichkeiten des Staates und deren Anordnungen hetzerische Äußerungen gemacht, die geeignet waren, das Vertrauen des Volkes zur politischen Führung zu untergraben (§ 2 Abs. 1 des Gesetzes vom 20. Dezember 1934).

V.

Der Angeklagte und die Verteidigung haben sich noch darauf berufen, daß ein Fall religiöser Notwehr vorgelegen sei, die Notwehr sei auch nicht überschritten worden, denn das Maß der Abwehr werde durch das Maß des Angriffs bestimmt. Es wurde dazu ausgeführt, daß im Schulkampf entgegen den der Kirche im Konkordat gegebenen Zusicherungen auf die Eltern in unzulässiger Weise eingewirkt worden sei, um sie zu bestimmen, entgegen ihrer inneren Überzeugung ihre Kinder zur Gemeinschaftsschule anzumelden, daß sich die unrichtigen Presseberichte über katholische Geistliche und Ordensleute und die gegen die Kirche und ihre Diener gerichteten Artikel so gehäuft hätten, daß der Angeklagte keine andere Wahl gehabt habe, als im Interesse der Kirche und des katholischen Glaubens von der Kanzel aus in entschiedener Form zu diesen Vorkommnissen Stellung zu nehmen, zumal Vorstellungen kirchlicher Stellen bei den zuständigen Reichsbehörden erfolglos, ja sogar unbeantwortet geblieben seien.

Nun hat allerdings das Reichsgericht anerkannt, daß auch zugunsten juristischer Personen des privaten oder öffentlichen Rechts Notwehr geübt werden könne, wenn rechtswidrige Angriffe gegen ihre geschützten Rechtsgüter erhoben werden (Entscheidungen des Reichsgerichts in Strafsachen, Band 63, S. 220). Voraussetzung für die Annahme einer Notwehrhandlung ist aber immer, daß sich die Verteidigung gegen den Angreifer richtet und nicht die Rechte Dritter verletzt. Äußerungen, die sich in ihrer Wirkung gegen den Staat richten, die geeignet sind, den Staat zu schädigen, Kanzel*mißbrauch* und zersetzende Hetzreden sind auch dann keine Notwehr, wenn einem Angreifer gegenüber Notwehr (auch Ehrennotwehr) zulässig wäre. Schon aus diesem Grund muß dem Angeklagten abgesprochen werden, daß seine Äußerungen als Notwehrhandlungen zu gelten haben.

Artikel 33 des Reichskonkordats weist auf den Weg hin, der der Kirche offensteht, wenn sie einzelne Bestimmungen des Konkordats für verletzt hält. Es geht aber nicht an, daß die einzelnen Priester je nach ihrem Gutdünken von der Kanzel aus das Kirchenvolk in den Kampf der Meinungen verwickeln und unter Inanspruchnahme der kirchlichen Autorität in eine innere Kampfstellung zum Staate bringen.

Dem Angeklagten kann auch nicht zugebilligt werden, daß er in vermeintlicher Notwehr gehandelt habe. Er kannte auch sehr wohl die Grenzen, die ihm bei seinem Wirken als Prediger durch die Gesetze des Staates gezogen waren. Da schon aus all diesen Gründen der Einwand der Notwehr ausscheidet, war der Angeklagte schuldig zu sprechen.

Soweit Verfehlungen gegen das Gesetz vom 20. Dezember 1934 vorliegen, stehen sie in Tateinheit mit den Verfehlungen gegen § 130 a StGB, da durch ein und dieselbe Handlung beide Strafgesetze verletzt wurden.

Das Gericht hat angenommen, daß der Angeklagte aus einem einheitlichen, von vornherein auf den Gesamterfolg gerichteten Vorsatz heraus gehandelt hat, da er selbst angibt, daß er sich auf Grund seiner religiösen Überzeugung für verpflichtet hielt, in der von ihm geübten Art und Weise zu predigen, und da er sogar noch am 9. Juni 1937 erklärt hat, er werde weiterhin so predigen, gleichviel wie seine Predigten strafrechtlich bewertet werden.

Der Angeklagte war deshalb wegen eines fortgesetzten Vergehens nach § 130a StGB in Tateinheit mit einem fortgesetzten Vergehen nach § 2 des Gesetzes vom 20. Dezember 1934 zu verurteilen.

VI.

Straferschwerend kam in Betracht, daß der Angeklagte schon einmal verwarnt wurde, daß es sich um insgesamt 9 Predigten handelt, die zur Verurteilung führten, daß die Äußerungen des Angeklagten ihrem Inhalt nach und teilweise auch ihrer Form nach besonders schwerwiegend und gefährlich waren, daß die Zuhörermenge jeweils eine sehr große war und daß demgemäß auch die staatsabträgliche Wirkung der Äußerungen eine äußerst weitgehende war, daß sich der Angeklagte bewußt war, daß das Kirchenvolk seinen Äußerungen eine weit stärkere Bedeutung beimaß als den Äußerungen irgendeines mehr oder weniger unbekannten Geistlichen.

Strafmildernd fiel außer der Straflosigkeit ins Gewicht, daß der Angeklagte sich im Felde äußerst tapfer benommen hat, daß er schwer kriegsbeschädigt ist, daß er unter vollem Einsatz seiner Persönlichkeit gegen den Kommunismus aufgetreten ist, daß er sich offen zu seinen Äußerungen bekannt hat und daß er nicht aus grundsätzlicher Abneigung gegen den Staat, sondern auf Grund religiöser Besorgnis zu seinen Äußerungen gekommen ist.
Die Strafe war gemäß § 73 StGB aus § 2 des Gesetzes vom 20. Dezember 1934 zu entnehmen. Eine Gefängnisstrafe von 6 Monaten erschien schuldentsprechend. Es erschien angezeigt, ihm die Untersuchungshaft in Höhe von 6 Wochen auf die Strafe anzurechnen.

Der Vorsitzende
Dr. Wölzl
Landgerichtsdirektor

Die Beisitzer
Schwingenschlögl, Wachter
28.7.37
Landgerichtsräte

Der Prozeß aus heutiger Sicht

Dieser öffentlich gegen Pater Rupert Mayer in Szene gesetzte Sondergerichtsprozeß war vom Standpunkt der nationalsozialistischen Gewalthaber aus ein taktischer Fehler, gab es doch genügend Zuhörer und Beobachter, die die Masse des gläubigen Volkes nach und nach davon unterrichteten, was hier vor sich gegangen war. In der Folgezeit hat man dann den Kampf gegen Pater Rupert Mayer hinter den Kulissen geführt, vor allem keinerlei öffentliche Verhandlungen mehr veranstaltet.

Wie wird nun der um Objektivität bemühte Historiker dieses Sondergerichtsurteil und die, die es gefällt haben, beurteilen?

Den beiden Grundaussagen dieses Urteils – Störung des öffentlichen Friedens durch Kanzelmißbrauch und hetzerische Äußerungen über leitende Persönlichkeiten des Staates – wird sich niemand anschließen. Und daß die Predigten des Paters lediglich religiöse Notwehr gegen die Konkordatsverletzungen und die Verleumdungen durch die nationalsozialistische Presse und die nationalsozialistischen Parteiveranstaltungen waren, steht jedenfalls außer Zweifel.

So ist also schon die Einleitung des Urteils, »Im Namen des Deutschen Volkes!«, eine Lüge. Das deutsche Volk hätte Pater Rupert Mayer nie verurteilt; in Wirklichkeit war dieses Urteil »Im Namen der Gestapo und des Gauleiters« gesprochen. Das allein nimmt ihm schon den Charakter eines gerechten Urteils.

Im Strafmaß – »nur« 6 Monate Gefängnis – bleibt dieses Urteil hinter den späteren Sondergerichtsurteilen, die nicht selten Todesstrafen aussprachen, und vor allem hinter den Terror-»Urteilen« des sogenannten Volksgerichtshofs und seines »Präsidenten« Roland Freisler erheblich zurück. Staatsanwalt und Richter dieses Verfahrens waren keine wütenden, sie waren nicht einmal überzeugte Nationalsozialisten. Sie waren »lediglich« feige und haben, wie einst Pilatus, ihre Karriere nicht aufs Spiel setzen wollen. Ihr Charakter steht in denkbar größtem Gegensatz zu dem Charakter Pater Rupert Mayers, der Wahrheit und Gerechtigkeit über alles stellte und dabei auf sein persönliches Schicksal nicht die geringste Rücksicht nahm. Solche Staatsanwälte und Richter pflegen sich mit dem Satz zu beruhigen: »Wenn ich es nicht mache, dann macht es ein anderer.« Dabei vergessen sie, daß sie vielleicht schon jener »andere« sind.

Für das Urteil, für die Staatsanwälte, die es beantragten, und für die Richter, die es unterschrieben, gilt die Erkenntnis des griechischen Philosophen Platon aus dem 4. vorchristlichen Jahrhundert: »Niemand begeht größeres Unrecht als der, der es in den äußeren Formen des Rechts begeht.«

Gedämpftes Presseecho auf den Prozeß

Die gesteuerte Presse berichtete am Tag nach der Verhandlung über den Sondergerichtsprozeß gegen Pater Rupert Mayer. Die Berichte waren ziemlich gleichförmig, sie nannten auch keinen Autor und keinen Korrespondenten, sie waren offensichtlich »von oben« intoniert und gaben lediglich das Urteil und einige harmlose Passagen aus der Zeugenvernehmung und den Plädoyers wieder; von der Verteidigung und ihrer Berufung auf religiöse Notwehr ist nirgendwo die Rede. Auch die Angriffe des Staates auf die Kirche und die Verletzungen des Konkordates, auf die sich Pater Rupert Mayer und sein Verteidiger immer wieder berufen haben, werden mit keinem Wort erwähnt. Kommentierende Bemerkungen gab es kaum, und wenn, dann nur so alberne und noch dazu in schlechtem Deutsch verfaßte wie die in den »Münchner Neuesten Nachrichten« unter der Schlagzeile »Wegen Kanzelmißbrauchs verurteilt. Pater Rupert Mayer vor Gericht«:

»Die Verhandlung und ihr Ergebnis haben von neuem den Beweis geliefert, daß jeder, der als Friedensstörer die so schwer errungene Einheit des Volkes in Gefahr bringt, streng zur Rechenschaft gezogen wird, ohne Rücksicht darauf, ob und welche Verdienste er sich früher einmal erworben und welche Stellung er heute innehat. Sie hat aber auch schlagkräftig gleich eine Reihe der schwersten Vorwürfe, die in den Predigtäußerungen des Angeklagten enthalten waren, widerlegt, indem sie für jeden unbefangenen oder befangenen Hörer erwies, daß Recht und Gerechtigkeit bei den Gerichten des nationalsozialistischen Staates in guter Hut sind und daß der Kampf dieses Staates für den Schutz seiner höchsten Güter, aber nicht gegen einen einzelnen Stand oder gegen die Kirche als solche geführt wird.«

Von der Auslandspresse sei hier die unabhängige englische Tageszeitung »The Times« zitiert, deren Bericht am 24. Juli 1937 von einer Korrespondentin stammt, die bei der Verhandlung zugegen war:

München, den 23. Juli

Ein Sondergericht in München verurteilte heute Pater Rupert Mayer, den bekannten Jesuiten, zu 6 Monaten Gefängnis wegen »wiederholter Verstöße gegen das Heimtückegesetz«. Inzwischen ist er auf freien Fuß gesetzt worden.

Äußerste Geheimhaltung ist bei Pater Mayers Verhaftung und bei der Verhandlung angewendet worden*. Nach dem Gesetz hätte der Prozeß öffentlich stattfinden sollen, aber durch Methoden, die eher geschickt als geistreich waren, wurden die Vertreter der auswärtigen Presse während der meisten Zeit ausgeschlossen.

Pater Mayers angebliche Verfehlungen bestanden in verschiedenen bei Predigten vorgebrachten Feststellungen und Kritiken über nationalsozialistische Erziehungspolitik und über die Berichte in der Nazi-Presse, betreffend die Sittlichkeitsprozesse gegen Katholiken.

Ungewöhnlich freimütige Einräumungen wurden vom Staatsanwalt in seinem Plädoyer gemacht:

»Die Regierung ist bewußt bestrebt, das Volk nach ihren Grundsätzen zu leiten und ist deshalb abgegangen von dem Prinzip der freien Meinungsäußerung ... Gewiß, es sind Fehler gemacht worden und unzutreffende und

* Dies stimmt nicht, der Prozeß war öffentlich.

unerfreuliche Dinge sind gesagt worden. Der junge deutsche Staat nimmt nicht Unfehlbarkeit für sich in Anspruch.«

Pater Mayer gab zu, die unter Anklage gestellten Behauptungen aufgestellt zu haben und verteidigte sich unter Hinweis auf seine Berufung und Berechtigung hierzu. Er berief sich auf viele Fälle von Verdrehungen und Verfälschungen in der Nazi-Presse in Sachen römisch-katholischer Sittlichkeitsprozesse.

Pater Rupert Mayer berichtet
Ein »Danke« für die Verurteilung

Die Hauptverhandlung vor dem Sondergericht München selbst und die Stunden unmittelbar davor und die Zeit danach schildert Pater Mayer in seinem Lebenslauf knapp und anschaulich.

Am 22. Juli 1937 morgens 9 Uhr begann im Justizpalast die Verhandlung gegen mich. Ich dachte nichts anders, als daß ich frühmorgens mit anderen Leidensgenossen in den Justizpalast gefahren würde. Aber schon am Tag vorher mußte ich um Mittag herum mich zusammenrichten, um mit anderen in das Gefängnis Neudeck gefahren zu werden. Von dort aus sollte es dann am nächsten Morgen in den Justizpalast gehen. Schleunigst mußte ich meine Sachen zusammenpacken, da sich die Bücher inzwischen bedeutend vermehrt hatten. Im untersten Gang mußten alle Gefangenen in Reih' und Glied antreten, zuerst die Frauen und dann die Männer. Unter schärfster Bewachung hieß es dann: in den Gefangenenwagen hinein, unter völligem Stillschweigen. In Neudeck erfolgte wieder die Zeremonie der Aufnahme ins Gefängnis. Alle Sachen mußten abgegeben werden usw. Das alles wurde von den leitenden Männern der Polizei stets auf das genaueste und gewissenhafteste gemacht. Nun wurden die einzelnen in ihre Zellen abgeführt. Ich kann es nicht anders sagen: Ich wurde nur anständig und freundlich behandelt und mit den Gewohnheiten vertraut gemacht.

Morgens wurden wir dann wieder nach dem bekannten Modus in den »Zeiserlwagen« eingepackt. Der Wagen war gesteckt voll. Die Stimmung war gedrückt. Mir gegenüber saßen zwei ländlich aussehende Frauen, die bitterlich weinten. Ich sagte, daß es meist schlimmer aussähe, als es dann ausgehen würde, und suchte sie so zu ermutigen.

Im Justizgebäude fuhr der Wagen in einen halbdunklen Raum. Dort standen mehrere Polizisten, um »ihre« Leute in Empfang zu nehmen und sie in den entsprechenden Raum in der Nähe des Gerichtssaales zu führen. Auch meiner nahm sich ein Polizeibeamter liebreich an und geleitete mich auf einer wenig begangenen Treppe in ein Zimmer in der Nähe meines Gerichtslokales. Ich hatte den Eindruck, als ob meinetwegen aus Gründen der Vorsicht mehrere Gänge abgesperrt worden seien. In dem Zimmer angekommen, stürzten sich meine zwei Rechtsanwälte auf mich und legten mir eine Erklärung vor, die ich unterschreiben könne und solle, ohne mir etwas zu vergeben. Mein Mißtrauen gegen die Unterzeichnung überwand nur die Erklärung der Rechtsanwälte, daß Pater Provinzial die Unterzeichnung durchaus billige.

Dann wurde ich in den Gerichtssaal geführt. Der Gang der Gerichtsverhandlung wurde von einer tüchtigen, vertrauenswürdigen Studentin wörtlich aufgezeichnet und mir einige Wochen nach der Verhandlung in Maschinenschrift vorgelegt, einiges verbessert und dann von mir gutgeheißen. Die Aufzeichnungen wurden in sicheren Gewahrsam gebracht. Wenn ich auch den Namen der Studentin vergessen habe – das Fräulein wird sich bei gegebener Zeit bestimmt melden. Nach der vormittäglichen Verhandlung wurde ich mit einigen anderen nach Neudeck zurückbefördert, um gegen 4 Uhr zur Fortsetzung der Verhandlungen in das Justizgebäude zurückzufahren. Abends mußte ich nach der Sitzung noch längere Zeit auf eine Gerichtspartie in einem Polizeiraum warten, bis wir wieder nach Neudeck zurückfahren konnten. Im Zeiserlwagen waren diesmal nur wenige Leute, aber eine Frau war todunglücklich, am Rande der Verzweiflung. Sie war zu einer mehrmonatigen Gefängnisstrafe verurteilt worden, die sie in Stadelheim abbüßen sollte. So erzählte ich von Stadelheim von der anständigen Behandlung, dem schönen Gotteshaus und von Pater Sigisbert, so daß die Frau schließlich ihre Tränen trocknete. In Neudeck wurde mir durch einen Beamten aus der Küche noch etwas geholt. Und als ich schon in der Klappe lag, kamen noch zwei Polizeibeamte, die ihre Teilnahme bekundeten. Ich sagte, daß es besser gegangen sei, als ich erwartet hätte. Daß wohl manche die Auffassung hätten, daß ich freigesprochen würde, daß ich selbst das aber nicht für möglich hielte. Ich hätte den bestimmten Eindruck, daß ich unter allen Umständen verurteilt würde.

Im Laufe des nächsten Vormittags kam ein Beamter und fragte, ob ich den Spaziergang im Gefängnishof mitmachen wolle. Als ich bejahte, führte er mich hinunter. Da bot sich mir ein merkwürdiges Schauspiel: Der Hof war ein großes Viereck, wohl geräumig, aber zu klein für die paar hundert Männer, die sich da auslaufen wollten. Denn das war kein Spazierengehen mehr, das war ein Rennen. In dichten Reihen liefen sie das Viereck aus. Besonders in der ersten Viertelstunde war es die reinste Jagd. Man fühlte es förmlich, wie die Männer mit Kraft geradezu geladen waren und sich nach dieser Stunde sehnten, wo sie sich etwas bewegen konnten. Da kam es mir wieder zu Bewußtsein, was es für gesunde Menschen bedeutet, der Freiheit beraubt zu sein. In einer halben Stunde wurde die Mehrzahl ruhiger; einige

Männer fielen mir sofort auf wegen ihrer selbstbewußten, schneidigen, ja herausfordernden Haltung. Der Beamte sagte mir, das seien »ernste Bibelforscher«. Ich kannte sie ja von Versammlungen her. Das sind Fanatiker von reinstem Wasser; ein klein wenig von diesem Geist sollten unsere Katholiken schon haben.

Um 2 Uhr war Urteilsverkündigung. Danach bekam ich noch einmal das Wort. Da sagte ich etwas, was auch von unserer Seite völlig falsch verstanden wurde. Ich habe mich nämlich bedankt für das Urteil. Nach dem, was ich in der Verhandlung ausgeführt habe, glaubte ich, daß es in dem Sinne verstanden würde, in dem es von mir gemeint war. Ich habe nämlich in der Verhandlung betont, daß die Richter der katholischen Sache keinen größeren Dienst erweisen könnten, als wenn sie katholische Priester, die für die Rechte und Freiheiten der Kirche eintreten, verurteilen und einsperren. In diesem Sinn habe ich für das Urteil gedankt.

Nach der Urteilsverkündigung wäre ich in normalen Zeiten frei gewesen, da ich die Strafe nicht sogleich anzutreten hatte. Aber ich dachte mir wohl, daß die Gestapo dagegen Einspruch erheben würde. Und das ist denn auch geschehen. Ich mußte nach Neudeck zurück und in dem Aufnahmeraum des Gefängnisses warten. Eine Viertelstunde nach der anderen verrann. Inzwischen wurde mir aber die Zeit nicht lange; es war da immer etwas los. So kam eine fein gekleidete Frau, die von einem Kriminaler in Zivil gebracht wurde. Sie war eben in ihrer Wohnung verhaftet worden; sie mußte nun ihre Schmucksachen abliefern. Es ist mir unvergeßlich, mit welch verzweifelter Miene sie ihre prächtigen Ohrringe abnahm und einen Ring nach dem anderen von dem Finger und ihre Armbänder von den Handgelenken abstreifte, um sie dem Polizeibeamten auszuhändigen. Dann kam eine Beamtin, um die Frau in einem Nebenraum einer körperlichen Visitation zu unterziehen und sie darauf in eine Zelle abzuführen.

Noch einmal fünf Monate in Freiheit

Inzwischen verhandelten P. Provinzial und Justizrat Warmuth telefonisch mit der Berliner Gestapo wegen meiner vorläufigen Freilassung. Schließlich, nach langem Hin und Her, wurde vereinbart, daß ich in Begleitung von Herrn Regierungsrat Schimmel mit P. Provinzial in einem Privatauto in das Exerzitienhaus auf der Rottmannshöhe gebracht werden und mich da einige Zeit aufhalten sollte, vorausgesetzt, daß meine Anwesenheit dort kein Aufsehen erregen und vor allem keine »Wallfahrten« dahin veranstaltet würden.

Auf der Rottmannshöhe fand ich bei den Mitbrüdern eine sehr liebe Aufnahme und aufmerksame Pflege. Soviel ich weiß, verweilte ich dort bis gegen September. Sobald nach dem Urteil des P. Provinzials die Verhältnisse es ratsam erscheinen ließen, kehrte ich nach München zurück. Zu meinem größten Bedauern konnte ich meine Arbeit in ganzem Umfang nicht mehr aufnehmen. Durch den Herrn Justizrat Warmuth ließ mir die Gestapo mitteilen, daß mir Predigten und Vorträge verboten seien. Ich machte sofort den P. Provinzial darauf aufmerksam, daß dies das katholische Volk nicht verstehen werde, sondern irre an mir werden müßte. Die Leute würden sagen, er macht es eben wie die anderen. Wenn es ernst wird, wenn man ihm droht und mit dem Polizeistock winkt, dann hört auch er auf mit der Verkündigung des Evangeliums. Wie die Apostelgeschichte erzählt, hätten es die Apostel ehedem anders gemacht. Aber P. Provinzial meinte, ich solle mich vorerst an das polizeiliche Verbot halten; in gleichem Sinne hatte sich auch schon der Herr Kardinal ausgesprochen.

Als im Oktober oder November 1937 die Bahnhof-Frühgottesdienste vom Bahnhof in die Unterkirche des Bürgersaales verlegt werden mußten, hielt ich im Fürstensalon den letzten Gottesdienst, und damit fing ich mit dem Predigen auf eigenes Risiko hin in den Frühgottesdiensten wieder an. Mit dem Beichtehören und Krankenbesuchen und Schwesternvorträgen habe ich nie pausiert.

Mitte Dezember kam P. Provinzial zu mir und meinte, es sei jetzt so gekommen, wie ich gleich anfangs gesagt habe: Gute, verständige Menschen würden daran Anstoß nehmen, daß ich mir das Predigen von der Polizei verbieten lasse. Er habe nichts dagegen, wenn ich das Wort Gottes wieder verkündige. er war damit einverstanden, daß ich am Stefanstage die Abendpredigt in St. Michael hielt. Ich sprach völlig »einwandfrei«, wie scharfe Kritiker sagten, über die Feindesliebe. Am ersten Januar 1938 hielt ich wieder die Zehnuhrpredigt in St. Michael, nichts rührte sich.

Die Gestapo hat Angst vor Demonstrationen

Polizeipräsidium München
I. Vormerkung:
Die Geheime Staatspolizei, Staatspolizeileitstelle München, Abt. II 1 B – Sekr. Bergler –, teilte am 14.9.1937 fernmündlich mit, daß der Jesuitenpater Rupert *Mayer* am Mittwoch 15.9.1937 im Laufe des Abends aus seinem Erholungsaufenthalt in Rottmannshöhe nach München zurückkehre. Auf allenfallsige Ansammlungen und Kundgebungen vor der Wohnung des Paters wäre Bedacht zu nehmen.
II. Die Wohnung des Paters Rupert Mayer, Maxburgstraße 1, wurde am 15.9.37 von 16 Uhr bis 21 Uhr von außen überwacht, ebenso die Michaels-

kirche. Es wurde während dieser Zeit weder die Rückkehr des Paters beobachtet, noch sammelten sich Personen vor oder in der Nähe der Wohnung an.

III. Schreiben an die
Geheime Staatspolizei, Staatspolizeileitstelle II 1 B, München

Betreff: Rückkehr des Paters Rupert Mayer nach München

Nach fernmündl. Mitteilung der Staatspolizeileitstelle II 1 B – H. Bergler – v. 14.9.1937 sollte der Jesuitenpater Rupert Mayer, geb. 23.1.1876 in Stuttgart, am Mittwoch 15.9.37 im Laufe des Abends von seinem Erholungsaufenthalt in Rottmannshöhe nach München zurückkehren.

Zur Verhinderung allenfallsiger Ansammlungen oder Kundgebungen wurde die Wohnung des Paters am 15.9.37 von 16 Uhr bis 21 Uhr von außen überwacht, ebenso die nähere Umgebung und die Michaelskirche.

Während der Überwachungszeit wurde weder die Rückkehr des Paters nach München beobachtet, noch haben sich Personen vor oder in der Nähe der Wohnung des Paters angesammelt. Die Michaelskirche zeigte ganz geringen Besuch.

München, 17. September 1937
Polizeipräsidium J.A.
(*Unterschrift unleserlich)*

Erneut lebhafter kirchenamtlicher Briefverkehr

Der Fall Pater Rupert Mayer hat weit über die Diözesangrenzen hinaus Aufsehen erregt. Die höchsten kirchlichen Stellen haben offiziell protestiert, freilich von den staatlichen Stellen keine Antwort erhalten.

*Kardinal Faulhaber an Staatssekretär Pacelli**

München, 5. Oktober 1937

Eminenz!

Das Schlußprotokoll des Reichskonkordats sichert den Geistlichen und Ordensleuten Deutschlands zu, daß Art. 32 des Konkordates »keinerlei Einengung der pflichtmäßigen Verkündigung und Erläuterung der dogmatischen und sittlichen Lehren und Grundsätze der Kirche bedeute«.

Trotzdem werden fortwährend Geistliche verwarnt oder sogar gerichtlich belangt, wenn sie bestimmte dogmatische und sittliche Lehren und Grundsätze der Kirche pflichtgemäß verkünden und verteidigen, z.B. Angriffe auf das Alte Testament zurückweisen, den kirchlichen Standpunkt bezüglich der Sterilisation darlegen, für die Konfessionsschule eintreten. Es werden sogar volle Predigtverbote gegen einzelne Geistliche ausgesprochen und so die vom Bischof gegebene missio canonica staatlicherseits geradezu suspendiert.

Ein besonders auffallendes Beispiel ist eine Verfügung gegen den bekannten Münchener Männerapostel H.H.P. Rupert Mayer S.J.:

. . .

Trotz (seiner) freiwilligen Loyalitätserklärung, trotz der mit dem Urteil gegebenen Sühne für das staatlicherseits angenommene Unrecht, trotz voller Einhaltung der vereinbarten 7wöchentlichen [!] Predigtpause (22. Juli bis 15. September 1937) ward dem H.H. Provinzial der Oberdeutschen Jesuitenprovinz am 20. September 1937 von der Geheimen Staatspolizei in München erklärt, das Predigtverbot für P. Mayer bestehe weiter. Eine Aufhebung desselben könne nur durch das Reichskirchenministerium erfolgen. An dieses möge man sich wenden.

Ich halte ein solches bittliches Verhandeln mit dem Reichskirchenministerium für unmöglich. Es würde ja eine Anerkennung des staatlichen Predigtverbotes bedeuten und über kurz oder lang zu weiteren staatlichen Predigtverboten führen. Abhilfe und Schutz kann nur die volle Wahrung des Prinzips schaffen, wie es im Schlußprotokoll zu Art. 32 des Reichskonkor-

* Eugenio Pacelli (1876-1958), 1917 Nuntius in Bayern (bis 1925) und für das deutsche Reich (bis 1929), 1929 Kardinal, 1930 Kardinal-Staatssekretär Papst Pius' XI., 1939 Papst (Pius XII.). Brief bei Volk, Faulhaber II, S. 404ff.).

dats festgelegt ist. Da aber die Reichsregierung über Konkordatsdifferenzen nur mit dem Heiligen Stuhl verhandeln will, möchte ich Ew. Eminenz ehrfurchtsvoll um eine nachdrucksvolle Vorstellung bei der Reichsregierung in dieser Frage um die Freiheit des Wortes Gottes und der Kirche bitten.

Ew. Eminenz in Christo ergebenster
M. Card. Faulhaber,
Erzbischof von München

*Staatssekretär Pacelli an Kardinal Faulhaber**

Vatikanstadt, 16. November 1937

Hochwürdigste Eminenz!
Anbei lasse ich Euerer Eminenz ganz ergebenst Abschrift einer Note zugehen, die ich in Sachen der sich häufenden Predigtverbote und insbesondere des Falles des Hochwürdigen P. Rupert Mayer S.J. unter dem gleichen Datum an den Herrn Deutschen Botschafter beim Heiligen Stuhl gerichtet habe. In der Voraussicht, daß die Antwort der Deutschen Regierung leicht zu einer Vertiefung der Diskussion, sowohl nach der rechtlichen wie insbesondere auch der tatsächlichen Seite führen kann, wäre es sehr erwünscht und unter Umständen notwendig, in einem nicht zu fernen Zeitpunkt eine ziemlich vollständige Übersicht über die bisher ergangenen Predigtverbote und die ihnen zugrunde liegenden Tatbestände in Händen zu haben. Wenn Euere Eminenz nach dieser Hinsicht gütigst bemüht sein wollten, so wäre ich dafür von Herzen dankbar. Inzwischen übermittle ich den Ausdruck meiner stets gleichbleibenden treuen Verehrung und bin, die Hände küssend,

Euerer Eminenz ganz ergebenster
E. Card. Pacelli

*Staatssekretär Pacelli an den deutschen Botschafter beim Vatikan, von Bergen***

Aus dem Vatikan, den 16. November 1937

Euere Exzellenz!
Das Schlußprotokoll des Reichskonkordats sichert den katholischen Geistlichen und Ordensleuten Deutschlands zu, daß Art. 32 des Reichskonkordats »keinerlei Einengung der pflichtmäßigen Verkündigung und Erläuterung der dogmatischen und sittlichen Lehren und Grundsätze der Kirche bedeute«.

* Volk, Faulhaber II, S. 418.
** Abgedruckt bei Dieter Albrecht, Der Notenwechsel zwischen dem Heiligen Stuhl und der Deutschen Reichsregierung, Mainz 1969, Band II, S. 61ff.

Im Gegensatz zu dem hier festgelegten Prinzip werden, wie dem Heiligen Stuhl zuverlässig mitgeteilt wird, fortgesetzt Geistliche des Welt- und Ordensstandes verwarnt oder sogar gerichtlich belangt, wenn sie in Ausübung ihrer seelsorgerlichen Pflicht bestimmte dogmatische und sittliche Lehren und Grundsätze der Kirche verkünden und verteidigen, z.B. Angriffe auf das Alte Testament zurückweisen, den kirchlichen Standpunkt bezüglich der Sterilisation darlegen, für die Konfessionsschule eintreten u.a.m. Es sind sogar volle Predigtverbote ausgesprochen und damit die vom Bischof erteilte missio canonica staatlicherseits unwirksam gemacht worden.

Ein besonders auffallendes Beispiel hierfür ist eine Verfügung gegen den bekannten, von weitesten Kreisen des Volkes hochverehrten Münchener Männerapostel Hochwürden P. Rupert Mayer. Nach einem erstmaligen Redeverbot für außerkirchliche Räume im April d.J., an das der Betroffene sich voll und ganz gehalten hatte, erfolgte am 28. Mai eine Ausdehnung dieses Verbots auch auf den innerkirchlichen Raum, mit alleiniger Ausnahme der St. Michaelskirche in München, wo P. Mayer als ständiger Prediger angestellt war. Da diese Predigtverbote aus prinzipiellen Gründen für die erzbischöfliche Behörde unannehmbar waren, setzte P. Mayer mit kirchenbehördlichem Einverständnis seine Tätigkeit fort, insbesondere innerhalb der Männerkongregationen, deren Präses er ist. Am 4. Juni* des Jahres wurde er in Schutzhaft genommen. Ein Vorschlag der Geheimen Staatspolizei Münchens, die Predigttätigkeit P. Mayers auf die genannte Stadt zu beschränken, war als Eingriff in die innerkirchliche Jurisdiktion nicht annehmbar. Daraufhin erfolgte nach 6 wöchentlicher Untersuchungshaft am 22. Juli d.J.** seine Verurteilung zu 6 Monaten Gefängnis.

Vor der Gerichtsverhandlung hatte P. Mayer nachfolgende schriftliche Erklärung abgegeben***:

. . .

Auf Grund dieser freiwilligen Loyalitätserklärung wurde nach erfolgter Urteilsfällung der gerichtliche Haftbefehl mit sofortiger Wirkung aufgehoben. Trotzdem aber wurde nach voller Einhaltung der vereinbarten siebenwöchentlichen Predigtpause (22. Juli bis 15. September) dem Hochwürdigen P. Provinzial der Oberdeutschen Provinz am 20. September d.J. erklärt, das Predigtverbot für P. Mayer bestehe fort und könne nur durch das Reichs-Kirchenministerium aufgehoben werden.

Angesichts dieser Sachlage und im Hinblick auf die Tatsache, daß Predigtverbote dieser Art mit der Vorschrift des Schlußprotokolls zu Art. 32 des Reichskonkordats unvereinbar sind und eine geordnete Seelsorge unmöglich machen, nimmt der Heilige Stuhl Veranlassung, die Aufmerksam-

* Richtig: 5. Juni.

** Richtig: 23. Juli.

*** Siehe S. 92.

keit der Deutschen Regierung hierauf zu lenken und um Abstellung zu ersuchen.

Indem ich bitte, vorstehendes zur Kenntnis der Deutschen Regierung zu bringen, bin ich mit dem Ausdruck ausgezeichnetster Wertschätzung Euerer Exzellenz ergebenster

E. Card. Pacelli

Diese Note wurde von der Reichsregierung nicht beantwortet. Eine im Januar 1938 entworfene Antwortnote legte man am 16. Dezember 1938 zu den Akten. Sie lautete*:

Die Konkordate gewähren der Katholischen Kirche zwar die Freiheit des Bekenntnisses und der öffentlichen Ausübung der katholischen Religion. Dieses Recht findet jedoch seine natürliche Beschränkung durch die Pflichten des Gehorsams und der Achtung gegenüber den staatlichen Gesetzen und Anordnungen, die den katholischen Volksgenossen und auch den katholischen Geistlichen in gleicher Weise und in gleichem Umfang wie jeden anderen Volksgenossen gegenüber dem Staat binden. Ein uneingeschränktes Recht zur Verkündigung der katholischen Glaubens- und Sittengrundsätze auch in den Fällen, wo diese sich mit den staatlichen Geboten und Anordnungen im Widerspruch befinden, haben die Konkordate den katholischen Geistlichen nicht eingeräumt. Ein derartiges Recht, das den Angehörigen der katholischen Kirche eine Sonderstellung gegenüber der Mehrheit der übrigen Volksgenossen verschafft haben würde, konnte und sollte auch nicht durch das Schlußprotokoll zum Reichskonkordat zu Art. 32 Abs. 2 gewährt werden.

*Kardinal Faulhaber an Staatssekretär Pacelli***

München, 14. Januar 1938

Hochwürdigste Eminenz!

In dem geschätzten Schreiben vom 16. November 1937 haben Euere Eminenz den Wunsch ausgesprochen, »in einem nicht zu fernen Zeitpunkt eine ziemlich vollständige Übersicht über die bisher ergangenen Predigtverbote und ihnen zugrunde liegenden Tatbestände in Händen zu haben«. Durch Umfrage bei den einzelnen Ordinariaten hat der Prälat meines Ordinariates, der Euerer Eminenz bekannt ist, eine fast vollständige Übersicht erhalten, die ich, ohne den letzten Bericht von Köln abzuwarten, anbei Euerer Eminenz vorlege.

* Wie Anm.** S. 153, S. 63.

** Volk, Faulhaber II, S. 466f.

Diese Übersicht ist um so wertvoller, als am 5. Januar 1938 P. Rupert Mayer S.J., der nach seiner Verurteilung zu 6 Monaten Gefängnis Ende Juli 1937 in Freiheit gesetzt war, wieder in Haft genommen wurde, und zwar zunächst in eine Zelle der Geheimen Staatspolizei überführt und heute am 14. Januar 1938 nach Stadelheim gebracht wurde, um dort die nach Abzug seiner Untersuchungshaft noch verbleibenden 4 1/2 Monate Gefängnisstrafe zu verbüßen. P. Rupert Mayer hatte nach langem Zuwarten dreimal gepredigt und zwar am 2. Weihnachtsfeiertag 1937, am 1. Januar 1938 früh 3 Uhr beim Bahnhofgottesdienst für die Schifahrer und beim Hauptgottesdienst um 10 Uhr, und wollte auf Epiphanie wieder predigen, weshalb er am Vorabend von Epiphanie auf die Polizei gerufen und dort zurückbehalten wurde. Die Polizei erklärte ausdrücklich, daß er nicht wegen des Inhaltes seiner Predigten verhaftet worden sei, sondern wegen der tatsächlichen Nichtbeachtung des Predigtverbotes. Es handelt sich also wieder um ein Vorgehen der Geheimen Staatspolizei neben den ordentlichen Gerichten. P. Rupert Mayer wird die Überführung nach Stadelheim, in das eigentliche Strafvollzugsgefängnis, als eine Erleichterung betrachten, weil er dort bei seinem letzten Aufenthalt in aller Stille die hl. Messe feiern durfte und auf meine Bitte eine Stehlampe zum Studium erhielt. P. Provinzial Rösch steht dauernd mit den Behörden in Verbindung, hat aber zur Zeit wenig Hoffnung, eine Milderung oder gar eine baldige Aufhebung der Strafe zu erwirken. Es ist mir zweifelhaft, ob die Berliner Geheime Staatspolizei von der diplomatischen Note Kenntnis hat, die Euere Eminenz an den Herrn Botschafter beim Heiligen Stuhl in Sachen der Predigtverbote und des Falles P. Rupert Mayer gerichtet haben.

In tiefer Ehrfurcht und Verehrung bleibe ich
M. Card. Faulhaber

»Ich bin lebend ein Toter«

Gefängnis, Konzentrationslager, Verbannung ins Kloster Ettal 1938 bis 1945

Pater Rupert Mayer mit Willibald Wolfsteiner, dem Abt des Benediktinerklosters Ettal, in das der Pater vom 8. August 1940 bis zum 6. Mai 1945 verbannt war

Die Gestapo verlangt »volle Sühne«. Der Generalstaatsanwalt muß den Pater von Stadelheim nach Landsberg verlegen

Als Pater Mayer wieder daranging zu predigen, ordnete man die Vollstreckung des Sondergerichtsurteils an und verbrachte ihn am 5. Januar 1938 ins Gefängnis Stadelheim. Der Gestapo war diese Haftanstalt aber nicht streng genug, und so verlangte sie in dem Bewußtsein, daß ihr die Justiz auch in solchen Dingen folgen müsse, die Verbringung des Paters in die Strafanstalt nach Landsberg, wo die Schwerverbrecher untergebracht waren. Das »Geheimschreiben« der Gestapo an den Generalstaatsanwalt lautet*:

München, 15.1.1938

Pater Mayer befand sich während seiner sechswöchigen Untersuchungshaft im Sommer 1937 bereits im Gefängnis Stadelheim. Der Staatspolizeileitstelle wurde seinerzeit zuverlässig mitgeteilt, daß Pater Mayer dort von einem Wärter betreut wurde, der der Kath. Männerkongregation, die von Pater Rupert geleitet wird, angehört. Pater Mayer soll außer der Erlaubnis zum Messelesen alle erdenklichen Begünstigungen bekommen haben. Er hat sich selbst geäußert, daß es ihm in Stadelheim während der Untersuchungshaft sehr gut gegangen sei. Er brachte dies auch in einer Predigt am Neujahrstage 1938 zum Ausdruck. Pater Mayer wurde von den Gefängnisbeamten Josef H. und Johann R. betreut. Beide Beamte sind als sehr religiös bekannt. H. soll früher Laienbruder gewesen sein. Im Hinblick auf diese Tatsache ist damit zu rechnen, daß Pater Mayer während der Verbüßung der Gefängnisstrafe in Stadelheim alle erdenklichen Vorteile eingeräumt werden. Damit die Tat des Mayer auch volle Sühne findet, bitte ich zu erwägen, ob nicht Mayer zur Verbüßung seiner Strafe in das Strafvollstrekkungsgefängnis Landsberg überführt werden kann. Ich darf um beschleunigte Anweisung bitten. Auf alle Fälle bitte ich, dem Verurteilten das Zelebrieren der Messe nicht zu genehmigen.

* Gefängnispfarrer K. Morgenschweis, Gefangener Nr. 9469. Pater Rupert Mayer S.J. Erinnerungen an seine Strafhaft im Strafgefängnis Landsberg/Lech, Verlag der Marianischen Männerkongregation München, 1969, S.9.

Pater Rupert Mayer berichtet
Meine Gefangenschaft in Landsberg

Am 5. Januar 1938 kamen um die Mittagszeit herum zwei Gestapobeamte und fragten, ob ich am kommenden Tage wieder predigen würde. Als ich das entschieden bejahte, meinten sie, daß sie mich dann verhaften müßten. Da ich immer eine Handtasche mit Büchern bereit hatte, konnte ich sofort mitgehen. Mit Auto ging es wieder ins Wittelsbacherpalais. Dort erklärte ich, daß nur der Bischof und die Ordensobern das Recht hätten, mir das Predigen zu verbieten, daß die Gestapo aber dazu kein Recht habe. Ich dürfe und könne die Ausübung des Predigtamtes nicht abhängig machen von einem polizeilichen Verbot. Das sei ein schwerer Eingriff des Staates in kirchliche Rechte. Daraufhin wurde ich in das Gestapogefängnis abgeführt. Ich kam wieder in die gleiche »Ehrenzelle«, die ich von früher her kannte. Die Begrüßung durch die Beamten war freundlicher als das letzte Mal.

Nun begann wieder die ganz stille Arbeit. Der Winter setzte schon früh ein. Die Heizung funktionierte aber gut, ja, es war besonders abends zu warm. Ich ließ mich aber belehren, daß die Verhafteten in den oberen Stockwerken frieren müßten, wenn man es anders machte. Nach einer Woche wurde mir mitgeteilt, ich würde nach Stadelheim überführt, um dort meine sechsmonatige Gefängnisstrafe abzubüßen.

Diesmal war der Empfang dort bei der Aufnahme etwas frostiger. Ich mußte Kleider und Wäsche ablegen, auch die Bücher zurücklassen und Gefangenenkleidung und Wäsche anziehen. Nur die Stiefel durfte ich behalten wegen meines amputierten Beines. Das war alles gut so. Nun war ich zum ersten Mal wirklich ganz arm und hatte nichts Eigenes mehr an mir. Ich wurde einem Hauptwachtmeister übergeben. Derselbe führte mich durch einige Höfe in einen Bau, den ich noch nicht gesehen hatte. Die Behandlung war korrekt, aber ich möchte sagen, zurückhaltender als bisher. Ich merkte, ich war jetzt nicht mehr ein Untersuchungsgefangener, sondern ein Sträfling. Das Essen war karg, die Aufmachung nicht schön, und die war für mich immer wichtiger als das Essen selber. Am nächsten Tag war Sonntag, also Gottesdienst. In der Sträflingskleidung fiel ich nicht mehr auf; es blieb alles ruhig. Den Gottesdienst hielt der Nachfolger des hochverehrten, ganz formlos verabschiedeten P. Sigisbert, Herr Oberpfarrer Kienle. Aus freien Stücken erbot er sich, mir womöglich täglich die Heilige Kommunion zu bringen, worüber ich hocherfreut war. Beim ersten Besuch stellte er mir zwei schöne Bücher aus der Bibliothek zur Verfügung. Am Nachmittag war Spaziergang in einem großen Hof. In guter Ordnung marschierten die Gefangenen auf. Es dürften 300 bis 400 gewesen sein. Einige trugen keine Sträflingskleidung, sondern erschienen im Ordenskleid. Es waren wohl Untersuchungsgefangene. Damals fanden viele Verhaftungen von Ordensleuten statt wegen angeblicher Sittlichkeitsverbrechen. Mit anderen Fußkranken wurde mir zum Spaziergang ein kleiner Weg angewiesen. Die Aufsicht war gut. Am Abend, als schon alles zur Ruhe gegangen war, wurde durch eine kleine Klappe, durch die das Essen gereicht wird und die nur von außen mit einem Schlüssel geöffnet werden kann, im Flüsterton mir mitgeteilt, es sei am kommenden Nachmittag Baden angeordnet. Er wolle dafür sorgen, daß ich zuletzt an die Reihe käme, damit ich ungeniert sei. Wer der gute Mensch war, konnte ich nie erfahren. Zur Ausführung kam die Baderei nicht mehr, denn um die Mittagszeit erhielt ich die Mitteilung, daß ich nach Tisch nach Landsberg überführt würde, um dort die sechs Monate abzusitzen. Der Grund war, die Berliner Gestapo habe in Erfahrung gebracht, daß es mir in Stadelheim während der Untersuchungshaft zu gut gegangen ist.

»Das Gefängnis ist in Kreuzesform gebaut«

Es wurden mir meine Priesterkleidung und meine Wäsche wieder gegeben und alle meine Habseligkeiten, Bücher usw., die ich mitgebracht hatte. Es kam ein Privatauto, das mein lieber junger Freund, Herr Baptist Huber, der Gestapo zur Verfügung gestellt hatte. Er fuhr mich persönlich in Begleitung eines Polizeibeamten nach Landsberg am Lech. Nach der Aufnahme im Büro des Gefängnisses wurde ich für das Verbrecheralbum in verschiedenen Stellungen fotografiert. Nach einem warmen Bad wurde ich neu eingekleidet (Sträflingsanzug und Wäsche) und von einem Sträfling geschoren. Wie ausdrücklich angeordnet wurde, nicht so kurz wie sonst bei Sträflingen üblich. Die Kleider und alles, was ich mitgebracht hatte, wurden fortgeschafft und gut verwahrt, wie ich mich bei meinem Abschied selbst überzeugen konnte.

Nun ging's ins eigentliche Gefängnis, das 500 Einzelsträflinge aufnehmen kann. Ein Beamter wies mir parterre eine Zelle an. Das Gefängnis ist in Kreuzesform gebaut, hat außer dem Parterre noch drei Stockwerke. Treppen und Galerie, alles aus Eisen. In der Mitte des Gefängnisses ist in der Höhe des ersten Stockes eine Zentrale aufgebaut. Man hat von hier aus in einem Augenblick einen totalen Überblick nicht nur über die Gänge, sondern man kann von hier aus selbst die Türen sämtlicher Zellen ins Auge fassen. In dieser Zentrale befindet sich bei Tag und Nacht ein Beamter; er kann alles und jedes beobachten, was im Gefängnis sich abspielt. Dort ist auch die Haupttelefonstelle. Man kann sich mit jedem Beamten innerhalb des Gefängnisses und mit dessen Privatwohnung verbinden. Ist Alarm, so kann er durch den Druck auf einen elektrischen Knopf sämtliche Beamte innerhalb und außerhalb des Gefängnisses zusammenrufen. Zur Zentrale werden elektrische Zeichen gegeben, die das ganze Gefängnis angehen.

Der Beamte, der mich übernahm, wies mir unfreundlich im Parterre eine Zelle an. Es war ein schweres Machen, bis ich endlich den Strohsack überzogen und mein Lager hergerichtet hatte. Am nächsten Morgen wurde mir eine andere Zelle im zweiten Stock angewiesen. Ich mußte die Wäsche wieder abziehen und mit meinen Habseligkeiten wandern. Die Ankömmlinge werden dem Gefängnisarzt vorgeführt. Er ordnete an, daß ich mich wegen meines amputierten Beines nicht in dem Gang vor dem Arztzimmer ausziehen sollte, sondern erst im Untersuchungszimmer des Arztes selber. Derselbe machte einen durchaus sympathischen Eindruck, der sich im Laufe der Zeit immer mehr verstärkte. Ich hatte das Gefühl, daß er mich mit noch größerem Wohlwollen behandelt hätte, wäre er mit mir allein gewesen, aber es war fast immer sein nichtärztlicher Assistent dabei, und dieser war ein strammer Parteimann. Das Gewicht und der Blutdruck wurden festgestellt.

Gleich am ersten Morgen standen zwei ausgezeichnete Bücher aus der Gefangenenbibliothek in meiner Zelle. Schon in aller Frühe muß das geschehen sein. Eine Aufmerksamkeit des Bibliothekars. Ich wunderte mich darüber nicht mehr, als ich später erfuhr, daß der damalige Bibliothekar der Mitsträfling Dr. Ernst* vom früheren Leohaus war, den ich von jener Zeit her sehr gut kannte. Welch ein Wiedersehen!

Schwierigkeiten beim Tütenkleben

In diesen ersten Tagen hatte ich auch beim Gefängnisvorstand anzutreten. Es handelte sich um die Arbeitsverteilung. Ich wurde Papierarbeiter, d.h., ich hatte Tüten zu kleben. Ein Beamter kam mit einem Gefangenen, der das Material trug, in meine Zelle und zeigte mir meine Arbeit. Diese Tüten waren kleine Apothekertüten. Der Beamte machte mir das Falten und Kleben zweimal vor, aber in einem solch rasanten Tempo, daß ich überhaupt nicht sehen konnte, was er tat. Ich studierte und probierte an dem Muster herum und versuchte es dann, so gut ich es konnte. Am nächsten Tag sah er nach und äußerte sich sehr unzufrieden über meine Arbeit. Er sagte, ich sei der ungeschickteste Mensch, der ihm je in seinem Leben begegnet sei. Ich bat ihn, doch etwas langsamer mir die Sache vorzumachen. Ein wenig langsamer machte er es jetzt. Aber als ich ihn ersuchte, in seiner Gegenwart es selber nun zu probieren und nachzumachen, da drehte er sich um und ließ mich stehen. Ich arbeitete, so gut es eben ging. Am nächsten Tag sagte er, ich hätte keinen guten Willen zur Arbeit. Ich bestritt das ganz energisch. Da ging er wieder weg und schloß die Türe. Ich meldete mich beim Gefängnisdirektor, um mich zu beschweren, weil ich glaubte, als Priester dürfte ich es

* Der Geistliche Dr. Georg Ernst hatte als Geschäftsführer der Hauptstelle katholisch-sozialer Vereine »Leohaus« Spargelder von Erwerbstätigen an ein katholisches Filmunternehmen gegeben und war wegen Fehlinvestitionen verurteilt worden. Siehe auch S. 25.

nicht auf mir sitzen lassen, daß ich meine Pflicht vernachlässige. Ich wurde zum Direktor gerufen und sagte ihm, daß ich gegen den unerhörten Vorwurf der Pflichtvernachlässigung Verwahrung einlege. Der Beamte habe mir ein schweres Unrecht zugefügt. Es fehle mir nicht an gutem Willen, es fehle mir an der Geschicklichkeit zu Handarbeiten. Ich hätte mich in meiner Jugend nie mit derartigem befaßt. Ich hätte meine freie Zeit mit Musizieren, Turnen, Fechten, Reiten und Schwimmen zugebracht, aber nicht mit solchem Zeug. Meine Finger seien viel zu dick, um mit diesen kleinen Tüten etwas machen zu können. Der Direktor sagte, ich könne abtreten; den obigen Beamten habe ich nie mehr gesehen. Es kam an seiner Stelle der Leiter der Papierarbeiten, ein älterer, gereifter Mann. Nun ging es; es gab keine Klagen mehr. Ich nutzte aber auch jeden Augenblick zur Arbeit aus.

In der Krankenabteilung

Inzwischen scheint der Generalstaatsanwalt in München von irgend jemand veranlaßt worden zu sein, sich meinetwegen an den Gefängnisdirektor zu wenden. Nach einem Besuch desselben in meiner Zelle wurde ich in eine Zelle mit Wasserspülung gebracht. Nach weiteren 8 oder 14 Tagen entschloß man sich, mich in die sogenannte Invalidenabteilung zu versetzen. In dieser Abteilung befinden sich Sträflinge, die wegen hohen Alters oder anderer Gebrechen zur körperlichen Arbeit unfähig geworden sind. Diese Invalidenabteilung (parterre) ist verbunden mit der Krankenabteilung des Gefängnisses. Dieselbe befindet sich im ersten Stock. Das Haus ist durch einen geschlossenen Gang unmittelbar mit dem Gefängnis verbunden. Es wurde mir mitgeteilt, daß ich mich geistig nach Belieben beschäftigen könne. Die Bücher könne ich durch den Gefängnisgeistlichen bekommen, doch solle man nicht mehr als zwei Bücher in der Zelle haben. Der Hochw. Herr war sehr entgegenkommend, und so nahm ich meine Arbeiten wieder auf. Durch den Geistlichen war es mir möglich, meine mitgebrachten Bücher zu benutzen. Ich konnte mir auch durch den Herrn von zu Hause Bücher besorgen lassen. Nur durfte ich keinerlei Aufzeichnungen machen. Das war eine sehr bittere Einschränkung, aber ich war eben im Strafgefängnis und mußte damit zufrieden sein, durch Studium mich beschäftigen zu können. Es störte mich niemand, ein Leben zu führen, wie man es im Noviziat führte.

Gottesdienste in der Gefängniskapelle

Nur fehlte die Rekreation. Es herrschte um mich herum ewiges Stillschweigen, woran ich mich aber bald gewöhnte. Der Gefängnispfarrer kam wöchentlich ein- oder zweimal zu Besuch. Das hat mir gutgetan. Dann brachte die Versetzung in die Invalidenabteilung mir noch einen großen Vorteil.

Wöchentlich war zweimal in der Kapelle der Krankenabteilung Heilige Messe. Daran durfte ich mit anderen Gefangenen mich beteiligen und die Heilige Kommunion empfangen. Nach 8 bis 10 Wochen wurde mir der Besuch des Herrn Kardinals angesagt. Ich wurde ins Amtszimmer des Geistlichen gerufen, und dort begrüßte mich der Kardinal in liebenswürdigster Weise. Zu meiner größten Freude sah ich, daß Seine Eminenz einen Missionsmeßkoffer mit allem Zubehör mitgebracht hatte. Zugleich teilte er mir mit, daß ich täglich in meiner Zelle das Heilige Opfer Gott dem Herrn darbringen könne. Das war wirklich eine Überraschung und bedeutete einen gewaltigen Umschwung in meinem Einsiedlerleben. Wie viele gute Worte und Gesuche mag es wohl in heutiger Zeit gekostet haben, bis die Erlaubnis erwirkt wurde.

Die Kost war für mich ausreichend; besonders in den ersten Wochen meiner Gefangenschaft hatte ich wenig Bedürfnis nach Speise und Trank. Im Laufe der Zeit ist es besser geworden. Selbstverständlich lag man auf Strohmatratzen. Die Angewöhnung machte keine Schwierigkeit. In der Invalidenabteilung hatten wir eine andere Matratze; dieselbe war aber derart uneben und durchgelegen, daß es im Schlaf störend wirkte. Schlimmer aber war, daß alle zwei Stunden eine Wache durch das Gefängnis marschierte. Durch das laute Auftreten wurde ich immer wieder aufgeweckt. Ich hörte das Geräusch der regelmäßigen lauten Schritte schon lange, bevor der Beamte in unsere Abteilung kam. Daran habe ich mich nicht gewöhnen können, auch später nicht im Konzentrationslager. Seitdem habe ich einen unruhigen Schlaf. Das hat das Studium zweifellos beeinträchtigt.

Täglich war im Gefängnis eine Stunde Spaziergang in einem der Höfe. Das ist eine segensreiche Einrichtung. Der Spaziergang fiel nur bei ganz schlechtem Wetter aus. Im Hauptgefängnis spielte sich die Sache folgendermaßen ab: Wenn die Zeit gekommen war, schloß der Beamte jede Zelle auf. Jeder mußte vor seiner Türe Aufstellung nehmen und die Arme hochhalten. Der Beamte ging herum und tastete jeden ab, angefangen von der Achselhöhle bis zu den Hüftknochen. Dann erfolgte der Abmarsch. Da ich die Treppe nicht so rasch hinuntergehen konnte wie ein normaler Mensch, mußte ich den Schluß bilden. An jedem Treppenabsatz stand ein Beamter, damit nichts Ungehöriges unterwegs geschehen konnte. Im Hofe gab es zwei ovale Runden, die äußere für die Gesunden, die innere für die Fußkranken. Der Aufsichtsbeamte stand auf einer Kanzel. Von da aus konnte er alles bequem überblicken. Er gab mit einer Art Instrument den Takt, bis alle in Schritt und Tritt waren. Die Fußkranken konnten ihr Gehtempo beliebig wählen. So ging es eine Stunde lang. Man durfte nicht herumblicken, obgleich es eigentlich nichts zu sehen gab. Ein jeder mußte vor sich hinstieren. Ich schätze die Zahl derer, die zusammen gehen mußten, etwa auf 60 Mann. Ehe man in die Zelle trat, wurde man wieder untersucht.

In der Invalidenabteilung war die ganze Sache gemütlicher aufgezogen, aber auch in dieser Abteilung ließ man den Marsch nur in seltenen Fällen ausfallen. Es gab da einige kurze Wege, auf denen man sich in beliebigem Tempo hin- und herbewegen konnte. Bevor man in den Garten ging, wurde man abgezählt, am Schluß ebenfalls.

Wie oben erwähnt, kam ich auf Anordnung der Berliner Gestapo ins Gefängnis nach Landsberg, weil es mir in Stadelheim zu gut gegangen wäre. In der zweiten Woche meines Aufenthaltes daselbst ersuchte ich um die Erlaubnis, an den Reichsführer Himmler* einen Brief zu schreiben. Der Gedankengang des Briefes ist mir noch in Erinnerung. Es sei mir zu Ohren gekommen, daß man bei der Berliner Gestapo die Auffassung habe, es sei mir in Stadelheim zu gut gegangen. Zur Steuer der Wahrheit fühlte ich mich gedrängt, mitzuteilen, daß die Berliner Gestapo diesbezüglich in einem großen Irrtum sich befände. Ich hätte eigene Kost abgelehnt und mich vom ersten Tag meiner Haft an mit der Gefängniskost begnügt. Die ärztlich verordnete Milchzulage hätte ich allerdings dankbar angenommen. Richtig ist, daß mir außergewöhnlich viele Eßwaren von der Stadt zugeschickt worden seien. Ich hätte aber davon selber nichts genossen, außer täglich einen Apfel, wie durch Zeugen erhärtet werden könnte. Ich hätte alles den Beamten zur Verfügung gestellt, um es nach Gutdünken armen schwachen Kranken zu geben. Ebenso hätte ich es mit den geschenkten Rauchwaren gehalten. Ich hätte im Gefängnis nie geraucht, sondern durch Beamte alles solchen Leidensgefährten überwiesen, die rauchen durften, aber keinen Tabak hatten. Ich könnte darum nicht einsehen, wie man zur Behauptung gekommen sei, es sei mir in Stadelheim zu gut gegangen. Ich richte darum an den Herrn Reichsführer die Bitte, den entsprechenden Stellen diese Berichtigung mitteilen zu wollen. Der Gefängnisdirektor erklärte mir, er könne diesen Brief nicht abschicken. Auf meine Erwiderung, es könne für diesen Brief, der meine Unterschrift trägt, nur meine Person zur Verantwortung gezogen werden, blieb er bei der Aussage, ein solcher Brief könne nicht aus dem Gefängnis abgeschickt werden.

* Heinrich Himmler (geb. 1900), Diplomlandwirt, früher Gefolgsmann Hitlers, unter anderem 1936 Chef der deutschen Polizei und »Reichsführer SS«, Gründer und Chef der Konzentrationslager, in denen er Millionen von politischen Gegnern und »Andersrassigen« ermorden ließ. Entzog sich am 23. Mai 1945 durch Selbstmord der Verantwortung.

Sehr verehrter Herr Reichsführer!
Seit dem 5. Januar 1938 bin ich neuerdings in Haft, zuerst im Wittelsbacherpalais, am 15. kam ich nach Stadelheim, am 17. nach Landsberg am Lech, um bis zum 3. Juni hier zu bleiben. Es heißt nun, ich sei nach Landsberg gekommen, weil es mir seinerzeit in Untersuchungshaft in Stadelheim »zu gut gegangen sei«. So habe sich die politische Polizei geäußert.
...
Ich war über dieses Gerede sehr empört, weil es unwahr ist. Ich wollte es nie besser haben als andere Gefangene, die arme Teufel sind. Ich habe in sämtlichen Gefängnissen nur Gefangenenkost genossen. Ich habe alles, was mir gute Menschen an Eß-, Trink- und Rauchwaren geschenkt haben, durch den Arzt und den Oberwachtmeister an arme Kranke abgegeben und von allem nur einige Äpfel täglich selbst zu mir genommen. Wie soll es mir denn so gut gegangen sein? Nur die große Ausnahme wurde im Untersuchungsgefängnis zugebilligt, daß ich abends länger Licht haben durfte. Sonst habe ich alles mitgemacht wie die anderen, obgleich mitunter unter großen Beschwerden. Wahr ist, daß ich anständig behandelt wurde, und zwar auch im Wittelsbacherpalais. Ich war im dortigen Gefängnis bereits zweimal; man kann sich dort nach meiner Lebensart genau erkundigen. Ich habe sogar das Recht, auch als Gefangener eine anständige Behandlung zu verlangen, solange ich mich anständig benehme. Wenn ich also anständig behandelt wurde, so hat man doch kein Recht, zu behaupten, es sei mir in Stadelheim zu gut gegangen. Ich bitte daher Herrn Reichsführer, meine angegriffene Ehre bei der politischen Polizei in München und bei der dortigen Staatsanwaltschaft wiederherzustellen.

Wenn es Herrn Reichsführer interessieren sollte, so teile ich Ihnen mit, daß ich hier in Landsberg wunschlos glücklich bin. Schon die Alten sagten, süß ist es, fürs Vaterland zu sterben, auch zu leiden; das letztere durfte ich in reichem Maße erfahren, und ich möchte es in meinem Leben nicht missen, aber noch süßer ist es, für den heiligen katholischen Glauben zu leiden und auch zu sterben. Das macht mich hier im Gefängnis so glücklich, und so viele Tausende junge Leute in Deutschland stärkt dies wieder im katholischen Glauben. Auch das macht mich so glücklich. Ach, wenn doch die maßgebenden Kreise den Kampf gegen die Kirche einstellten!

Mit deutschem Gruß
Rupert Mayer SJ

Auch dieser Brief wurde wie der an Gestapo-Inspektor Gambs vom 22.7.1937 aus der Gestapo-Haft von der Gefängnisdirektion nicht weitergeleitet.

Der sonn- und festtägliche Gottesdienst war immer ein Lichtblick im Gefängnisleben. Einige Minuten vor Beginn ertönte die elektrische Klingel durch das Gefängnis. Ich habe das Empfinden gehabt, als ob nur ganz wenige Gefangene den Gottesdienst versäumt haben, was auch der Gefängnispfarrer bestätigte. In strengster Ordnung vollzog sich der Aufmarsch, der eine gewisse Feierlichkeit an sich hatte. Zuerst traten die Bewohner des dritten Stockes an. So ging es weiter nach unten. Zuletzt kamen die Insassen der Invalidenabteilung an die Reihe. An allen Ecken standen Beamte in festtäglicher Uniform zur Überwachung. Die Kirche füllte sich von vorn nach hinten. Jeder wurde in eine eigene Zelle von Holz eingeschlossen mit freiem Blick auf den Altar und den Predigerstuhl. Sonst sah man vor sich nur die Kästen, in denen die Gefangenen sich befanden. Es war also ein gegenseitiges Sichverständigen unmöglich gemacht. Die Invaliden nahmen als letzte die höchstgelegenen Plätze ein. Beamte standen in der Höhe des Altares mit dem Gesicht den Gefangenen zugekehrt, also mit dem Rücken gegen den Altar. Auch sonst waren Beamte in den Gängen der Kirche überall verteilt.

Der Altar war den Festzeiten entsprechend prächtig geschmückt. Die gottesdienstlichen Handlungen wurden recht erbaulich vollzogen. Der Pfarrer war ein gewandter, eindrucksvoller Prediger. Die Predigten waren ganz auf die Verhältnisse abgestimmt, immer ermutigend und aufbauend, ohne die seelische Lage, in der sich die Zuhörer befanden, je einmal aus dem Auge zu verlieren. Für gewöhnlich war nur eine stille Heilige Messe mit Volksgesang, den man sich nicht besser hätte wünschen können. An den höchsten Festtagen wurde ein Hochamt gehalten mit würdigem Gesang der Gefangenen.

Der Abmarsch begann mit den obersten Reihen, nachdem vorher die einzelnen Zellen geöffnet worden waren. Auch die Karwoche 1938 erlebte ich im Gefängnis. Am Gründonnerstag erwirkte der Pfarrer für die inhaftierten katholischen Geistlichen die Erlaubnis, seiner Heiligen Messe beizuwohnen und die Osterkommunion zu empfangen. Wir waren um den Altar auf dem Podium der Kirche versammelt. Der Gefängnispfarrer hat die einzelnen aus den Zellen herausgeholt und in die Kirche geführt. Einige wurden von einem Beamten herbeigebracht. Wir waren, glaube ich, unser acht. Das hat sicher alle tief ergriffen und einen unvergeßlichen Eindruck hinterlassen. Nach dem Gottesdienst wurden wir sofort wieder in unsere Zellen abgeführt.

Eine Merkwürdigkeit vergaß ich zu erwähnen: die Flüstersprache. Es traf sich öfter, daß einige aus den verschiedenen Abteilungen des Gefängnisses zum Direktorium oder zum Arzt oder ins Büro oder dergleichen gerufen wurden. Die Betreffenden hatten sich an einem bestimmten Platz des Gefängnisses, meist in der Nähe einer der Brücken, die auf die Zentrale führten, zu sammeln, um von da aus gemeinsam zum Direktorium usw. geführt zu werden. Da habe ich nun die Beobachtung gemacht, daß, sobald einige Gefangene nebeneinander standen, das Geflüster losging. Geflüstert wurde, ohne den Kopf weder nach links noch nach rechts zu bewegen. Man hörte flüstern, ohne zu wissen und zu sehen, wer der Flüsterer war. Und das geschah auch in unmittelbarer Gegenwart des Beamten. Ich habe scharf aufgepaßt, aber nie etwas verstanden. Wenn der Beamte das Flüstern hörte, brauste er auf, aber nach einigen Momenten fing es wieder an. Nur so kann man es begreifen, daß interessante Nachrichten im Nu im ganzen Gefängnis verbreitet waren. So wußten die Gefangenen zum Teil schon nach einigen Stunden, daß ich im Gefängnis in Landsberg eingeliefert worden sei. Diese Flüstersprache ist mir heute noch ein Rätsel.

Die Behandlung war immer korrekt und durchaus anständig. Es gab damals ganz wenige Beamte, die es sich anmerken ließen, daß sie mit Priestern nichts zu tun haben wollten. Ich war im Jahr 1917 mehrere Monate in Landsberg, um dort ein Kunstbein mir anmessen zu lassen, um die ersten Gehversuche zu machen. Nachdem ich das Bein erhalten hatte, habe ich häufig an Sonn- und Feiertagen in Landsberg gepredigt. Einige Tage nach meiner Einlieferung ins Landsberger Gefängnis merkte ich am Benehmen mehrerer Beamten, daß ich ihnen kein Fremdling mehr war. Man erinnerte sich wohl an mein damaliges Wirken, das ich unter anderem dazu benutzte, einen katholischen Hausangestelltenverein ins Lebens zu rufen.

Eine allgemeine Amnestie

Nach der glücklich verlaufenen Besetzung Österreichs machte man sich in den Kreisen der Sträflinge Hoffnung auf eine große Amnestie*. Ich schüttelte ungläubig meinen Kopf und warnte vor hochgespannten Erwartungen, weil die Enttäuschung so bitter sei. Dies entsprach meiner Gepflogenheit. Ich habe mir im Laufe der Jahre angewöhnt, mich, was meine Person anbetrifft, stets auf einen schlimmen Ausgang, wenn nicht gar auf das Schlimmste gefaßt zu machen. Und das wurde mir zum Segen, gerade in den schlimmsten Lebensperioden. Ich blieb vor mancher großen Enttäuschung bewahrt. Diesmal freilich ging es mir überraschend gut. Anfangs Mai 1938, ich glaube, es war der 5. oder 6. Mai, rief mich der beim Spaziergang uns beaufsichtigende Beamte zu sich und sagte mir, ich solle meine Zelle aufsu-

* In der Tat hat Hitler nach der Okkupation Österreichs am 30. April 1938 eine allgemeine Amnestie erlassen, wonach für bereits begangene Delikte geringere und mittlere Gefängnisstrafen nicht mehr ausgesprochen bzw. automatisch erlassen wurden (Reichsgesetzblatt 1938, S. 433ff.). Pater Mayers Entlassung erfolgte am 3. Mai 1938 um 16.50 Uhr (Gerichtsakten, Blatt 109); ohne Amnestie wäre die Strafzeit erst am 5. Juni 1938 zu Ende gewesen.

chen und meine Sachen packen. Um 2 Uhr sollte ich zum Arzt kommen und dann baden, denn ich würde heute noch entlassen.

Und so kam es. Der Arzt war heute allein im Untersuchungszimmer und sehr entgegenkommend. Er fuhr mich persönlich auf einem Wagen ins Bad und sorgte dafür, daß alles fix ging. Dann mußte ich ins Direktorium. Es empfing mich in Vertretung des Direktors ein junger Assessor. Er fing an, mir gute Mahnungen mit auf den Weg zu geben, wie das stets zu geschehen pflegt, wenn Sträflinge entlassen werden. Als er eine Pause machte, sagte ich, daß ich nicht daran zweifle, daß er es gut mir mir meine, aber ich müsse ihm sagen, daß mit mir nichts zu machen sei. Wenn man einmal über 60 Jahre alt und seit Jahrzehnten in seine Weltanschauung und Lebensauffassung hineingewachsen sei, dann könne er sich wohl denken, daß man sich nicht mehr in einigen Minuten umstimmen lasse. Das sei innerlich unmöglich. Er meinte dann, daß er für mich besorgt sei, wenn ich mit solchen Gesinnungen das Gefängnis verlasse. Ich beruhigte ihn, er solle ohne Sorge sein, es sei alles wohlüberlegt, was ich zu tun gedenke. Davon könne keine Rede sein, daß ich mich je einmal, so wie er es wünsche, bessern könne. Dann kleidete ich mich um in dem Raum, in dem die Kleider aufbewahrt werden. Alles war in bester Ordnung*.

Dann wurde ich aus dem Gefängnis entlassen und atmete wieder die Luft der goldenen Freiheit. Ich begab mich ins Pfarrhaus, wo ich zu meiner großen Freude P. Provinzial, Justizrat Warmuth und meinen lieben Freund Baptistl antraf. Nach einer gemütlichen Kaffee-Plauderstunde brachte uns Baptistl nach St. Michael in München, wo sich bereits einige gute Freunde eingefunden hatten. Durch Herrn Justizrat ließ mir die Gestapo sagen, ich müsse möglichst bald München wieder verlassen. Nach einer Zahnoperation begab ich mich nach Krumbad zur Erholung. Ich benutzte die Gelegenheit, um meine Studien fortzusetzen in einem schön gelegenen Zimmer bei ausgezeichneter Verpflegung, bei den Ursberger Schwestern. Am Tage vor dem Fronleichnamsfeste kam ein Auto aus München mit dem Auftrag, mich sofort mitzunehmen, es werde meine Teilnahme an der Prozession dringend gewünscht. Die Freude der Sodalen bei meinem Anblick war ungeheuchelt und groß. Das kam nach der Prozession mit elementarer Wucht zum Ausdruck, und zwar gerade unter den Fenstern der Polizei, wo sich die Kongregation programmäßig aufzulösen hat. Um ja nicht herauszufordern, kehrte ich noch nachmittags im Auto des Herrn Baptistl mit Frau nach Krumbad zurück.

* Pater Mayers Ordensbruder Ludwig Volk berichtet: »Als er am 5. (richtig: 3.) Mai 1938 dank einer allgemeinen Amnestie um einige Wochen vor der Frist entlassen wurde, ließ der Häftling Rupert Mayer seine stolzeste Kriegsauszeichnung, das EK I, demonstrativ auf dem Tisch der Gefängniszelle zurück.« Volk, Mayer, S. 19.

Der Kardinal wünscht Predigtpause des Paters

Nach einigen weiteren Wochen schlug ich meinen Wohnsitz mit Gutheißung des P. Provinzial wieder in St. Michael auf. Durch Herrn Justizrat Warmuth ließ mir die Gestapo mitteilen, daß ich weder Predigten noch Vorträge halten dürfe. Daß an mich persönlich nie eine derartige Aufforderung gerichtet wurde, freut mich, sooft ich daran denke. Die Herren wußten ganz genau, was ich darauf geantwortet hätte. Da der Herr Kardinal unter den gegebenen Umständen nicht wünschte, daß ich durch Übertretung des Gestapo-Verbotes einen Krach heraufbeschwöre, und auch P. Provinzial es nicht für richtig hielt, dem ausdrücklichen Wunsch des Herrn Kardinals entgegenzuhandeln, fügte ich mich, wenn auch sehr schweren Herzens. Ich hatte bisher bei meinen Berufsarbeiten und bei meinem öffentlichen Auftreten immer nur im besten Einvernehmen mit meinem kirchlichen Obern gehandelt. Das sollte nicht anders werden, so sehr es mich auch drängte, die eingeschlagene Bahn weiterzuverfolgen und lieber alles auf mich zu nehmen, als mich dem völlig unberechtigten polizeilichen Predigtverbot zu unterwerfen. Wohin wäre auch das Christentum gekommen, wenn die Apostel sich solchen Verboten gefügt hätten? Aber ich sagte mir, hundertmal besser ist Gehorsam als Opfer. Der Herr Kardinal ließ mir sagen, ob ich nicht die Frühgottesdienste beibehalten wolle, es genüge ja, das Evangelium zu verlesen. Das habe ich abgelehnt, da ich mich öffentlich nicht dem Predigtverbot unterwerfen wollte.

In kleinen Zirkeln habe ich nun wöchentlich einige Male gesprochen bis zu meiner Verhaftung am 3. November 1939. Voll Hochachtung muß ich der tapferen, überzeugungstreuen Menschen eingedenk sein, die solche Abende veranstaltet haben, aber auch derer, die diese Abende regelmäßig besuchten. Aber das ist zu verwundern, daß von diesen Abenden Uneingeweihte nichts erfahren haben. Wir hatten also keinen Verräter unter uns, nicht einmal leichtfertige Schwätzer, und das will viel heißen.

Außerdem habe ich sehr viel zu tun gehabt, im Beichtstuhl, hatte viele Krankenbesuche und Versehgänge. Täglich waren lange Sprechstunden, und mindestens dreimal wöchentlich habe ich bei Schwestern Vorträge gehalten.

Landsberger Dokumente

Die folgenden Dokumente sind den Akten über die Gefangenen im Gefängnis Landsberg entnommen. Wo sich die Akten jetzt befinden, ließ sich nicht feststellen. Kopien der notariell beglaubigten Abschriften im Besitz des Autors.

Der »Schulbogen«

(Strafantritt: 17. Januar 1938, 16.30 Uhr,
entlassen am 3. Mai 1938, 4.50 Uhr nachmittags, infolge Amnestie)
(Gef.-Buch No. 9469)

Datum: 17. Januar 1938
Name: Rupert Mayer SJ GBN 9469
Zuletzt tätig als Prediger und Seelsorger
Zur Beachtung: Es ist Pflicht eines jeden Gefangenen, den Schulbogen sorgfältig und gut leserlich auszufüllen!

Schildern Sie Ihr bisheriges Leben! (Wie war Ihre Jugendzeit? Wie waren Ihre Wohnungsverhältnisse? Wie sind Sie zu Ihrem Beruf gekommen?)

Zu Stuttgart wurde ich geboren am 23. Januar 1876; nach der Volksschule besuchte ich das 10klassige humanistische Gymnasium; nach dem Abitur studierte ich ein Jahr Philosophie in Tübingen; zur nächsten Ausbildung zum Priestertum war ich ein Dreivierteljahr im Priesterseminar in Rottenburg a.N., wo ich am 2. Mai 1899 zum katholischen Priester geweiht wurde. Ich war als Weltpriester in der Seelsorge tätig in Spaichingen und in Stuttgart; am 1. Oktober 1900 erfolgte mein Eintritt in den Orden der Gesellschaft Jesu zu Feldkirch in Vorarlberg. Den Priester- und Ordensberuf ergriff ich aus Liebe zu den Menschen. Nach einjährigem Noviziat kam ich nach Valkenburg in Holland in die Studien: ein Jahr Philosophie und zwei Jahre Theologie, dann ein Jahr Exerzitienmeister, ein Jahr Assistent des Novizenmeisters in Feldkirch, dann zehn Monate aszetische Weiterbildung in Holland, dann gab ich Missionen und Exerzitien in Westdeutschland und Süddeutschland, Schweiz und Österreich bis zum Januar 1912, wo ich nach München versetzt wurde und seitdem dort in der Seelsorge bis heute arbeite. Den größten Teil meiner Zeit verwandte ich wohl zur Ausübung caritativer Werke.

Bei Ausbruch des Weltkrieges meldete ich mich in München sofort ins Feld. Stark Mitte August 1914 kam ich als Feldgeistlicher zu einem bayerischen Feldlazarett. Anfangs Januar 1915 gab man endlich meinem Drängen, an die Front zu kommen, nach. Ich wurde Divisionspfarrer der 8. bayerischen Reservedivision. Ich machte mit der Division im Westen und im Osten unzählige Schlachten und Kämpfe in der ersten Linie mit bis zu meiner schweren Verwundung am 30. Dezember 1916.

Ende August 1915 wurde ich von unserem Divisionär Generalleutnant von Stein (protestantisch) als erster Feldgeistlicher der gesamten deutschen Armee zum Eisernen Kreuz erster Klasse (EK I) vorgeschlagen. Wie mir später Herr von Stein erzählte, sträubte man sich lange dagegen, mir die Auszeichnung zu geben, weil man doch nicht einem katholischen Feldgeistlichen und gar einem Jesuiten das erste EK I geben könne. So wurde es mir erst anfangs Dezember 1915 feierlich überreicht.

Nach einem Leben reich an Erfolgen, aber auch reich an Enttäuschungen und Undank, landete ich nun glücklich im Gefängnis. Ich bin mit diesem Los aber keineswegs unzufrieden: Ich empfinde dies nicht als Schande, sondern als Krönung meines Lebens.

a) Was ist der Inhalt der nationalsozialistischen Weltanschauung?
b) Was bedeutet »Kraft durch Freude« für den deutschen Arbeiter?
c) Was bedeutet das NS-Winterhilfswerk?
Zu a-c: Ich kann diese Fragen zu meinem großen Bedauern nach meiner Überzeugung nicht beantworten, ohne zu verletzen. Ich will und kann nicht heucheln. Mit Heuchlern und Feiglingen wäre unserem heißgeliebten Volk und Vaterland nicht gedient.

d) Was sind die Aufgaben des Lebens?
Die Hauptaufgabe des Lebens oder noch besser das Lebensziel des Menschen ist: Gott zu dienen und so das Heil seiner unsterblichen Seele sicherzustellen. Das schließt in sich gewissenhafte Erfüllung seiner Pflichten gegen die eigene Familie, gegen die Mitmenschen, gegen Volk und Staat bis zur Hingabe des eigenen Lebens.

e) Was haben Sie früher gelesen?
Wohl habe ich in erster Linie die katholische Literatur gelesen, aber auch einen großen Teil des marxistischen und später des nationalsozialistischen Schrifttums, wenigstens insofern es sich um religiöse Fragen handelte, habe ich mit großem Eifer studiert und manche Nacht geopfert.

f) Besuchen Sie Theater und Kino? Was interessiert Sie dort besonders?
Früher sehr häufig, seit meinem Eintritt in den Orden nicht mehr, und ich fühle mich dabei sehr wohl.

g) Was versteht man unter Ehrlichkeit?
Ehrlich nennt man den, der fremdes Eigentum unter keinen Umständen und nie antastet; ehrlich nennt man auch den, der so spricht und äußerlich sich so benimmt, wie er denkt; wohl darf man nicht immer alles sagen, weil dadurch leicht die Liebe verletzt wird und andere schlimme Folgen dadurch entstehen können; es gibt freilich auch Fälle, wo man mit Rücksicht auf höhere Güter, die bedroht sind, die ungeschminkte Wahrheit sagen muß, selbst auf die Gefahr hin, dadurch sich schwer zu schädigen.

h) Erklären Sie das Sprichwort: »Jung gewohnt, alt getan«.
Wer in der Jugend sich daran gewöhnt hat, ein frommes, arbeitsames, reines, anständiges, nüchternes, pflichtgetreues Leben zu führen, wird diese Gewohnheiten häufig auch im späteren Leben beibehalten. Dasselbe gilt von dem Schlechten, Bösen, das man sich in der Jugend angewöhnt.

Beantworten Sie folgende Fragen:
1 ...
2 ...
3 ...
4. Auf welchem Gebiet wollen Sie sich während der Strafzeit durch Selbststudium weiterbilden?
Philosophie und Theologie

Zeichnen Sie eine einfache Skizze Ihrer Heimat und Umgebung! (Flüsse, Straßen, Eisenbahnen, Gebirge oder Berge!)
Karten habe ich im Feld wohl lesen gelernt – wohl habe ich davon wieder viel vergessen, aber gezeichnet habe ich nie eine Karte.

Rupert Mayer SJ

Briefe an Pater Provinzial Rösch

Landsberg am Lech, 30. Januar 1938

Hochw. lieber P. Provinzial!
Endlich gelingt es mir, Ihnen einige Zeilen zu schreiben. Ich berichte lieber Ihnen einiges als meinen Angehörigen. Ich bitte dann meiner Mutter, was Ihnen geeignet scheint, mitteilen zu lassen.

Das eine scheint mir wichtig: Ich würde alles Zug um Zug wieder so machen, was ich getan habe. Und jetzt bin ich viel, viel lieber im Gefängnis als draußen unter Einhaltung des Redeverbots. Ich bin seitdem wie von einem Gewissensdruck befreit. Und darum lassen Sie bitte ja den Warmuth kein Gnadengesuch machen um Abkürzung der Haft. Viel lieber halte ich mich hier im Gefängnis möglichst lange auf, als daß ich so bald wieder in Polizeihaft komme – denn da ich das Redeverbot nicht halten werde, muß ich ja wieder in Haft kommen –; wenn auch das ganze Leben im Wittelsbacherpalais angenehmer ist, so fehlt dort doch jede religiöse Erbauung ... Wenn ich vorerst nur einmal im Monat hier die Heilige Kommunion empfangen darf, so ist man doch hier von einer religiösen Luft umgeben. Die Gottesdienste sind sehr schön. Die Leute kommen sichtlich gerne; es steckt in vielen doch so guter Wille. –

Es ist Ihnen vielleicht im Wittelsbacherpalais bei unserem letzten Zusammensein meine Gereiztheit gegen das Personal aufgefallen, das hatte seinen Grund. Vielleicht habe ich irgendwann einmal Gelegenheit, Ihnen das zu sagen. Übrigens habe ich mit dem Leben völlig abgeschlossen; ich hätte gar nichts dagegen, wenn ich aus dem Gefängnis nie mehr herauskäme. Ich betrachte meine Lebensaufgabe jetzt als erfüllt. Also kein Gnadengesuch!

Ich bin seit 20. Januar Papierarbeiter. Wenn Sie mich gesehen hätten, wie ungeschickt ich mich zu diesem Zeug angestellt habe, da hätten Sie lachen müssen. In meinem ganzen Leben habe ich noch nie manuelle Arbeiten gemacht, auch nicht in meiner frühen Jugend; meine ganze freie Zeit habe ich mit Musik, Turnen, Säbel- und Florettfechten, Schwimmen, Reiten und Fahren zugebracht. Und jetzt diese unpraktischen Hände! Nun gut. Ich arbeite täglich neun Stunden, meistens etwas darüber, da ich das Läuten nicht beachte. Damit ist aber meine Zeit derart ausgefüllt, daß ich kaum mein Brevier fertig bekomme. Nämlich kommt dazu, daß ich all meine Geschirre, Eßbesteck selbst spülen und in Ordnung halten muß, für jeden anderen eine Kleinigkeit, für mich eine Mordsgeschichte wegen meiner unpraktischen Art und wegen meines hilflosen Zustandes; bis ich mich einmal umdrehe, tut das ein anderer dreimal usw. Und so bleibt mir im ganzen täglich eine Stunde übrig, und zwar abends nach 6.45 Uhr bis gegen 8 Uhr, wo das Licht ausgeht. Ich bete im Hof täglich drei Rosenkränze, und dann kommt abends das Brevier; den ganzen Tag muß ich wieder scharf auf das Buch sehen und eilen und hetzen, daß ich ja fertig werde. Das bringt mich um eine gewisse Ruhe. Ich sollte da ruhig etwas lesen und überlegen können. Davon könnte ich dann tags immer wieder zehren ...

In der vergangenen Nacht habe ich das erstemal einige zusammenhängende Stunden geschlafen. Also, wie soll ich es machen? Ich bitte es zu bestimmen. Das ganze Brevier oder welche Teile? Und dann ob außer religiöser Lesung noch eine Viertelstunde ablenkender Lektüre? Ich bitte um Nachricht.

Eben teilt mir der hiesige Hochw. Herr Anstaltspfarrer, der außerordentlich liebenswürdig und opferbereit ist, im Auftrag meiner Mutter mit, daß meine Schwester Hermanna, die Oberin in Tokio ist, sehr schwer erkrankt sei. Gestern hat nun meine Mutter mit dem meine Schwester behandelnden

Arzt telefonisch gesprochen. Danach ginge es ein klein wenig besser, so daß wieder Hoffnung auf Erhaltung des Lebens vorhanden sei. Ich bitte um der Mitbrüder Gebet.

Hier habe ich Gelegenheit, die äußere Armut zu üben. Zahnbürste, Kamm und Seife, Rosenkranz und Brevier waren das einzige, was ich noch retten konnte: ja, auch Stiefel, weil ich in den anderen nicht gehen kann. Es ist unglaublich, mit wie wenig der Mensch auskommen kann. Auch mit wie wenig Nahrung. Nur weil ich es Ihnen versprochen habe, zwinge ich mich zum Essen. Zum Hungersterben hätte ich große natürliche Veranlagung. Das wäre für mich nicht schmerzlich. Wohl aber ist es oft das Essen, wenn ich daran denke, daß ich nachher wieder alles mit dem fettigen Lumpen reinigen muß, wenigstens abtrocknen muß. Anfangs war mein Widerwille so groß, daß ich ... wenig herunterbrachte, jetzt geht es etwas besser. Im Feld hatte ich wenigstens immer mein eigenes Besteck ...

Es scheint, daß meine Schwester und Schwager aus Stuttgart zu Besuch kommen wollen. Ich sehe es nicht gern, weil ich weiß, wie lieb die beiden mich haben. Das ist eine furchtbare Aufregung, die dann immer erst nachher zum Ausbruch kommt. Aber wenn sie es wollen! ... Alle diese Dinge mit ihrem Pro und Contra habe ich mir ja seit Jahren unzählige Mal durch den Kopf gehen lassen. Da kann es eben keine Sinnesänderung geben. Sonst wäre ja alles umsonst gewesen ...

Hoffentlich geht es in St. Michael und mit den Arbeiten der anderen P.P. gut. – Schon lange denke ich daran, Euer Hochwürden zu bitten, für mich einen anderen Präses aufzustellen. Diese herrenlose Zeit muß ein Ende nehmen. Vorerst ist für mich eine Tätigkeit aussichtslos. Und ob ich später noch am Leben bin – sicherlich dann ein alter, verbrauchter Mann ... Also, ein Wechsel ist nötig, P. Körbling hätte dafür sehr gute Eigenschaften. Bei gutem Zureden wird das der Präfekt einsehen. Aber er muß unbedingt noch einige Jahre bleiben. Sein Rat ist unentbehrlich.

Nun seien Sie mit allen lieben Mitbrüdern allüberall von ganzem Herzen gegrüßt
Euer Hochw. ergebener R. Mayer

Ich werde alles tun, um in einem Monat wieder zu schreiben.

Landsberg am Lech, 31. Januar 1938
Zum Bittrapport
Landsberg/L, 1. Februar 1938 No. 9469

I. Brief wird wegen Mißbrauchs der Schreiberlaubnis zurückbehalten.
II. Ersatzbrief wird letztmals genehmigt mit der Maßgabe, daß Kritik an staatlichen Maßnahmen und Schilderungen des Anstaltsaufenthaltes sowie Aufforderung zum Ungehorsam gegen staatliche Anordnungen unterbleibt.

Landsberg, den 6. Februar 1938
Direktion: *Dieknether*

Hochw., lieber P. Provinzial!
Es ist dies die erste Möglichkeit, Ihnen Nachricht von mir zu geben. – Was mir am meisten am Herzen liegt, ist, daß ja nach Berlin kein Gnadengesuch gemacht wird, eventuell für eine Abkürzung des Gefängnisses. Ich will davon nichts wissen. Ich fühle mich hier wohler als in SS-Gefängnissen, wo jedes religiöse Moment von vornherein ausscheidet. Hier habe ich regelmäßigen, schönen Gottesdienst und wenigstens einmal monatlich Heilige Kommunion. Wie dies übrigens jetzt gemacht wird, weiß ich noch nicht: Heute wurde ich zum Anstaltsarzt gerufen. Nach gründlicher Untersuchung meinte er, ich würde von Mittwoch an in die Krankenabteilung kommen. Das ist sehr entgegenkommend. Wenn es mir auch aufrichtig leid tut, die Ausnahme machen zu müssen, so sehe ich ein, daß mir nichts übrig bleibt, als mich dem zu fügen. Vielleicht ergibt sich damit auch die Möglichkeit, öfter die Heilige Kommunion zu empfangen. Nach der jetzigen Arbeitsteilung konnte ich nur unter ständigem Hetzen das Brevier fertigbeten. In der Krankenabteilung habe ich dazu genug Zeit.

Ich bitte Euer Hochwürden herzlich, bezüglich des Predigtverbots wie bisher ja keine Konzessionen zu machen. Ich weiß wohl, was mir droht, wenn ich wieder herauskomme; aber im Gefängnis leben ist mir viel lieber, als auch nur den Anschein erwecken, man füge sich dem behördlichen Redeverbot. –

Ich schreibe lieber Euer Hochwürden als meiner Mutter und meinen Angehörigen. Ich bitte denselben das, was Ihnen gut scheint, mitzuteilen …

Nach der Hausordnung darf man sich über Beschäftigung usw. nicht brieflich äußern. Ich bin nun schon im fünften Gefängnis und im zweiten war ich außerdem schon zweimal. Daß ich je einmal einen solchen Einblick in diese Welt bekommen sollte, wer hätte das für möglich gehalten. Und was wird noch alles kommen?! Wohl dem, der auf alles gefaßt ist …

Ich bin jetzt so arm wie eine Kirchenmaus. Das ist schön. Das tut mir überaus gut. Mir ist es so wohl, daß man mir meine Ruhe läßt! Ich könnte ruhig so absegeln ins bessere Jenseits, wie ich jetzt bin. Manchem würde ich dadurch Leid bereiten, aber auch das wäre nur vorübergehend. Einmal kommt es ja doch. Ob fünf bis zehn Jahre früher, ist völlig Nebensache.

Hoffentlich gehen die Arbeiten der Patres in der St.-Mich.-K. und anderwärts ohne Störung voran. Viel denke ich an meinen Leidensgefährten in N. Recht viele Grüße an ihn und alle bekannten Patres und Bundesbrüder in den verschiedenen Häusern! ...

Seien Sie herzlich gegrüßt von
Ihrem R. Mayer SJ

Pater Rupert Mayer berichtet
Wieder in Gestapo-Haft

Mit der Gestapo hatte ich nach dem mir durch Justizrat Warmuth überbrachten Predigt- und Vortragsverbot nichts mehr zu tun, bis ich eines Tages im Oktober (1939) telefonisch ins Wittelsbacherpalais gerufen wurde. Der Anruf kam von einem Beamten, den ich bisher meines Wissens noch nicht kannte. Ich hatte aber bei dem Anruf das bestimmte Gefühl, daß die Sache nicht harmlos sei. Darum schob ich mein Kommen um einige Tage hinaus mit dem Bemerken, daß ich erst in zwei Tagen in der Lage sei, zu erscheinen. Es wurde eine bestimmte Stunde vereinbart. Ich nahm meine bekannte Tasche mit Nachtzeug und Büchern mit, bestellte ein Auto und fuhr ab. Im Wittelsbacherpalais angekommen, bezahlte ich den Chauffeur mit der Bemerkung, daß ich vielleicht nicht mehr herauskäme.

Pater Mayer beharrt auf dem Beichtgeheimnis

Das Zimmer lag im zweiten Stock gegen Osten zu. Ich wurde durch einen größeren Raum, in dem zwei Leute saßen, in ein kleineres Zimmer geführt, in dem außer dem Beamten noch eine Schreiberin war. Der Beamte war auffallend freundlich und las mir vor, was der Vorsitzende der ehemaligen sogenannten Königspartei namens Müller über einen Besuch, den er bei mir gemacht hatte, bei einem Verhör ausgesagt hat. Der Passus lautete so: Er, der Herr Müller, sei zu mir gegangen, um mich für seine Sache zu gewinnen. Ich hätte aber rundweg abgelehnt und ihn nicht einmal zum Sitzen eingeladen, mit dem Bemerken, ich hätte mit Politik nichts zu tun. Ich sei rein religiös eingestellt, ich sei kein Politiker, sondern nur Seelsorger. Nun erlaubte ich mir zu fragen, ob mein Benehmen nicht einwandfrei gewesen sei. Gewiß, sagte er, daran sei nichts auszusetzen. Er habe mich nur zu fragen, ob in den letzten Jahren in dieser Angelegenheit noch andere Leute bei mir gewesen seien und wer. Ich antwortete darauf, ich hätte eben betont, daß ich meinen Beruf immer rein religiös aufgefaßt hätte und daß die Leute das gewußt haben, die zu mir gekommen seien. Sie seien zu mir gekommen, um in religiösen und Gewissensfragen bei mir sich Rat und Aufklärung zu holen. Aber deshalb müsse ich die Beantwortung obiger Frage entschieden ablehnen. Die Menschen kämen zu mir, weil sie wissen, daß das, was sie mir anvertrauen, unter allen Umständen geheim bleibt. Es wäre zweifellos ein großer Vertrauensbruch, wenn ich von dem, was mir als Priester und Seelsorger im strengsten Vertrauen mitgeteilt würde, anderen und ausgerechnet der Gestapo gegenüber Gebrauch machen würde. Er könne mich ja gleich dabehalten. Die notwendigen Sachen hätte ich schon mitgenommen. Er sagte darauf, ob ich ihn für so schlimm halten würde. Ich sagte, er mache auf mich einen guten Eindruck, aber es seien bei der Gestapo nicht alle wie er.

Er wurde nun herausgerufen. Diese Gelegenheit benutzt die Schreiberin, mir zuzuflüstern, in letzter Zeit seien so brave katholische Männer verhaftet und verhört worden. Es tue ihr das Herz weh, so oft sie daran denke. Ich meinte, ich wisse das sehr wohl und es sei das sehr traurig. Sie, die Schreiberin, solle das Los dieser Männer zu erleichtern suchen, so gut sie es könne. Nun kam der Beamte wieder und diktierte, was ich in dieser Angelegenheit zu ihm gesagt hatte. Da war schon Büroschluß. Die Schreiberin begleitete mich hinunter und erzählte, daß sie dem katholischen Jugendverein angehört habe oder noch angehöre – das weiß ich nicht mehr genau. Ich ging mit dem Bewußtsein nach Hause, daß die Sache noch nicht erledigt sei, sondern das dicke Ende noch komme. Das habe ich in St. Michael gesagt und überall da, wo von der Vernehmung gesprochen wurde.

Herr Prälat Neuhäusler*, dem ich begegnete, meinte, ich solle es dem Herrn Kardinal erzählen. Aber seit der Silvesterpredigt 1938 über die Einfachheit war in meinem Herzen etwas gesprungen, was mich davon abhielt, mich dort noch einmal sehen zu lassen. Und das ist leider heute noch so. Nicht als ob ich gegen den Herrn Kardinal etwas hätte, weil ich vielleicht der Auffassung wäre, er hätte in der ganzen Zeit etwas für mich tun können, denn ich wußte ja genau, daß es aussichtslos wäre, zu meinen Gunsten irgendwie sich einzusetzen. Die Partei kennt mich ganz genau und wird mich nie mehr irgendwie arbeiten lassen. Ich habe mich dem Staatssekretär Kögelmayer, dem Herrn General Hoffmann, dem Adjutanten des Reichsstatthalters Franz v. Epp, der Gestapo gegenüber bei verschiedenen Verhören klar darüber ausgesprochen, daß die Stellung des Nationalsozialismus gegen die katholische Kirche für einen gläubigen Menschen untragbar sei. Seit jener Kardinalspredigt im Jahre 1938 habe ich sein Vorgehen in einer Reihe von Dingen einfach nicht mehr verstehen können.

* Johannes Neuhäusler (1880-1983), Priesterweihe 1913, 1932 Domkapitular, 1941 KZ Sachsenhausen und Dachau, 1947 Weihbischof.

Am 31. Dezember 1938, gerade sieben Wochen nach der »Kristallnacht«, zu der die Zuhörerschaft eine Stellungnahme erwartet hätte, hielt Kardinal Faulhaber im Dom zu München eine Silvesterpredigt mit der Überschrift »Das Lied der neuen Zeit, die Einfachheit«! Der Text der Predigt ist in Maschinenschrift auf Wachsmatrize festgehalten; eine Kopie davon befindet sich im Diözesanarchiv München und Freising in der Sammlung der Faulhaber-Predigten unter Nr. 38/8, 1 bis 10.

Es ist zugleich eine Sünde gegen die Volksgemeinschaft, wenn bei einem Mahl – und wäre es eine Hochzeit oder eine Primiz – mehrere Fleischgerichte bei der gleichen Mahlzeit aufgetragen werden. Es ist und bleibt eine Sünde gegen das Gebot der Einfachheit, wenn man sich nicht begnügt mit dem, was auf dem fruchtbaren deutschen Boden gewachsen ist, sich nicht mit dem Tee begnügt, der an den deutschen Lindenbäumen und in den deutschen Wäldern wächst, und mit dem Apfel, der an einem inländischen Apfelbaum wächst, wenn man immer noch ausländisches Obst und Gemüse, ausländischen Wein beansprucht und, erschrecken Sie nicht, durch die Einfuhr von überseeischem Tabak, Kaffee und Tee die deutsche Handelsbilanz belastet.

...

Der Eintopf ist ein großer Schritt vorwärts zur Vereinfachung der Kostordnung gewesen ...

Das ist ein Vorzug unserer Zeit: Auf der Höhe des Reiches haben wir ein Vorbild einer einfachen und nüchternen, alkohol- und nikotinfreien Lebensführung.

Am 3. November 1939 morgens gegen 9 Uhr meldete mir der Bruder Walker durch das Haustelefon die Ankunft von zwei Gestapoleuten. Und schon klopfte es an meiner Tür. Mit dem Ruf: Herein! ging ich vor meine Tür und sagte den beiden Beamten, daß ich eben Religionsunterricht gäbe. Sie möchten sich etwas gedulden. Es war ein jüdisches Ehepaar da, das katholisch werden wollte. Ich erklärte denselben, daß ich wahrscheinlich verhaftet würde, sie möchten sich bei einem anderen Pater melden. Und schon klopfte es wieder. Die beiden Juden verzogen sich, und die Beamten traten ein.

Der Beamte Krauß sprach von einer Liste, auf der die Namen der im Heeresdienst stehenden Theologen stünden. Ich sagte, daß es nicht meine Sache sei, eine solche Liste, von der auch ich etwas gehört hätte, der Gestapo auszuliefern. Also, meinte er: »Sie liefern diese Liste nicht aus!« Ich antwortete: »Ich bleibe bei dem, was ich gesagt habe.« Der Beamte Krauß ging nun aus dem Zimmer, anscheinend zum Telefon der Pforte. Nach einiger Zeit kam er wieder und sagte, er müsse mich verhaften.

Inzwischen war P. Superior Waldmann gekommen, mit dem der ältere Gestapobeamte sprach. Herr Krauß untersuchte dabei meinen Tisch und nahm einige Briefe weg, während ich in einem Buche las. Dann sagte ich, daß ich nur der Gewalt weichen und nicht zu Fuß mitgehen werde. Darauf ging Herr Krauß wieder fort. Ich sagte dem jüngeren Beamten, ich müsse aus meinem Schlafzimmer etwas holen. Ich vernichtete einige Briefe, die ich in der Tasche hatte. P. Minister Interbitzi war nun auch in mein Zimmer gekommen. Da fiel mir plötzlich ein, daß mein Schwager Sperl am 3. November 1939 sechzig Jahre alt wird und daß ich telegrafieren wollte. P. Interbitzi gab ich das Telegramm an. An die Schlußworte kann ich mich noch erinnern. Sie lauteten: »Kopf hoch«. Glücklicherweise verhielt sich der Gestapobeamte schweigend und ließ alles geschehen.

Nach langer Zeit kam Herr Krauß endlich zurück. Inzwischen war eine Reihe von Leuten im »Turm« angekommen, um mich zu besuchen. Sie befanden sich in höchster Aufregung. Ich ging zu jedem einzelnen, um ihm zum Abschied die Hand zu reichen. Per Auto gings ins Wittelsbacherpalais. Dort wurde ich in einem sehr großen Zimmer, gegen die Brienner Straße zu gelegen, schon erwartet. Das Verhör wurde von einem Regierungsassessor namens Weinz oder Wenz geleitet, während Regierungsrat Schimmel im Hintergrund stand und nicht zu Worte kommen konnte, weil das der Assessor zu verhindern wußte. Dieser sprach nicht mehr von dem Verzeichnis der Theologiestudenten, sondern fing gleich an vorzulesen, was der früher genannte Müller über seinen Besuch bei mir beim Gestapoverhör angegeben hatte. Der Assessor richtete an mich auch die beiden Fragen, wie viele Leute in den letzten Jahren in der Königsparteiangelegenheit bei mir vorgesprochen hätten und wer das gewesen sei. Ich blieb bei der Verweigerung jeglicher Aussage. Ich betonte, daß ich keinerlei Mitteilung machen würde, auch nicht, wenn sie mich an die Wand stellen. Ich gab ihm zu bedenken, daß die Leute an mir als Priester irre werden müßten, wenn ich das, was die Menschen bei mir als Seelsorger unter dem Siegel der Verschwiegenheit sagen, der Gestapo mitteilen würde, und so die Menschen ins größte Elend brächte. Nach dem Bürgerlichen Gesetzbuch brauche darum der Seelsorger nichts vor dem Gericht auszusagen, was ihm in Ausübung seines Berufes mitgeteilt wurde.* Dazu bemerkte der Assessor, das gelte jetzt nicht mehr, das sei hinfällig. Ich wolle scheint's mit Gewalt Märtyrer werden. Ich entgegnete: Das Martyrium dürfe man nicht herausfordern. Das würde ich

* Gemeint sind offensichtlich die Bestimmungen der Strafprozeßordnung, die einem Geistlichen ein Aussageverweigerungsrecht geben (§ 53); das galt auch im Dritten Reich und war zusätzlich durch Art. 9 des Reichskonkordates vom 20. Juli 1934 garantiert: »Geistliche können von ... Behörden nicht um Auskünfte über Tatsachen angehalten werden, die ihnen bei Ausübung der Seelsorge anvertraut worden sind und deshalb unter die Pflicht der seelsorgerlichen Verschwiegenheit fallen.«

auch nicht tun. Aber die Schweigepflicht müsse ich unter allen Umständen erfüllen. Der Assessor sagte, ich würde mich also weigern, bei der Aufdekkung eines Verbrechens mitzuwirken. Ich sagte, da müsse man unterscheiden; wenn der Seelsorger den bestimmten Eindruck hat, daß es einem Besucher mit dem, was er vorbringt, ernst sei, wenn es sich also um eine ernste seelsorgerliche Aussprache handle, dann sei er an die Schweigepflicht gebunden. Wenn einer aber nur komme, um vielleicht durch einen Besuch beim Seelsorger den Verdacht, ein Verbrechen begangen zu haben, von sich abzulenken, dann sei das etwas ganz anderes. Dann meinte der Assessor, es können doch bei einer seelsorgerlichen Aussprache auch nebensächliche Dinge besprochen werden, das könne doch nicht alles unter die Schweigepflicht fallen. Ich antwortete, aber Vorsicht sei da sehr am Platze. Der Seelsorger dürfe nichts aussagen, was irgendwie geeignet sei, den um seelsorgerlichen Rat Fragenden in Unannehmlichkeiten zu bringen. In meinem Fall könnte es die schlimmsten Folgen zeitigen, wenn ich auch nur Mitteilung machte: wer in fraglicher Angelegenheit bei mir gewesen sei. Das alles wurde schriftlich niedergelegt und von mir unterschrieben.

Ich wurde in das Vorzimmer geführt. Dort ließ ich mich in einem bequemen Stuhl nieder und harrte der Dinge, die da kommen werden. Nach mir kam Prälat Neuhäusler an die Reihe, vermutlich wegen der Theologenliste. Es dauerte nicht allzu lang, da erschien er wieder und fragte den Beamten, ob er mich begrüßen dürfe. Er kam auch schon auf mich zu, was ich ihm hoch anrechnete. Er drückte mir die Hand und wünschte mir viel Glück in meiner Sache und verschwand.

Ich saß lange Zeit in dem Vorzimmer. Es kamen allerhand Leute herein. Fast alle machten einen sehr verängstigten Eindruck, stießen mit dem Deutschen Gruß ihr »Heil Hitler!« heraus und fragten zähneklappernd vor Angst nach dem Zimmer, wohin sie gehen mußten. Als ich diesem Treiben längere Zeit zugeschaut hatte, fragte ich den Beamten, ob er glaube, daß man mit dieser Angst und Furcht aufrechte deutsche Männer erziehen könne. Wie ich erwartet hatte, bekam ich keine Antwort.

Zwischen 1 und 2 Uhr wurde ich gefragt, ob ich etwas zu essen wünsche. Ich bejahte es und aß eine Kleinigkeit. Nun wurde ich in ein Zwischenzimmer, in dem zwei Schreiberinnen saßen, gebracht. Anscheinend sollten mich die beiden bewachen. Ich war froh, meine Büchertasche dabei gehabt zu haben, um mir die Zeit durch eine interessante Lesung abzukürzen.

Wieder in Haft im Wittelsbacherpalais

Gegen Abend erschien der Oberinspektor Pfeiffer und sagte, er habe mir im Auftrag des Polizeipräsidenten von Eberstein nach Rücksprache mit Minister Wagner mitzuteilen, daß ich verhaftet sei. Ich wurde sogleich in das

Gefängnis der Gestapo abgeführt. Dort wurde ich als alter Bekannter gut aufgenommen und in meine alte Zelle, die bekannte Ehrenzelle für »bessere« Verbrecher, gebracht. Als die Gefängnistür eingeschnappt und ich allein in dem Raum war, in dem ich schon so viele Stunden zugebracht hatte, kamen mir die Tränen in die Augen, und zwar waren es Tränen der Freude, daß ich gewürdigt wurde, um meines Berufes willen eingesperrt zu werden und einer ganz ungewissen Zukunft entgegenzugehen.

Was mir Sorge bereitete, war St. Michael. Werden sie gegen die Patres etwas unternehmen? Das drängte mich dazu, einen Brief an den Polizeipräsidenten zu schreiben. Darin habe ich mitgeteilt, daß die Patres von St. Michael nicht die geringste Schuld träfe, wenn die Staatspolizei sich durch mein Auftreten gestoßen fühle. (Ich habe nie weder die Hand aufgehoben noch »Heil Hitler« gegrüßt, obgleich ich gerade an dem Tag meiner Verhaftung oft damit angeredet wurde.) Ich hätte in meinem Leben im Krieg und im Frieden schon viel Hartes durchgemacht und sei selbst hart und rücksichtslos geworden, während die Patres zwar dieselben Grundsätze wie ich haben und vertreten, aber in der Form zugänglicher und milder seien. Dann setzte ich ihm auseinander, wie oben schon bemerkt, daß ich nicht mich weigere, an der Aufdeckung von Verbrechen mitzuwirken, soweit mir das nicht die Wahrung des Berufsgeheimnisses verbiete. Endlich machte ich ihn darauf aufmerksam, daß ich ja in den letzten Jahren viel mit Behörden aller Art zu tun hatte und daß von allen ohne Ausnahme meine Wahrheitsliebe anerkannt worden sei. Darum glaube ich, Anspruch darauf zu haben, daß mir geglaubt wird, wenn ich ausdrücklich betone, mit politischen Vorgängen in keiner Weise etwas zu tun gehabt zu haben. Ich ersuche aus diesem Grund den Polizeipräsidenten um eine Aussprache. Mit Rücksicht auf mein jahrelanges Wirken im Interesse des Gemeinwohls könne mir diese Bitte nicht leicht abgeschlagen werden. Der Polizeipräsident brauche nicht zu fürchten, es bei mir mit einem Querulanten zu tun zu haben. Es sei das erste und letzte Mal, daß ich mich an ihn wende.

Einige Tage darauf kam im Auftrag des Polizeipräsidenten ein Oberinspektor in meine Zelle, um mir zu sagen, der Polizeipräsident sei zu einer Aussprache bereit, wenn ich ihm die Namen derer angäbe, die bei mir gewesen seien. Sonst habe er mit mir nichts zu verhandeln. Als ich äußerte, daß davon selbstverständlich keine Rede sein könne, drehte sich der Herr um und verließ meine Zelle.

Die Kost war für mich genügend, Zimmer und Gefäße waren sauber, doch in die frische Luft kam ich nie. Meine einzige Bewegung bestand darin, daß ich morgens, solange eine Frau die Zelle auskehrte, einige Minuten in dem kurzen Gefängnisgang auf- und abgehen konnte. Auf eine besondere Weisung des Verwalters hin wurde das Bett alle 14 Tage frisch überzogen. Der Verwalter mochte mich wohl leiden, mindestens wöchentlich einmal schaute er in die Zelle hinein, ob alles in Ordnung sei. Abends um 7 Uhr wurde das Licht ausgedreht. Da ich schlecht schlafen konnte, erlaubte er, daß es in meiner Zelle erst um 8 Uhr ausgedreht wurde. Einmal sprach er zu mir, ich solle es eben auch so machen wie die anderen Geistlichen, mich mit den Verhältnissen abfinden und mich nicht so auf die Hinterfüße stellen. Dann wolle kein Mensch etwas von mir. Ich sagte, ich wisse wohl, daß er es gut mit mir meine, aber ich könne meine Grundsätze nicht aufgeben. Was andere täten, sei deren Sache.

Eines Tages wurde ich zu einem Beamten geführt, der die Fingerabdrücke zu machen hat. Zuerst hat er mich von allen Seiten für das Verbrecheralbum fotografiert. Der Beamte hieß den Gestapomann, der mich gebracht hatte, gehen. Er unterhielt sich mit mir. Er war ein Norddeutscher und fragte nach dem Grund meiner Verhaftung. Auch er war höchst verwundert, daß ich mir und anderen wegen der Verweigerung der Namensangabe solche Schwierigkeiten mache. Er meinte, wir seien jetzt einmal im nationalsozialistischen Staat. Ich würde gar nichts erreichen, wenn ich halsstarrig bliebe. Daß ich im Gewissen zur Schweigepflicht gehalten sei, konnte ich ihm nicht begreiflich machen. Er bedauerte mich sehr, da ich so einer schlimmen Zukunft entgegenginge. Wir schieden in bestem Frieden. Ich wurde wieder ins Gefängnis zurückgeführt.

Einmal wurde ich in ein Nebenzimmer des Oberinspektors Pfeiffer gebracht. Es wurde mir gesagt, ich würde von einem Kriminalkommissar verhört werden. Während dieses Verhörs setzte sich Pfeiffer mir gegenüber etwas im Dämmerlicht in die Ecke und fixierte mich unaufhörlich. Wenn ich mich nicht täusche, hielt er, um mein Mienenspiel besser beobachten zu können, ein Vergrößerungsglas vor die Augen. Die Sache war für mich nicht gerade angenehm. Der Kriminalkommissar zeigte mir einige Fotos eines jungen Menschen und fragte, ob ich ihn kenne. Ich sagte, daß ich glaubte, ihn schon gesehen zu haben. Nun sagte der Kriminaler, dieser junge Mann behaupte, mich sehr gut zu kennen. Vor seiner Verhaftung habe dieser junge Mann einem anderen Mann gegenüber geäußert (es sei nachts gegen 11 Uhr gewesen), jetzt gehe er zu Pater Mayer nach St. Michael, da habe er jederzeit Zutritt bei Tag und bei Nacht, auch werde er von mir reichlich beschenkt. Was ich dazu sage? Ich ersuchte den Kriminaler, mir das Bild nochmals zu zeigen und mich einige Augenblicke besinnen zu lassen. Es kämen zu mir täglich viele Besuche in verschiedenen Anliegen, manchmal am Tag weit über ein Dutzend. Dann antwortete ich, das sei jedenfalls eine Lüge, daß man zu mir auch nachts kommen könnte, denn die Hausglocke würde abends so umgesteckt, daß sie nur im ersten Stock läute, während ich im Parterre wohne. Nun wurde mir die Sache allmählich ganz klar. Ich sagte, der junge Mann sei vor Wochen bei mir gewesen und habe behauptet, er sei gänzlich verarmt, ohne Stellung, Wohnung und Nahrung. Ich habe dafür gesorgt, daß er bei anständigen Menschen ein Zimmer erhielt, das ich durch eine Vertrauensperson für eine Woche bezahlen ließ. Ich habe auch bei einem Gasthaus vorausbezahlt, so daß der junge Mann dort eine Woche lang unentgeltlich essen konnte. Ich bekümmerte mich für ihn um eine Stellung; Geld habe ich keinen Pfennig herausgegeben. Meine Aussage wurde schriftlich niedergelegt und von mir unterschrieben. Ich hörte 8 bis 14 Tage nichts mehr von der Angelegenheit; ich ließ dem Pfeiffer mitteilen, ich müsse den Kriminaler nochmals sprechen. Dieser kam auch bereitwillig. Ich bat ihn, meine Vernehmung noch einmal vorzulesen. Aus der Fassung, wie sie vorlag, hätte man schließlich heraushören können, es wären vornehmlich §-175-Leute in meiner Sprechstunde gewesen, während ich in den einleitenden Sätzen zum Ausdruck bringen wollte, daß wohl auch solche Menschen in meiner Sprechstunde gewesen sein konnten, da ja der Zutritt zu mir jedem freistand. Ohne Schwierigkeit wurde das in einer Anmerkung unmißverständlich zum Ausdruck gebracht. Der Kriminaler führte mich persönlich ins Gefängnis zurück und sagte, daß meine Sache infolge meiner Erklärung völlig fallengelassen wurde. Der junge Mann sei ein ganz schwerer Junge gewesen. Übrigens meinte er, er wundere sich, daß ich noch immer eingesperrt sei.

...

Wenige Tage nach meiner Verhaftung wurde mir ein Zettel übergeben, auf welchem als Ursache der Verhaftung angegeben war: wegen Unbotmäßigkeit. Nach einiger Zeit wurde mir auf einem neuen Zettel als Grund angegeben: wegen Unterstützung staatsfeindlicher Bestrebungen. Der letztere Zettel scheint von Berlin gekommen zu sein.

Einige Tage darauf erschien wieder der Verwalter und teilte mir mit, er wolle es mir einige Stunden früher sagen: Ich würde noch in dieser Nacht nach Oranienburg bzw. Sachsenhausen (Konzentrationslager) überführt. Also vom 22. auf den 23. Dezember 1939. Ich benutzte die paar Stunden, die ich noch hatte, um die Briefe, welche die Gestapo bei meiner Verhaftung vom Tisch weggenommen und mir im Gefängnis wieder zugestellt hatte, ganz klein zu zerstückeln. Dasselbe Schicksal erfuhren die schriftlichen Mitteilungen, die sich im Laufe der Haft angehäuft hatten. Ich packte nur das Notwendigste an Kleidern, Wäsche und Büchern zusammen, das Zurückbleibende übergab ich dem Gefängniswärter, um es am kommenden Tag Frau Berner zu übergeben. Was ich an Eßwaren usw. hatte, sollte der Frau Berner und ihren Kindern, die täglich mein Zimmer gerichtet hatte, für Weihnachten gegeben werden.

Im Konzentrationslager Sachsenhausen

Zu den ersten Maßnahmen der NS-Machthaber gehörte die Abschaffung der Grundrechte. Schon im ersten Monat nach der »Machtergreifung«, nämlich am 28. Februar 1933, ließ Hitler Reichspräsident von Hindenburg eine Notverordnung unterschreiben, die den verlogenen Namen »Verordnung des Reichspräsidenten zum Schutz von Volk und Staat« trägt, in Wirklichkeit aber sämtliche Grund- und Freiheitsrechte der Weimarer Verfassung »bis auf weiteres außer Kraft« setzt. Es sind daher, so heißt es wörtlich in dieser Verordnung, »Beschränkungen der persönlichen Freiheit, des Rechts auf freie Meinungsäußerung, einschließlich der Pressefreiheit ..., Anordnungen von Haussuchungen und von Beschlagnahmen sowie Beschränkungen des Eigentums auch außerhalb der sonst hierfür bestimmten gesetzlichen Grenzen zulässig.«

Damit hatten die NS-Funktionäre sich selbst das »Recht« eingeräumt, jedermann ohne Anklage, ohne richterliche Anhörung, ohne gerichtliche Entscheidung und ohne die geringste Beschwerdemöglichkeit ohne zeitliche Begrenzung seiner Freiheit zu berauben. Das war die Geburtsstunde der nationalsozialistischen Konzentrationslager.

Eines dieser mörderischen Lager war Sachsenhausen bei Oranienburg, etwa 20 Kilometer nördlich Berlin. Dorthin ließ Heinrich Himmler Pater Rupert Mayer einliefern, als er sich immer noch weigerte, das Rede- und Predigtverbot der Gestapo zu befolgen. Davon, wie es ihm in diesem Lager erging und warum er überleben konnte, berichtet Pater Rupert Mayer ausführlich:

Nachts zwischen halb und dreiviertel 23 Uhr kamen zwei Gestapobeamte. Beim Verlassen des Gefängnisses sagte ich dem wachhabenden Aufseher Lebewohl und knüpfte daran die Bemerkung, daß ich wohl München nicht mehr sehen werde. Wir fuhren zum Hauptbahnhof. Bei der Perronsperre ordneten die Beamten meine Angelegenheit, so daß ich ohne Anstand auf den Perron kam. Wir stiegen in den Berliner Zug in ein Dritter-Klasse-Coupé mit der Aufschrift (außen und innen lesbar) »Für Gestapo reserviert«. Das weckte natürlich die Neugierde. Unzählige Menschen schauten im Lauf der Fahrt in das Coupé herein. Der Zug hatte große Verspätung. Erst gegen 1 Uhr ging's dahin. Ich hüllte mich anfangs in absolutes Schweigen, bis ich mich mit der Veränderung meiner Lage, die in ein neues Stadium eingetreten war, innerlich völlig abgefunden hatte und innerlich ganz ruhig geworden war. Ich betrachtete diese Abfahrt von München als einen Abschied auf Nimmerwiedersehen.

Nach einigen Stunden wurde es im Wagen kalt und immer kälter. Ich war so froh, meinen St.-Michael-Beichtstuhl-Mantel, der von meinem Vater stammt und mich bisher in sämtliche Gefängnisse begleitet hatte, bei mir zu haben. Die Beamten futterten und wunderten sich, daß man mir nichts mitgegeben hatte. Sie boten mir von ihrem Mundvorrat an, was ich dankend ablehnte. Ich erkundigte mich nach dem Attentat auf Hitler, worüber ich noch nichts Genaueres erfahren hatte.

Ich war einmal bei einem Verhör bei Pfeiffer. Dabei fiel in dem Zimmer ein Wort von dem Attentat. Ich fragte Pfeiffer, auf wen ein Attentat gemacht worden sei. Antwort: »Auf den Führer.« Ich: »Ist ihm dabei etwas passiert?« Antwort: »Der Führer blieb völlig unverletzt.« Ich darauf: »So!« Mit diesem Wort machte ich gegen Pfeiffer eine Verneigung und wurde wieder ins Gefängnis abgeführt.

Am Abend des 9. November merkte ich in unserem Gefängnis eine namenlose Aufregung und Unruhe. Das ging die ganze Nacht so fort. Immer wieder wurde geläutet und jemand eingeliefert. Am nächsten Morgen von 6 Uhr an größte Unruhe im Hof vor dem Gefängnis der Gestapo. Sämtliche Autos, die vorhanden waren, wurden hergerichtet, in jedem haben Gestapobeamte Platz genommen und fuhren ab. Erst am späten Abend kehrte die Mehrzahl wieder zurück. Ich konnte mir nicht denken, was da los war, bis ich bei dem obigen Verhör etwas erfuhr. Und darum brachte ich das jetzt zur Sprache. Der Beamte Krauß behauptet zwar, der Täter sei vor seinem Übertritt in die Schweiz verhaftet worden. Ich hatte aber den Eindruck, als ob das nicht stimme. Und tatsächlich hat man seitdem von dem Attentäter nie mehr etwas gehört, weder von seiner Verurteilung noch von seiner Bestrafung*.

...

Krauß sagte, er sei früher evangelisch gewesen, er sei seiner Braut zuliebe katholisch geworden, aber jetzt habe er alles wieder aufgegeben. Auch seine Frau kümmere sich nicht mehr um die Kirche. Wenn es den katholischen Oberbehörden ernst sei mit ihrem Glauben, hätten sie eine ganz andere Haltung einnehmen müssen.

Wir kamen dann auf die Unsterblichkeit der Seele zu sprechen. Auf die Beweise, die ich ihm vorlegte, ging er nicht ernstlich ein. Ich merkte, daß er jetzt dafür kein Interesse habe. Er behauptete, er sei vor einigen Monaten schwer erkrankt. Er wäre ganz zufrieden gewesen, wenn er hätte sterben müssen, auch ohne Sakramente. Ich sagte, daß ich das Empfinden hätte, sein Konvertitenunterricht sei zuwenig gründlich gewesen. Sonst hätte er unmöglich seinen katholischen Glauben so leicht über Bord werfen können. Wenn ich mit dem Leben davonkäme, würde ich ihn später einmal aufsuchen. So plauderten wir stundenlang trotz der sibirischen Kälte im Wagen. Infolge der Beschwerden der Reisenden wurde es später etwas wärmer.

* Am 9. November 1939, 21.20 Uhr, ging im Bürgerbräukeller in München eine Zeitbombe los und tötete sieben der dort versammelten »alten Kämpfer«. Hitler hatte wenigen Minuten vorher den Saal verlassen. Der Einzeltäter Johann Georg Elsner wurde nicht vor Gericht gestellt und am 9. April 1945 auf Befehl Himmlers im KZ Dachau erschossen.

Die Gestapobeamten ließen mich am Gangfenster meinen Platz einnehmen. Es war ihnen das nicht gerade angenehm, aber sie drängten nicht darauf, einen Fensterplatz zu besetzen. Viele schauten durch das Fenster auf mich, der ich ja in Priesterkleidung war, im Gestapo-Coupé. Besonders ein Herr fiel mir auf; er kam des öfteren vorbei, indem er mich fixierte. Gegen Mittag kamen wir in Berlin an. Als ich aussteigen wollte, stand dieser Herr an der Wagentüre, nahm die zwei Gepäckstücke und half mir herunter. Dabei neigte er sich zu mir und flüsterte mir ins Ohr, er sei Berliner Sodale und kenne mich von einer marianischen Tagung her. Ich bedankte und verabschiedete mich, denn es standen bereits die Gestapobeamten neben mir.

Nun gings zur Untergrundbahn. Einige Zeit mußten wir auf den Zug warten. Auf dem gegenüberliegenden Perron stand wieder jener Herr mit einer Dame und wartete, bis unser Zug einfuhr und wir eingestiegen waren. Er sah also, daß ich nach Oranienburg transportiert würde. Das beruhigte mich einigermaßen. Denn ich dachte mir, er werde es wohl bald seinem Präses mitteilen und dieser es nach München berichten. Ich mußte mir doch sagen, daß man in München in Sorge wäre, was mit mir geschähe. Anscheinend hat aber dieser Sodale versagt, denn es dauerte sehr lange, bis man in München erfuhr, was mit mir geschehen war.

Im Wagen der Untergrundbahn war eine tadellose deutliche Karte der Berliner Untergrundbahn mit Angabe der größeren Stationen. Die Beamten sagten mir, daß wir bis Oranienburg fahren. Auf der Karte sah ich, daß es in direkter nördlicher Richtung ging. Sobald wir aus der Untergrundbahn heraus waren, schaute ich mich nach links und rechts um. Mich interessierte brennend das Vorstadtaussehen und Leben der Millionenstadt. In Oranienburg blieb der jüngere Beamte bei mir als Wache vor dem Schalterraum. Dieser Herr hatte so gut wie nichts auf der ganzen Reise gesprochen. Er war Protestant und sehr zurückhaltend. Krauß war weggegangen, um nach Sachsenhausen wegen eines Autos zu telefonieren. Um die Pause auszufüllen, sagte ich, daß ich mich dafür interessiere, wie man sich auf den Gestapoberuf vorbereite. Ich hatte das Gefühl, daß ich mit dieser Frage einen großen Fehler begangen hatte, denn nach seiner etwas unfreundlichen Antwort zu schließen, faßte er irrtümlicherweise meine Frage so auf, als ob ich seinen Beruf als etwas geistig Minderwertiges betrachtete. So war die Geschichte etwas ungemütlich. Krauß kam mit der Nachricht, wir würden in Sachsenhausen erwartet, und in wenigen Minuten sei das Auto hier. Ich sagte nun, ich wolle die SS nicht unnötig reizen und mich in die Ordnung fügen, darum würde ich zum ersten Male in meinem Leben den Deutschen Gruß bieten, das heißt die Hand erheben.

Schweigend wurde in das von einem SS-Mann gesteuerte Auto eingestiegen. Und schon bald sah ich einen hohen Stacheldrahtzaun; und da bogen wir auch schon nach der Kontrolle durch den Wachtposten durch ein breites

Tor in das Lager ein. Das Auto hielt an der ersten Barackenreihe an. Durch einen Posten wurden wir zu der Aufnahmebaracke geführt. Begrüßt wurden wir durch eine SS-Charge im Range eines Oberfeldwebels, das heißt, ich wurde wegen meiner Priesterkleidung überhaupt keines Blickes gewürdigt. Durch seine Handbewegung wurde mir bedeutet, in ein weiter rückwärts gelegenes Zimmer einzutreten.

Die Herren besprachen sich im Geschäftszimmer. Nach einiger Zeit wurde auch ich dorthin gerufen. Die SS-Charge beachtete meinen Gruß nicht, sondern fing gleich an, mich als Zentrumspfarrer höhnisch zu begrüßen. Das war mein erster und letzter Deutscher Gruß. Als der SS-Charge so anfing, verabschiedeten sich die beiden Münchener Beamten, um in der Kantine zu Mittag zu essen. Kaum waren diese beiden weggegangen, da telefonierte es auch schon. Der SS-Mann brach sehr verdutzt meine Aufnahme ab und sagte mürrisch, das Auto werde gleich kommen und mich nach meinem Platz fahren. Nun kamen wir erst zum richtigen Lagereingang. Der SS-Autofahrer wurde jetzt gesprächig. Er wollte wissen, warum ich eingeliefert sei. Aber auch schon mußte ich aussteigen; wir waren am Ziel. Ich stand vor einer über 2 Meter hohen Mauer bzw. vor dem Eingang in das Gefängnis des Konzentrationslagers Sachsenhausen. Auf das Läuten hin kam sehr schnell ein SS-Charge. Er war wohl benachrichtigt und begrüßte mich anständig. In einem Bau, wo die Eintretenden ihr Gepäck ablegen müssen, durfte ich Kamm, Bürste, Seife und Zahnbürstchen mitnehmen und fast alle Bücher. Es wurde mir nun eine Zelle zugewiesen. Ein freundlicher Raum, nicht zu klein, mit Oberlicht und Klappfenster, das man selbst regulieren kann. Zum Hinaufsteigen bekam ich einen Tritt. Die Einrichtung bestand aus einem Bett mit Strohmatratze, einem kleinen Keil-, aber ohne Kopfkissen mit einer oder zwei Decken. Es war genügend, da Warmwasserheizung da war. Dagegen hat es bei Nacht vom Fenster her stark gezogen. Zur Einrichtung gehörten Tisch und Stuhl; für meine Bücher wurde mir noch ein Tisch hereingetragen. Als ich im Begriffe war, wund zu werden, bekam ich für den Stuhl eine Unterlage aus Roßhaaren.

Prügel für Häftlinge

Das Gefängnis ist ein langgestreckter Barackenbau und umfaßt 75 einzelne Zellen. In der Mitte ist der Eingang. Beim Eintritt befinden sich je 25 Einzelzellen linker Hand und je 25 Zellen rechter Hand. Wenn man durch die Mitte hereinkommt, befindet sich ein Bau als Fortsetzung des Eingangs mit 25 Zellen. Die Wände sind sehr dünn; was sich selbst im hintersten Winkel des Gefängnisses abspielt, ist fast im ganzen Gefängnis hörbar. So habe ich gegen zwanzigmal gehört, daß ein Gefangener geschlagen wurde. Womit und wie, entzieht sich meiner Kenntnis. Es klatschte einige Male. Schmerzenslaute hörte man dabei nie. Nur einmal kam ich zufällig dazu, wie ein Häftling in dem Raum unmittelbar hinter dem Eingang mit einer Peitsche geschlagen wurde. Ich hatte den Eindruck, daß es sich um einen geistig beschränkten Menschen handelte, der seine Zelle verunreinigt hatte. Er schrie, obgleich die Sache nicht gar so schlimm war. Nach dem Laut zu schließen, wurde der Betreffende auch einmal in einer Zelle mit der Peitsche bearbeitet. Aber er erhielt nur wenige Schläge.

Die Tagesordnung war: Nach 5 Uhr aufstehen, 1/2 7 Uhr Frühstück, 11 Uhr Mittagessen, abends zwischen 4 1/2 und 5 Uhr Abendessen. Um 8 Uhr wurde das Licht ausgelöscht. Mir wurden die Mahlzeiten durch einen Handlanger der SS-Charge, einen Mithäftling, auf die Zelle gebracht. Er war ein Mensch, der einen durchaus guten Eindruck machte, aber innerlich und äußerlich schwer unter der jahrelangen Haft litt.

Die Zelle hatte eine eiserne Türe, die durch zwei große Riegel verschlossen wurde. Bei Tag war nur ein Riegel vor.

Wenn jemand sich in dem Gang, der mit Plättchen belegt war, bewegte, so dröhnte das laut. Um nun die einzelnen Häftlinge beobachten zu können, bekleideten sich die Chargen mit Strohsandalen. So konnten sie unbemerkt durch das Guckloch den Häftling beobachten, so lange und so oft sie wollten. Es war für den Häftling unmöglich, etwas davon zu bemerken.

Nachts war zweimal Kontrolle, einmal vor Mitternacht und einmal nach Mitternacht. Die SS-Charge ging von Zelle zu Zelle, machte Licht, schaute durch das Guckloch und knipste wieder zu. Das wirkte sehr störend; deshalb unterließ eine Charge bei mir die Kontrolle vollständig, und einer begnügte sich mit einer Kontrolle. Doch wenn ich einmal im Schlafe war, weckte mich schon das Geräusch des Aufknipsens in den übrigen Zellen aus dem Schlaf.

Nur selten kommt einer aus dem Gefängnis ins eigentliche Konzentrationslager. Ich mußte zum Zahnarzt. Da mußte mich ein SS-Scharführer in die zahnärztliche Baracke bringen. Es war ein junger Mann. Er erkundigte sich beim Gehen, warum ich im Konzentrationslager sei. Als ich es ihm gesagt hatte, sprach er mir in aufdringlicher Weise zu, ich möchte doch die Namen angeben usw. Ich hatte das Gefühl, der junge Mann hätte sich wohl mit mir in kein Gespräch einlassen sollen und suchte nun auf diese Weise, sein Gespräch mit mir zu rechtfertigen, wenn er deshalb zur Rechenschaft gezogen würde. Ich sagte nur, daß das schon reiflich überlegt sei.

Was uns hier interessiert, ist dies: nach der zweiten Toreinfahrt, von der ich oben gesprochen habe, liegt ein riesiger freier Platz vor uns. Er ist umgeben von vielen Baracken, in denen die Häftlinge wohnen, in denen sie zum Teil arbeiten usw. Die Baracken kommen einem winzig klein vor gegenüber den gewaltigen Ausmaßen des freien Platzes. Der Weg von den Ärztebaracken zum Gefängnis führte nun längs an dem Platz vorbei. Da sahen wir, wie ein ganz jugendlicher Scharführer eine Abteilung von etwa zwölf Mann auf dem Platz herumhetzte. Die Leute mußten einige Meter marsch-marsch-laufen, dann sich raschestens auf den Boden werfen, dann aber sofort wieder aufstehen und marsch-marsch voranlaufen. Dann hieß es wieder: »Kehrt marsch-marsch, auf den Boden!« Das wurde oft, und zwar in einem rasenden Tempo von den armen Menschen ausgeführt. Ich war entsetzt. Das machte auch Eindruck auf meinen Begleiter. Er sagte, die müssen wohl ganz Schlimmes angestellt haben. Mit diesen Worten wies er mich an, den Weg zum Gefängnis fortzusetzen. Er selber sprang zu seinem Kollegen hinüber und kam dann wieder zu mir. Das machte er aber so, daß wir in dem Augenblick, als wir beim Gefängnis angekommen waren, nichts mehr miteinander sprechen konnten.

Wiederholt kamen hohe SS- und SA-Männer, um die Gefangenen zu besichtigen. Laut Instruktion mußte der Häftling, sobald der Riegel zurückgeschoben und die Türe aufgerissen war, aufspringen, stramme Haltung annehmen und herausstoßen: »Häftling Mayer, Zelle ...« Auf mich machte das immer den Eindruck, als ob die Herren gekommen wären, um ein prämiertes Tier sich vorstellen zu lassen und zu besichtigen.

In jeder Zelle war eine Alarmglocke angebracht. Wenn man auf einen Knopf drückte, gab es ein Signal, das man im ganzen Gefängnis hörte. Zugleich mit dem Alarmzeichen glühte eine elektrische Birne über der betreffenden Zelle auf. Das Alarmzeichen hörte erst dann auf, wenn die SS-Charge es abstellte. Der Alarm durfte nur dann in Bewegung gesetzt werden, wenn ein dringender Fall vorlag, so, wenn man auf das Klo mußte. Jeder hatte zwar für den Notfall einen Kübel in seiner Zelle; in der Regel reagierte die Charge auf den Alarm, manchmal aber rief einer etwas in barschem Ton, und eine Charge tat dies häufig und meinte: »Glaubt ihr denn, ich sei ein Kindsmädchen?« Wenn man einen höheren Besuch erwartete, und das wurde natürlich den Häftlingen vorher nicht mitgeteilt, durfte keiner mehr die Zelle verlassen, auch der Alarm nützte nichts. Da konnte man manchmal in größte Verlegenheit kommen, den anderen wird es ähnlich gegangen sein wie mir. Den Kübel wollte man nicht benutzen aus begreiflichen Gründen, schon in Erwartung des Besuches. Bei mir kam dann noch dazu, daß die Benutzung des Kübels wegen des amputierten Beines besonders schwierig war. Da die Sache oft stundenlang dauerte, so hat mir das wiederholt sehr zugesetzt. Unter den Folgen habe ich jetzt noch zu leiden.

Sonst war die Behandlung, was meine Person angeht, gut. Ich habe das wohl zum großen Teil den Aussagen des Gestapobeamten Krauß zu verdanken. Jedenfalls war die ganze Behandlung viel besser, als ich sie mir vorgestellt hatte. Doch darf man nie vergessen, daß ich eben in einem Gefängnis war. Ich hatte so keine Gelegenheit, mich irgendwie apostolisch zu betätigen, außer durch Opfer und Gebet für andere.

Acht Wochen in Isolationshaft

In den ersten 6 bis 8 Wochen war ich völlig isoliert. Ich wurde grundsätzlich von allen anderen ferngehalten. Ich durfte nie aus dem Gefängnis, es sei denn später zum Arzt und Zahnarzt. Das Essen wurde mir in die Zelle gebracht. Ich mußte mich allein in dem großen Waschraum waschen, entweder nach allen anderen oder später vor allen anderen, so daß ich niemand sehen konnte. Ich wußte nicht, wer neben meiner Zelle haust. Ich habe nie einen zu Gesicht bekommen. Das blieb so, auch später, als ich einige Wochen lang in dem Raum längs des Gefängnisses mich etwas bewegen durfte. Da andere in die frische Luft gehen durften und ich nie, so sagte ich das einmal einer SS-Charge. Dann durfte ich allein ein- oder zweimal eine halbe Stunde heraus, das heißt unmittelbar gegenüber der langgestreckten Gefängnisbaracke war in einer Entfernung von 5 bis 6 Metern eine über 2 Meter hohe Mauer, auf der oben mit elektrischem Strom geladener Stacheldraht befestigt war. Hier durfte ich nun eine halbe Stunde mich ergehen mit der strengen Weisung, mit keinem Menschen mich in ein Gespräch einzulassen, selbst wenn ich angesprochen würde. In 20 bis 30 Meter Entfernung von meinem Spazierraum entfernt stand bei Tag und Nacht auf einer Kanzel ein SS-Posten, der ein Maschinengewehr zu bedienen hatte. Auch diesem SS-Posten dürfte ich keine Antwort geben, wenn er mich etwas fragen sollte. Mir schien es, als ob man durchaus verhindern wollte, daß mein Aufenthaltsort irgendwie bekannt würde. Das gleiche geht aus folgendem hervor: Einige Tage nach meiner Einlieferung in das Sachsenhausener Konzentrationslagergefängnis wurde ich in die dortige Kanzlei gerufen, um nähere Angaben über meine Person zu machen. Während der Vernehmung rief die SS-Charge die Zentrale des Konzentrationslagers um eine Auskunft an. Da kam Bescheid, es solle mein Name nirgends eingetragen werden. In der Zentrale sei, was nötig, bereits aufgeschrieben. Ohne es zu beabsichtigen, habe ich das mit angehört. Was das bedeutet, weiß ich heute noch nicht; vielleicht, daß man mich zu gegebener Zeit leichter verschwinden lassen konnte?

In diesen Zusammenhang paßt folgendes gut hinein: Ich habe in jener Zeit einmal geträumt, daß ich erschossen würde. In demselben Augenblick wurde es in dem Gefängnis sehr laut (es war das manchmal der Fall, daß vor Tagesanbruch einige Häftlinge abtransportiert wurden, wohin, konnte ich nie erfahren). Ich war noch ganz in dem Traum befangen und dachte nichts anderes, als daß ich nun geholt würde. Nun überkam mich plötzlich eine nie erlebte Seligkeit. Ich konnte es gar nicht fassen, daß ich dazu ausersehen sei, als Märtyrer zu sterben. Ich hatte mich bereits erhoben, um gleich fertig zu sein – da entfernten sich die Schritte wieder von meinem Zimmer. Das war eine sehr große Enttäuschung, aber der ganze Vorgang hat mir oft Mut gemacht, da ich tatsächlich gerne für den Glauben gestorben wäre. Doch noch ein Gutes hatte dieses Erlebnis: Ich habe es nun an mir selbst erfahren, wie leicht es der liebe Gott durch seine allmächtige Gnade denen machen kann, die für den heiligen Glauben sterben müssen oder besser: sterben dürfen.

Ich wurde einmal in die Kanzlei des Gefängnisses gerufen. Da war ein Vertreter des Oberführers des Konzentrationslagers. Er teilte mir mit, daß ich die Erlaubnis erhalten würde, in meiner Zelle zu zelebrieren, sobald die notwendigen Gegenstände gekommen seien. Dann änderte er sein ganzes Benehmen und sagte in scharfem Ton, im Auftrage des Reichsführers Himmler habe er mir mitzuteilen, daß 14 Tage lang mir sämtliche Vergünstigungen entzogen seien. Dazu gehöre, daß ich nichts mehr lesen dürfe, daß mir alle Bücher und Schriften genommen würden und einige kleinere Dinge. Ich fragte, warum das geschehen solle. Da sagte er, wegen meines ganzen Verhaltens. Ich erwiderte, ich könne mir tatsächlich gar nicht denken, was ich mir hätte zuschulden kommen lassen. Da wurde er grob und schrie: »Wegen Ihres ganzen Verhaltens, wie ich Ihnen schon gesagt habe!« Ich erwiderte: »Wenn Sie mir nicht Einzelheiten angeben, worin ich gefehlt habe, dann werde ich genau so weitermachen wie bisher, da ich mir nichts vorzuwerfen habe. Also kann ich mein Verhalten auch nicht ändern.« Nun schrie er mich an und sagte: »Ihre Vorgesetzten werden Ihnen das Nötige schon beibringen!« Nach einigen Stunden kamen zwei der SS-Chargen, der dritte hatte Ausgang. Ich fragte sie, was sie an mir auszusetzen hätten. Beide sagten: durchaus nichts. Darauf erwiderte ich: Nun, dann sei ich ja zufrieden. Geärgert hätte es mich, wenn sie hinter meinem Rücken mich angezeigt hätten, ohne mir zu sagen, um was es sich eigentlich handle. Dann sagten die beiden, sie müßten jetzt meine Bücher und alles, was ich Lesbares hätte, herausholen. Nach dem, was geschehen war, kam einer, schaute in die Zelle herein und sagte: »Ja, was liegt denn da auf Ihrem Tisch?« »Ja«, meinte ich, »das ist Klosettpapier.« Da sagte die Charge: »Ich rate Ihnen, stecken Sie das unter Ihren Keil, denn wenn der Oberführer kommt und das sieht, dann wird er wütend.« Tatsächlich erschien nach einigen Stunden der Oberführer persönlich und schaute sich sehr genau und eingehend in meiner Zelle um.

Der Stellvertreter des Oberführers hat noch die Bemerkung gemacht: »Wenn Sie Messe lesen – das hat der Reichsführer ausdrücklich geschrieben, daß das erlaubt ist –, dann müßte das Meßbuch unmittelbar nach der Messe geholt werden, und es dürfte Ihnen erst wieder gegeben werden, wenn Sie mit dem Lesen der Messe beginnen.«

Ich habe sofort meine achttägigen Exerzitien begonnen und mir damit über die Zeit hinweggeholfen.

Infolge der steten Abmagerung paßte der Stumpf nicht mehr ganz in das Kunstbein. Ich habe mir damit geholfen, daß ich immer wieder einen neuen Socken auf die anderen anzog. Zuletzt hatte ich vier dicke Socken übereinander an. Das hatte aber den Nachteil, daß ich keinen rechten Halt mehr in dem Kunstbein hatte. Einen fünften Socken konnte ich beim besten Willen nicht mehr darüberstülpen. Alle Versuche versagten. So konnte ich aber nicht mehr gehen, und doch hätte ich jetzt täglich eine Stunde mit anderen Häftlingen in dem oben bezeichneten Raum spazierengehen können. Ich mußte den Arzt darauf aufmerksam machen. Obgleich er von Orthopädie nichts verstand, sah er doch, daß der Oberschenkel des Kunstbeins viel zu weit geworden sei und etwas geschehen müsse. Ich sagte ihm, daß ich mir von einem fremden Orthopäden einen neuen Oberschenkel nicht machen ließe. Ich erzählte ihm kurz, was ich mit Orthopäden schon alles durchgemacht hätte. Daß also meine Abneigung gegen einen fremden Orthopäden durchaus begründet sei. Es käme nur die Firma Habermann in München in Betracht. Ich zweifle nicht, daß Habermann mir einen Herrn ohne weiteres schicken werde. Die Unkosten der Reise und des hiesigen Aufenthaltes usw. würde ich auf mich nehmen. Der SS-Arzt meinte, das wäre merkwürdig, wenn sich in Berlin kein geeigneter Orthopäde fände. Ich wiederholte, daß ich von einem anderen ein Kunstbein nicht machen ließe. Ich telegrafierte an Habermann und schrieb einen ausführlichen Eilbrief an ihn (diese Dinge hat er nie erhalten). Ich hörte wochenlang nichts mehr. Eines Tages wurde mir eröffnet, ich würde in die Ärztebaracke geführt. Dort angekommen, wußte niemand, wohin wir uns eigentlich wenden sollten. Da erschien endlich der SS-Arzt mit zwei Berliner Orthopäden. Als ich Schwierigkeiten machte, sah ich die verdutzten Gesichter der Berliner Orthopäden, die einen Tag umsonst geopfert hätten, falls ich auf meiner Weigerung bestünde. Das wollte ich nun nicht. So wurde ich moralisch gezwungen, meinen Widerstand aufzugeben. Ich ließ mir also einen neuen Oberschenkel anmessen. Wochen vergingen, bis endlich die erste Probe stattfinden konnte.

Diese Probe wurde zu einer Sensation. In einem engen Raum der Ärztebaracke habe ich das neue Kunstbein angezogen. Nun mußte ich einen Raum haben, wo ich richtig ausschreiten konnte. Das war hier nicht möglich. So wurde ich auf die parterre gelegene überdeckte Veranda geführt, die längs der Ärztebaracke sich hinzog. Da standen einige SS-Leute: Gehilfen der Ärzte, der Zahnärzte, Krankenpfleger usw. Diese Leute interessierten sich ungemein für diese Gehübungen. Es wurden deren immer mehr. Sie redeten und unterhielten sich angelegentlich. Ich verschwand wieder in dem kleinen Raum, um eine kleine Verbesserung an dem Bein vornehmen zu lassen. Dann kam ich wieder und marschierte auf und ab.

Ich dachte mir, als ich zum Gefängnis zurückging, bei dieser Ärztebaracke habe ich zum ersten und letzten Mal das Bein probiert, und richtig: Das nächste Mal war die Anprobe des Beines in einem ganz anderen Teil des Konzentrationslagers: in einer Baracke, die in der Nähe des ersten Toreinganges stand. Bis man einen Berliner Orthopäden zu einer zweiten Probe ins Lager bekam, verstrich Woche um Woche, und der Schluß war, genau wie ich es vorausgesagt hatte, das Bein saß schlecht. Nach kurzer Zeit bekam ich Schmerzen und wurde wund. Daraufhin erklärte ich, daß ich keinen Schritt mehr gehen werde, als absolut notwendig sei. Es fiel also jeder Aufenthalt im Freien weg. Als ich nach Ettal kam, gehörte zum wichtigsten, den Münchener Orthopäden herkommen zu lassen. Er sah auf den ersten Blick, daß es mit dem Sitz nicht stimmte. Mit einem Taschenmesser hatte er in wenigen Minuten den Sitz geändert. ich fühlte mich wieder als Mensch.

Mit diesem SS-Arzt hatte ich noch eine Affäre. Wie es kam, weiß ich nicht, aber das ist Tatsache, daß mich der SS-Arzt auf einmal wöchentlich regelmäßig besucht hat, daß einen Tag zuvor mein Gewicht festgestellt werden mußte und von einem SS-Mann aufgeschrieben wurde. Auch wurde das Herz von dem Arzt jedesmal kurz untersucht. Gesagt wurde mir nichts. Nur das fiel mir auf, daß mein Bein dicker wurde, was ich früher nie gemerkt hatte, während ich sonst im ganzen ständig an Gewicht verloren habe. In einer Woche hatte ich, wie ich sicher wußte, um ein oder gar zwei Pfund abgenommen. Der Arzt erklärte bei seinem Besuch, der Aufenthalt im Lager bzw. im Gefängnis würde mir ganz gut tun. Ich hätte hier keine Aufregungen usw. Ich sagte das einer SS-Charge; das sei denn doch ein Widerspruch, was er sogleich bestätigte. Diese SS-Charge scheint das gemeldet zu haben, denn in der Woche darauf kam ein anderer SS-Arzt, der einen höheren Grad hatte. Ihm sagte ich die Sache noch einmal. Darauf untersuchte er mich genauer, ließ sich die Gewichtstabelle bringen und fragte mich dies und jenes. Er war jünger als der andere Arzt, aber sehr besorgt und menschenfreundlich. Ich glaube dem Bericht dieses Arztes es zuschreiben zu müssen, daß ich vom Konzentrationslager wegkam. Man wollte mich anscheinend dort nicht sterben lassen.

Es gehörte damals zum eisernen Bestand der Verbote im Konzentrationslager, daß man sich auch nur das geringste von auswärts schicken ließ. Dieses Verbot wurde damals noch strengstens durchgeführt (seit geraumer Zeit ist das ja anders). Hierfür ein Beispiel: Am 18. Februar 1940 wurde mein Aufenthalt in München bekannt. Am 19. Februar hat Fräulein Dr. med. Hofmann an die Kommandantur des Lagers geschrieben, ob sie Medikamente schicken darf. Am 7. März kam die Antwort, das Fräulein möge an die Berliner Gestapo sich wenden. Am 8. März hat das Fräulein nach Berlin geschrieben; erst am 18. Juni bekam sie die Antwort. Alle vier Wochen dürfe sie ein Paket Medikamente an meine Adresse schicken.

In der Kantine durfte man sich wöchentlich einiges kaufen. Zu meiner Zeit gab es aber nur noch eine bestimmte Art von Zuckerbäckersachen. Ich habe mich damit immer reichlich eingedeckt, um meinem getreuen Mithäftling, der mir das Essen brachte und sonstige kleine Dienste erwies, eine Freude zu machen. Freilich mußte auch das ganz im geheimen geschehen.

Mit dem Briefschreiben hatte ich immer Anstände. Das war so im Landsberger Gefängnis (der sonst durchaus gut gesinnte Gefängnisdirektor sagte einmal gerade wegen des Briefschreibens: »Sie dürfen uns die Sache auch nicht zu schwer machen«), das war besonders schlimm im Konzentrationslager. In Landsberg durfte man einmal im Monat schreiben, im Konzentrationslager alle 14 Tage. Und es stand jedem frei zu schreiben, an wen er wollte. Aber wie viele meiner Briefe sind nicht befördert worden! Nun, das konnten sie ja machen, aber sie mußten den Häftling darauf aufmerksam machen, daß der Brief nicht befördert wurde. So meinte man, die Briefe seien abgegangen. Erst viel später merkte man an den eingelaufenen Briefen, daß die Schreiber den eigenen Brief nicht erhalten haben konnten. Aber mir waren die lügenhaften, unehrlichen Wendungen derart verhaßt, daß ich das nicht mitmachen wollte und konnte. Das hat ja keinen Sinn, nichtssagende Briefe zu schreiben und abzuschicken. Wenn ich etwas bedauere, so ist es das: Gerade die Briefe, die nicht abgeschickt wurden, nicht mehr zu besitzen und auch keine Ahnung mehr zu haben von dem, was sie enthielten.

Privatmesse in der KZ-Zelle

Viele Menschen waren bei der Gestapo in den Gefängnissen und Konzentrationslagern, die seit vielen Jahren von jedem religiösen Leben abgeschnitten sind. Dieser Gedanke hat mich schon immer sehr bedrückt. Als ich nun im November 1939 in das Gefängnis der Gestapo gekommen war, machte ich nach einiger Zeit einen energischen Vorstoß, um womöglich den Empfang der Heiligen Sakramente für mich durchzusetzen. Ich dachte, wenn ich das einmal für mich erreicht hätte, wäre das Eis auch für andere gebrochen. Ich ließ alle Minen springen, arbeitete vor allem mit meiner Tätigkeit im Feld, daß ich wiederholt unter schwerster Lebensgefahr Kameraden die Tröstungen der Kirche gespendet hätte. Da könnte es doch nicht möglich sein, daß mir selber, und zwar nicht von unseren Feinden, sondern von den eigenen Volksgenossen das versagt würde. Ich wies darauf hin, wie grausam es wäre, einen Volksgenossen in seiner Seelennot sitzen zu lassen, obgleich man die Macht hätte, ihm zu helfen. Aber es war alles umsonst. Es hieß einfach, so etwas gibt es bei uns nicht. Kirche und Priester haben bei uns nichts zu suchen.

Im Münchener Gestapo-Gefängnis hatte ich einige Sterbebildchen gleich zu Anfang des Krieges gefallener Sodalen vor mir aufgestellt. Ich merkte wohl, daß den wenigen Beamten, die meine Zelle betreten haben, das nicht gefiel, aber es sagte keiner etwas. Anders im Konzentrationslager. Da wurde mir das glatt untersagt. Gar nichts Religiöses wurde mir geduldet. Ich habe wiederholt darauf hingewiesen, daß ich meinen Rosenkranz brauche. Man hat ihn mir nicht gegeben. Darum habe ich mich außerordentlich gewundert, als der Missionskoffer mit den Meßgeräten in meine Zelle gebracht wurde. Das war wohl das erste und letzte Mal, daß in diesen Räumen das heilige Opfer Gott dem Herrn dargebracht wurde. Leider war Mitte April das neue Kunstbein noch nicht fertiggestellt, so daß ich erst am 27. April 1940, am Fest des heiligen Petrus Canisius, die erste Heilige Messe feiern konnte. Welche Freude nach dieser langen Zeit! Eine SS-Charge meinte nach Eintreffen der Meßgeräte (er war Protestant und hatte wohl zufällig einmal ein Hochamt mitgemacht): »Das wird aber was geben, wenn Sie hier anfangen, laut zu singen.« Ich beruhigte ihn mit den Worten: »Das wird sich alles ganz leise abspielen.« In keiner Weise wurde mir bei der Darbringung des Heiligen Opfers irgendeine Schwierigkeit bereitet. Daß niemand dabei in der Zelle anwesend sein durfte, konnte ich verstehen. Das war ja auch in Landsberg eine Bedingung. Daß eine SS-Charge mit Vorliebe morgens um 6 Uhr Märsche im Radio ertönen ließ, war wohl keine böse Absicht, sondern eben die Gewohnheit dieses Herrn. Dagegen verursachte es Schwierigkeiten, bis wieder neue Hostien da waren. Einige Male mußte ich deshalb mit dem Zelebrieren aussetzen. Schließlich schrieb mir der Herr Generalvikar von München, Prälat Buchwieser, sehr liebenswürdig, er wolle in Zukunft die Besorgung der Hostien und des Meßweins persönlich in die Hand nehmen. Nachdem ich einige Male ergebnislos um Überlassung meines Rosenkranzes nachgesucht hatte, schrieb ich nun noch einmal an den Oberführer. Nachdem mir durch den Reichsführer selbst die tägliche Darbringung des Heiligen Opfers gestattet worden sei, könne es für ihn nicht mehr schwierig sein, mir den Rosenkranz zu überlassen. Daraufhin habe ich den Rosenkranz erhalten. Eine SS-Charge erkundigte sich daraufhin bei einer Vernehmung in der Kanzlei nach dem Sinn des Rosenkranzgebetes. Als ich mitten in der Erklärung war, kam eine andere Charge in die Kanzlei. Nun war alles vorbei. Schade, er hätte mich ja noch einmal in das Büro rufen lassen können, aber ich hatte den Eindruck, daß sich einer vor dem anderen fürchtet.

Es war vorhin die Rede von dem Oberführer. Da muß ich noch etwas berichten. Der Oberführer wollte mit mir einmal ein lautes Gespräch im Gange des Gefängnisses führen (bekanntlich hörte man lautes Sprechen fast im ganzen Gefängnis). Der Oberführer stand im Gange, und ich war in der Zelle an der Türe. Es schien mir, als wolle er mir einen geistigen Tritt versetzen, sei es, um mich vor den Chargen herabzusetzen, sei es, um mir vor den uns mithörenden Mithäftlingen eines drauf zu geben. Er fing an: »Was haben Sie denn eigentlich an der Bewegung auszusetzen?« Ich sagte, daß die Kirche in ihren Rechten und Freiheiten schwer beeinträchtigt wird. Ich sagte: »Gegen den Willen der Eltern wird der Kirche ihr Einfluß auf die Erziehung der Jugend genommen. Wie viele katholische Schulen sind in den letzten Jahren aufgehoben worden, obgleich viele von ihnen zu den besten gehörten, die überhaupt existierten.« Der Oberführer sagte: »Die Aufhebung der Klosterschulen?« »Ja«, betonte ich. Er meinte: »Ich habe mit einer Reihe katholischer Geistlicher im Konzentrationslager über diesen Punkt gesprochen. Die Geistlichen teilten durchaus meine Auffassung.« Ich sagte: »Diese Geistlichen stehen hier im Konzentrationslager unter einem furchtbaren Druck und Zwang. Nicht jeder Geistliche ist dem gewachsen, und so äußert er jetzt Ansichten, die er, von diesem Druck befreit, niemals billigen würde.«

Ein andermal kam der Oberführer und schimpfte in starken Ausdrücken über die Juden. Ich sagte: »Von Kindheit auf bin ich sicherlich nicht zugunsten der Juden beeinflußt worden. Mein Vater hatte ein größeres Geschäft. Da hörte ich hin und wieder, wie er von den Juden per ›Saujuden‹ sprach, mit denen er geschäftlich zu tun hatte. Aber ich bin sicher, daß mein Vater diese Behandlung der Juden, wie sie heute an der Tagesordnung ist, niemals gebilligt hätte. Daran hätte ihn sein christliches Gewissen gehindert.«

Im Vorhergehenden habe ich schon darauf hingewiesen, daß ich mich über die Behandlung nicht beklagen konnte. Ich war eben in einem Gefängnis des Konzentrationslagers. Mit dem mußte man sich abfinden. Was mir außerordentlich gut getan hat, war, daß ich meine ganze Zeit auf Gebet und Studium verwenden konnte. Gleich bei meinem Eintritt wurde mir gesagt, daß ich also frei über meine Zeit verfügen könnte. Und daran hat man festgehalten. Die Kost war begreiflicherweise schmal.

Über den Herrn Pfarrer Niemöller in Verbindung mit meiner Wenigkeit wurde in der Öffentlichkeit, wie mir später mitgeteilt wurde, viel gesprochen. Unter anderem wurde gesagt: Durch meinen Einfluß sei Herr Pfarrer Niemöller katholisch geworden usw. Demgegenüber muß ich betonen, daß alle diese Reden freie Erfindung waren. Wahr ist, daß ich Herrn Pfarrer Niemöller, solange ich im Konzentrationslager war, nie gesehen habe. Wohl wurde mir früher gesagt, daß er im Konzentrationslager Sachsenhausen sich aufhalte, mehr aber wußte ich nicht.

Dagegen hatte ich den brennenden Wunsch, Herrn Pfarrer Niemöller einmal zu sehen und zu sprechen. Da dies nicht möglich war, habe ich wenigstens täglich an ihn, seine schwer geprüfte Familie und sein schweres Kreuz gedacht. Ich hoffte so, ihm einige Erleichterung verschaffen zu können, ihm, der so lange in meiner Nähe weilte.

Verbannung ins Kloster Ettal

Am Nachmittag des 7. August 1940 kündigte man mir an, daß ich in einer halben Stunde abtransportiert würde. Wohin, sagte man mir nicht. Zugleich wurden meine Weltpriesterkleider gebracht, und es kam die Weisung, alles zusammenzupacken. Welche Hetze! Nach einer Viertelstunde kam der Befehl, ich solle alles zurücklassen und nur das Notwendigste zum Übernachten mitnehmen.

Neben dem Einpacken her überlegte ich, was ich tun sollte, wenn mir etwas zum Unterschreiben vorgelegt würde, wodurch ich mich verpflichtete, nichts von dem auszusagen, was ich im Konzentrationslager gesehen und erlebt habe. Ich wußte von früher her, daß keiner ohne Unterschrift aus dem Lager käme. Ich entschloß mich, unter keinen Umständen etwas zu unterschreiben, mochte daraus was immer entstehen. Die Sorgen waren unbegründet. Ob man es in der Eile vergessen hat oder absichtlich mir nichts zur Unterschrift vorlegte, weiß ich nicht. Kurz und gut, ich hatte nichts zu unterschreiben.

Vor dem Gefängnis hielt ein Viersitzer. Als erstes wurde mir bedeutet, einzusteigen. Der Fahrer war ein SS-Mann; außerdem stiegen noch zwei Gestapobeamte ein. Ich überlegte, was sie wohl jetzt mit mir vorhaben, wohin die Reise gehen soll. Ich machte mich darauf gefaßt, daß sie mich erschießen und bat Gott um seine Hilfe. Auf einem Wegweiser las ich »Nach Berlin«. So wußte ich wenigstens etwas. Nach einer Stunde etwa fuhren wir in Berlin ein, und zwar landeten wir im Hof der Berliner Gestapo, die sich in der Prinz-Albrecht-Straße befindet. Ich mußte aussteigen; es ging eine Treppe hinauf. Ich wurde in ein Zimmer geführt und meinem Schicksal für einige Minuten überlassen. Nun wurde ich wieder in den Hof geführt und mußte einsteigen. Nach einigen Augenblicken sah ich, daß wir am Anhalter Bahnhof waren. Da wartete auf uns bereits ein Beamter. In Begleitung von drei Herren der Gestapo stieg ich zum Perron hinauf. Wir gingen an dem Zug entlang. Da las ich auf einem Schildchen »Berlin – München«. Ich freute mich aufrichtig, als ich das Wort »München« las. Aber sogleich drängte es sich mir auf: Was wollen sie mit mir in München? Ich dachte nicht anders, als daß sie mich im Wittelsbacherpalais in irgendeiner Sache vernehmen wollten. In einem Coupé erster Klasse nahm ich mit den drei Herren Platz. Darüber wunderte ich mich. Mit großem Eifer schaute ich aus dem Fenster, solange es noch hell war. Dann unterhielten wir uns. Vor allem sprach ich darüber, daß ich allem Kommenden mit großer Ruhe entgegensehe, da ich mit meinem Leben abgeschlossen habe. Ich suchte den Beamten klar zu machen, welche Riesenkraft doch im katholischen Glauben liegen würde. Die Herren waren alle protestantisch. Worüber wir sonst gesprochen haben, weiß ich nicht mehr. Nur daran erinnere ich mich, daß ich einmal geäußert habe, die Herren brauchten wegen unserer Gespräche nicht in Sorge zu sein. Ich würde keinen Gebrauch machen und sie nicht in Verlegenheit bringen. Ich mußte einmal austreten. Da sagten sie, es müsse einer mitgehen, und zwar mit in das Klo hinein. Das war mir noch nie passiert.

In München stand auf dem Perron ein Münchener Gestapobeamter. Wir verließen den Bahnhof durch den Nordausgang. Dort mußte ich in einen offenen Viersitzer einsteigen. Die vier Herren und der Chauffeur besprachen sich einige Zeit miteinander an dem Bahnhofeingang. Ich saß allein im Auto. Da trat ein Fräulein an mich heran, begrüßte mich glückselig und meinte, ich solle doch in ein anderes Auto einsteigen; sie würde mir Geld geben. Ich bedeutete ihr, daß sie sich verziehen möge, damit sie nicht in Ungelegenheiten komme. (Das Mädchen scheint nun direkt in die Michaelskirche gegangen zu sein, um zu sagen, daß ich im Anmarsch sei, was sich freilich als Täuschung herausstellte.) Da kam auch schon der Chauffeur mit einem Beamten. Es ging, wie ich richtig vermutet hatte, in den Gefängnishof des Wittelsbacherpalais, das ich so gut kannte. Ich mußte aussteigen. Ich dachte nicht anders, als daß ich nun wieder im Gefängnis verschwinden würde. Aber nun kam eine große Überraschung – ich mußte in ein sechssitziges geschlossenes Auto hinein. Nun ging es wieder zum Bahnhof. Die drei Berliner Gestapobeamten stiegen noch dazu. Nun waren wir komplett. Der SS-Chauffeur, vier Gestapobeamte und meine Wenigkeit.

Begreiflich war meine Spannung, wohin es wohl gehen werde. Da ich von meinen häufigen Autofahrten her die Gegend sehr gut kenne, sah ich bald, daß wir uns auf der Straße nach Weilheim – Murnau – Garmisch befanden. Aber wohin werden sie mich bringen? Da zweigten wir nach Garmisch bei Oberau rechts ab. Jetzt war es mir klar. Die wollten mich im Kloster Ettal verschwinden lassen.

Ich hatte wohl früher schon zweimal auf der Durchfahrt die Ettaler Wallfahrtskirche besucht, aber ich war noch nie im Kloster. So konnte ich dem Chauffeur keine Auskunft geben, als er mich nach dem Klostereingang fragte. Bald war die Frage geklärt. Wir stiegen die Stufen zur Klosterpforte hinauf.

Kaum eingetreten, wurde ich vom Hochw. Pater Johannes, dem Cellerar (Klosterverwalter) des Klosters, liebenswürdig begrüßt. Er teilte mir mit, daß er bereits von der Münchener Gestapo von meiner Ankunft in Ettal verständigt sei. Er führte mich mit dem Gestapobeamten in den Gästebau und wies mir das geräumige, vornehm eingerichtete Gästezimmer Nr. 6 an, das ich dann bis zum März 1944 bewohnt habe. Eine wahre Wohltat war nach der Nachtfahrt und allem Drum und Dran eine gründliche Reinigung in dem herrlichen Waschbecken. (Im Konzentrationslager hatte ich zum täglichen

Waschen insgesamt höchstens fünf Minuten Zeit.) Die fünf Beamten haben sich vor dem Zimmer inzwischen mit Pater Johannes und dem dazugekommenen Hochwürdigen Herrn Abt unterhalten. In liebenswürdigster Weise hieß mich in Gegenwart der Gestapoleute der Herr Abt willkommen.
Ich fragte nun, was eigentlich mit mir los sei. Da sagten die Herren zu meinem größten Erstaunen, daß ich ganz frei sei. Sie wiederholten es, als ich es nicht glauben wollte. Nur meinten sie, allzu weit vom Kloster bzw. von Ettal dürfe ich mich nicht entfernen. Mit bestem Dank für ihre Begleitung verabschiedete ich mich von den Herren.

Der Kompromiß des Ordinariats – Gehorsam als Opfer

Da ich in der ersten Zeit gesundheitlich nicht gut daran war und mit meinen Zähnen sehr zu tun hatte, beteiligte ich mich in den ersten Wochen nicht an den gemeinschaftlichen Mahlzeiten und aß vorerst auf meinem Zimmer allein. Am 9. August kam der Hochwürdige Pater Provinzial für ein halbes Stündchen zu Besuch. In seiner Begleitung war mein Schwager Sperl, der auch in den sehr kritischen Situationen die Verbindung mit mir, dem »gefährlichen Staatsfeind«, aufrecht erhielt. Ich meine, es war am 9. August, da reiste Pater Johannes nach München. Ich bat ihn, im Ordinariat zu sagen, sie möchten in meiner Angelegenheit der Gestapo keine Konzessionen machen. Nach etwa acht Tagen kam Herr Prälat Neuhäusler im Auftrag des Ordinariates und legte mir folgende Punkte vor, welche das Ordinariat auf Druck der Gestapo hin angenommen hatte:

Am 15. August 1940 wurde Domkapitular Johann Neuhäusler zur Geheimen Staatspolizei, Zimmer 33, Herrn Regierungsrat Schimmel gerufen, und es wurden folgende Auflagen bezüglich des Aufenthaltes von Pater Rupert Mayer bekanntgegeben:

1. Pater Mayer darf in keiner Weise mit der Außenwelt in Berührung kommen. Zu diesem Zweck ist dafür zu sorgen, daß er das Kloster nicht verläßt.
2. Seine Korrespondenz ist auf ein Mindestmaß zu beschränken. Sie darf sich nur auf rein persönliche Angelegenheiten erstrecken und mit den nächsten Verwandtenkreisen geführt werden. Soweit im Ernstfall ein dringendes Erfordernis vorliegt, bestehen gegen einen Briefverkehr mit den kirchlichen Stellen keine Bedenken, vorausgesetzt, daß der Inhalt der Korrespondenz rein persönlicher Natur ist.
3. Hinsichtlich des Empfanges von Besuchen gilt das unter 2 Gesagte sinngemäß, mit der Einschränkung, daß ihn nur die allernächsten Verwandten besuchen dürfen. Im Falle einer etwaigen Erkrankung des Pater Rupert Mayer steht der Inanspruchnahme eines Arztes nichts im Wege.

4. Gottesdienstliche Handlungen im Kloster dürfen von Pater Rupert Mayer nicht abgehalten werden, wenn bei diesen eine Möglichkeit der Teilnahme von außenstehenden Personen besteht. Grundsätzlich ist aber Pater Rupert Mayer das Beichthören verboten.

Das Ordinariat verpflichtet sich, die in vorstehenden Ziffern erwähnten Maßnahmen an die Leitung des Klosters Ettal und an Pater Rupert Mayer weiterzugeben und von sich aus dafür Sorge zu tragen, daß die Pater Mayer erteilten Auflagen von diesem auf das genaueste befolgt werden.

Aufgrund meiner grundsätzlichen Einstellung gegen die kirchlichen Behörden blieb mir nichts anderes übrig, als mich zu fügen. Als Herr Prälat meinte, das sei nach Ansicht des Ordinariats nur so für den Anfang gedacht, es würden die Auflagen im Laufe der Zeit erleichtert – dafür hatte ich nur ein ungläubiges Kopfschütteln. Tatsächlich habe ich recht behalten.

Seitdem bin ich lebend ein Toter, ja dieser Tod ist für mich, der ich noch so voll Leben bin, viel schlimmer als der wirkliche Tod, auf den ich schon so oft gefaßt war. Der Gestapo und der ganzen Bewegung konnte und kann ich keinen größeren Gefallen erweisen, als hier ruhig abzusterben, denn vor dem katholischen Volk, das mich zum Teil noch nicht vergessen hat, steht die Gestapo gut da. Die guten Menschen sagen sich: Eigentlich geht es ihm jetzt, seitdem er im Kloster ist, ganz gut. Ja, wer weiß, was ihm schon passiert wäre, wenn er jetzt in München sich aufhielte. Diese Leute bedenken es nicht, was ein solches Leben, das ich hier führen muß, für mich bedeutet, wie ich oben angedeutet habe. Sie bedenken auch nicht, daß die Fliegerangriffe mir hier seelisch viel mehr zusetzen, als wenn ich in München dabei wäre. Wenn ich nicht schon längst auf und davon gegangen bin – sie könnten mich dann ruhig einsperren oder um einen Kopf kürzer machen –, so halten mich verschiedene Rücksichten hier fest:

1. Die Rücksicht auf das Kloster, das für mich verantwortlich ist und dem ich durch Zuwiderhandlungen gegen die Gestapoauflagen große Scherereien bereiten würde. Das aber bringe ich nicht übers Herz, da man mich hier vom ersten Augenblick meines hiesigen Aufenthaltes an äußerst rücksichtsvoll, ja mit großer Liebe behandelt hat, angefangen vom Hochwürdigen Herrn Abt bis zum letzten Bruder, ja bis zum letzten Angestellten des Klosters, mit denen ich zu tun hatte. Es sind mir nicht die geringsten Schwierigkeiten bereitet worden; im Gegenteil, soweit man mir bei den drakonischen Gestapoauflagen den hiesigen Aufenthalt erleichtern konnte, hat man es getan. Das sei jederzeit dankbarst anerkannt. So konnte ich seit August 1942 bis in den November hinein täglich in dem prachtvoll gelegenen Weiher schwimmen, da der Weiher auf dem Eigentum des Klosters liegt usw.

2. Die Rücksicht auf meinen Orden, dem ich wohl durch mein Entweichen von Ettal manche Ungelegenheiten bereitet hätte.

3. Die Rücksicht auf manche lieben, guten Menschen, denen ich durch erneute Einlieferung in ein Gefängnis oder in ein Konzentrationslager oder gar durch meinen dadurch herbeigeführten Tod großes Herzeleid zugefügt hätte.

4. Die Rücksicht auf den lieben Gott, dem ich durch meinen jahrelangen Kreuzweg und die dadurch allmählich erfolgte Loslösung von allem Irdischen und Zeitlichen entschieden näher gekommen bin, wie wohl nie in meinem Leben. Sollte ich diese gerade Linie, die ich seit Jahr und Tag mit der Gnade Gottes eingehalten habe, nun durch eigenmächtiges Vorgehen gewaltsam unterbrechen? Vom Standpunkt des Glaubens aus betrachtet, glaube ich, diese Frage glatt verneinen zu müssen.

So will ich das Kreuz weiter tragen und büßen und sühnen für meine eigenen Fehler und Schwächen, bis der liebe Gott durch sein Eingreifen dieses Kreuz wieder abnimmt. Auch für die kommende Zeit soll mein Losungswort heißen: »Näher mein Gott zu Dir!« Für alle verblendeten Menschen aber, die nicht wußten, was sie tun, und es auch heute nicht wissen, für unser so furchtbar heimgesuchtes Volk, für alle in meinem langen Priesterleben mir anvertrauten Seelen und besonders für alle, die mir durch Gebet und persönliche, zum Teil außergewöhnliche Opfer geholfen haben, das schwere Kreuz zu tragen, will ich durch tägliche gewissenhafte Arbeit, durch Leiden und Beten das Meine dazu beitragen, daß wir uns einmal wiedersehen und in der Anschauung und dem Besitz Gottes uns einmal ewig freuen können. Das gebe Gott!

Nach Hitler

Vier Jahre und zehn Monate mußte Pater Rupert Mayer im Kloster Ettal aushalten, bis das NS-Regime in Schutt und Asche versank. Am 6. Mai 1945 erreichten die amerikanischen Truppen Ettal. Pater Mayer begab sich auf seinen ersten Spaziergang durch das Dorf, und noch in Ettal hielt er seine erste Nachkriegspredigt. Thema: »Die Feindesliebe«.
Am 11. Mai kehrte er nach St. Michael in München zurück, wo seine »Bude« vom Luftangriff auf die Kirche verschont geblieben war. Am 31. Mai 1945 nahm er noch an der großen, drei Stunden dauernden Fronleichnamsprozession durch das zerstörte München teil. Nach Kräften half er der notleidenden Bevölkerung und nahm trotz seiner geschwächten Gesundheit seine Predigttätigkeit wieder auf. Am Allerheiligentag, dem 1. November 1945, wurde er während der Predigt in der Kreuzkapelle von St. Michael ohnmächtig und starb wenige Stunden später.

Was wurde aus den »Pilatussen«?

Die bayerische Justiz hat sich wegen ihrer unrühmlichen damaligen Pilatusrolle bis heute nicht entschuldigt. Unverständlicherweise hat sie auch keinen Gebrauch gemacht von dem zur Beseitigung nationalsozialistischer Terrorurteile erlassenen bayerischen Wiedergutmachungsgesetz von 1946*. Darin heißt es ausdrücklich: »Straffrei ist insbesondere ..., wer aus Überzeugung Vorschriften unbeachtet ließ, die überwiegend der Aufrechterhaltung der nationalsozialistischen Gewaltherrschaft ... dienten (und) wer für sein Verhalten allein nach nationalsozialistischer Auffassung zu bestrafen war ...« Ist wegen einer dieser »Handlungen während der nationalsozialistischen Herrschaft rechtskräftig auf Strafe erkannt, so ist das Urteil auf Antrag des Staatsanwalts ... aufzuheben«**. Es ist auch nichts davon bekannt geworden, daß etwa das Ordinariat oder der Orden die Aufhebung des Sondergerichtsurteils beantragt hätte.

Nicht nur das:

Landgerichtsrat Michael Schwingenschlögl, der Verfasser des Sondergerichtsurteils gegen Pater Rupert Mayer, wurde nach dem Krieg noch Staatsanwalt und später Landgerichtsrat in Kempten, bis er 1965 pensioniert wurde.

Dr. Ludwig Wachter, der zweite Beisitzer der Sondergerichtsverhandlung, schied am 8. Mai 1945 aus dem Justizdienst; er starb, 52 jährig, 1954.

Dr. Hans Mugler, der den Haftbefehl gegen Pater Mayer erlassen hatte, wurde nach neunjähriger russischer Kriegsgefangenschaft 1964 noch zum Oberstlandesgerichtsrat befördert und 1969 pensioniert.

Dr. Ernst Großer, der jene verlogene Anklagerede gegen Pater Rupert Mayer gehalten hatte, wurde 1956 Präsident des Amtsgerichts München, und der Deutsche Richterbund wählte ihn 1955 sogar zu seinem 1. Vorsitzenden. Er starb 1959***.

Der Leiter der Anklagebehörde beim Sondergericht München, Alfred Resch, der die Anklageschrift gegen Pater Rupert Mayer unterschrieben hatte, wurde nach dem Krieg noch mehrfach befördert: 1948 zum Oberstlandesgerichtsrat beim Bayerischen Obersten Landesgericht und 1954 sogar zum Präsidenten des Oberlandesgerichts München. Sein Porträt hängt heute noch neben denen der anderen Nachkriegs-Oberlandesgerichtspräsidenten im Dienstzimmer des Münchener Oberlandesgerichtspräsidenten.

* Gesetz Nr. 21 zur Wiedergutmachung nationalsozialistischen Unrechts in der Strafrechtspflege vom 28. Mai 1946 in der Fassung vom 17. August 1949 (Bayerisches Gesetz- und Verordnungsblatt 1946, S. 180, und 1949, S. 217).

** Von dieser Möglichkeit ist sehr wenig Gebrauch gemacht worden. Immerhin hat Jesuitenpater Professor Oswald von Nell-Breuning durch Beschluß des Landgerichts München I vom 7. Januar 1950 das Urteil des Sondergerichts München vom 23. Dezember 1943 aufheben lassen, in dem er wegen angeblichen Devisenverbrechens zu drei Jahren Zuchthaus und 500 000 Reichsmark Geldstrafe verurteilt worden war (Aktenzeichen des Landgerichts München I: 2 c KLs – So 375/43; Kopien des Sondergerichtsurteils und des Aufhebungsbeschlusses im Archiv des Verfassers).

*** Näheres über Großer und Auszüge aus dem ehrenden Nachruf an seinem Grab enthält die »Chronik des Amtsgerichts München 1879 bis 1979«, 1979 herausgegeben vom Amtsgericht München, S. 127 und S. 135.

Späte Einsichten des Sondergerichts-Vorsitzenden

Ein Wort noch zum Vorsitzenden des damaligen Sondergerichts, Landgerichtsdirektor Dr. Robert Wölzl: Er wurde am 11. Dezember 1945 auf Anordnung der amerikanischen Militärregierung aus dem Dienst entlassen und kehrte nicht mehr zur Justiz zurück, bekam aber bis zu seinem Tod 1966 die um 50 % gekürzten Pensionsbezüge. 1945 wurde er interniert. Im Regensburger Lazarett am Ölberg hat er meinen Artikel »Pater Rupert Mayer vor dem Sondergericht« in der »Passauer Neuen Presse« vom 8. Oktober 1946 gelesen und mir daraufhin drei Briefe geschrieben, in denen er bemerkenswerte Einzelheiten über jenen Prozeß offenbart:

Am 19. Oktober 1946 schrieb mir Dr. Wölzl:

»Mein fester Wille war es, daß Pater Rupert Mayer nicht aus dem Leben der Stadt verschwindet. Vor dem Prozeß: wiederholte, mit dem Provinzial Rösch in kameradschaftlichem Geiste geführte Gespräche über die hier zu wahrenden, gefährdeten Belange der Kirche; Vereinbarung mit dem Verteidiger Dr. Bandorf über eine die Haftentlassung ermöglichende schriftliche Erklärung des Pater Mayer, künftig nicht mehr von der Kanzel herab gegen das Gesetz zu verstoßen. Während des Prozesses: das Verhör des P. Mayer und die Zeugenvernehmungen habe ich auf einer Linie und in einer Atmosphäre gehalten, die den Angeklagten aus der Rolle des Angeklagten heraushob und einem mit christlichen Gewissen zu vereinbarenden gerechten Urteil vorbauten; den bestehenden Haftbefehl hat das Gericht aufgehoben, trotz des mir bei einem mitternächtlichen ›Besuch‹ in meiner Wohnung in der Nacht vor dem Verhandlungsbeginn persönlich ausgesprochenen gegenteiligen ›Wunsches‹ des Gauleiters Adolf Wagner (der außerdem eine mehrjährige Gefängnisstrafe forderte). Nach dem Prozeß habe ich mich beim Reichsjustizministerium für die Bewilligung einer Bewährungsfrist zu der ausgesprochenen Gefängnisstrafe von sechs Monaten eingesetzt und diese auch erreicht.«

Weiter schreibt Dr. Wölzl:

»Vor der geistigen Überlegenheit dieses seltenen Mannes beuge ich mich, eine weitere Überlegenheit aber lag, nach ideellen – nicht nach den damals geltenden nazistischen und rechtlichen – Gesichtspunkten beurteilt, schon in dem Verhandlungsgegenstand selbst: Diese Überlegenheit habe ich bewußt gefördert …
Der Verteidiger hat mir geschrieben, daß ich die Verhandlung mit einem offensichtlichen Wohlwollen, ja mit Achtung vor dem mannhaft für seine Handlungen eintretenden Pater Mayer geführt habe und mir seine besondere Hochachtung ausgesprochen …
Pater Mayer hat die ihm von mir erwirkte Bewährungsfrist ausgeschlagen und freiwillig die Strafe abgesessen.
Wegen einer Predigt, in der er sich eines neuerlichen Kanzelmißbrauchs nach Auffassung der Gestapo schuldig gemacht haben soll, wurde er ins KZ verbracht. Ich habe dieser Predigt zufällig selbst beigewohnt: Mit der im Prozeß abgegebenen Erklärung war sie nach meinem damaligen Empfinden vielleicht gerade noch vereinbar. Ich erschrak trotzdem über seinen Mut angesichts der zu diesem Zeitpunkt doch stark überhitzt gewesenen Verhältnisse …«

Ich habe Dr. Wölzl dann meinen Prozeßbericht geschickt. Dr. Wölzl schrieb mir daraufhin am 5. Januar 1947: »Ihr Schreiben spricht von einem ehrlichen Bemühen, einen objektiven Prozeßbericht zu geben. Das freut mich, als Verhandlungsführer will ich Sie in ebenso objektiver Weise unterstützen ...«

Zum Problem, in jenen Zeiten Richter zu sein – es war das »Problem« aller Richter und Staatsanwälte von 1933 bis 1945 –, schreibt Dr. Wölzl mir weiter:

»Vorweg zur ›Niederlegung des Richteramts‹: Objektiv gesehen wäre das richtig gewesen, wenn man
a) eine Garantie gehabt hätte, daß jeder nachbestellte deutsche Richter dieses Amt ausschlagen würde ...; b) wenn man die Gewißheit gehabt hätte, daß an meine Stelle ein Richter treten würde, der in noch höherem Maße hätte Recht gesprochen oder richtiger sprechen können in Anbetracht der gegebenen Sachlage, das heißt, des Tatbestands und des Gesetzes.
Subjektiv gesehen: a) hätte ich mich vor mir selber geschämt, hier keine Zivilcourage ... zu haben und mich ins Civil, wie das damals so gern geschah, zu verkriechen, statt verantwortungsfreudig zu stehen und zu fechten ...; b) Während der Verhandlung gab es mehrere Momente, wo ich mir sagte: ›Jetzt lege ich das Richteramt nieder‹: Da hat mich aber der Gedanke an meine Familie zurückgehalten (eingehender möchte ich mich hier über die besonders begründete Besorgnis nicht auslassen), und ich bin heute froh darüber, denn ich hätte damit der Sache einen schlechten Dienst erwiesen ...«
Als Nachtrag fügt Dr. Wölzl noch an: »Der mitternächtliche Besuch war nicht ein Besuch der Gestapo, sondern ein ›Besuch‹ des Gauleiters, dem ich ein einziges Mal dienstlich begegnet war ...«

Am 12. Februar 1947 schrieb mir Dr. Wölzl noch einmal: »Dieser Prozeß gegen den vorbehaltlos verehrungswürdigen Pater Rupert Mayer bietet ein Musterbeispiel für die Schwierigkeiten und Widersprüche, die die damalige Zeit in sich trug, ein Musterbeispiel für den Kampf des gefesselten Guten mit dem entfesselten Bösen, des gebundenen Gerechten mit dem gesetzten Recht und seinem Gewissen.«

Justizrat Warmuth erinnert sich

Und endlich: Auch der so vorbildlich engagierte Verteidiger, Rechtsanwalt Justizrat Dr. Joseph Warmuth, hat seine in jahrelangen Auseinandersetzungen mit den Staatsanwälten des NS-Regimes gewonnenen Erfahrungen in nachdenkenswerte Sätze zusammengefaßt und alsbald als Leserbrief* publiziert. Seine Ausführungen zeigen noch einmal das ganze Elend und die demütigende »Realpolitik« der damaligen Justiz:

»Gerade unter den Staatsanwälten fand der Verteidiger auch im Dritten Reich immer wieder Männer, die sich ein gesundes Urteil bewahrt hatten und Hand in Hand mit ihm zu retten suchten, was zu retten war. Im Zeichen der ›gelenkten‹ Strafjustiz bot die Zusammenarbeit mit dem Staatsanwalt dem Verteidiger vielfach die einzige

* Süddeutsche Zeitung vom 30.11.1945, S. 5.

Möglichkeit, dem Beschuldigten wirklich zu helfen. In der zur Farce gewordenen Hauptverhandlung mögen die Worte des Verteidigers meist wirkungslos verhallt sein, nicht so im Vor- und Nachverfahren im Dienstzimmer des Staatsanwalts. Der erfahrene Verteidiger wußte die Möglichkeiten zu nutzen; er konnte das aber nur, weil es nicht wenige Staatsanwälte gab, die offen oder heimlich gegen die (für sie verbindlichen!) Befehle der Staatsführung handelnd, von sich aus alles taten, um der Beschuldigung, besonders der politischen, den tödlichen Stachel zu nehmen. Gar mancher Beschuldigte hat es dem Staatsanwalt zu danken, daß er vor dem Schlimmsten bewahrt blieb; sei es, daß der Ankläger die gefährliche Bezichtigung von vornherein auf eine harmlose Bahn drängte, sei es, daß er den Zorn der Gestapo durch eine mehr oder minder unschädliche Anklage beschwichtigte und, dem Wunsche des Verteidigers entsprechend, den Verdächtigen so der Schutzhaft und dem KZ entriß.«

Das Schlußwort Pater Rupert Mayers

Das passende Schlußwort zu diesen letzten Endes fehlgeschlagenen Attacken der nationalsozialistischen Gewalthaber gegen die Freiheit des Wortes hat Pater Rupert Mayer selbst geprägt. Souveränität und Gottvertrauen eines hart geprüften, tapferen Priesters und der Humor seiner schwäbischen Heimat haben es ihm eingegeben: »Ein alter einbeiniger Jesuit lebt, wenn es Gottes Wille ist, länger als eine tausendjährige gottlose Diktatur.«*

* Anton Körbling SJ, Pater Rupert Mayer. Ein Priester und Bekenner unserer Tage, München [8]1954, S. 233.

Namenregister

 ISBN 3-475-52544-5

Dieser Band erscheint in der Reihe »Rosenheimer Raritäten«
im Rosenheimer Verlagshaus Alfred Förg GmbH & Co KG, Rosenheim.
Er wurde gesetzt von B. Leingärtner in Nabburg,
gedruckt bei der Memminger Zeitung und gebunden bei Conzella in München.
Den Umschlag gestaltete Ulrich Eichberger, Innsbruck.